日本の流通と都市空間

荒井良雄・箸本健二 編

古今書院

KOKON-SHOIN

はしがき

　20世紀の最後を締めくくる1990年代は，日本の都市商業にとって激動の10年間であった。20年にわたって続けられてきた大店法（大型小売店舗法）を根拠とした大型店の出店規制による既存商店街の保護政策が転機を迎える一方，経済情勢の突然の暗転のなかで，それまで順調に業容を拡大してきた大手流通企業は，かつて経験したことのない経営危機に直面することになった。長引く不況の下，地方都市の中心商業地は火の消えたようなありさまとなり，中小店舗の廃業で歯抜けとなった商店街は見る影もない。それまで威容を誇った大型店も撤退が相次ぎ，かつては大型店出店反対で気勢を上げていた地元商店主たちは，一転して大型店存続を訴える。大型店規制の大幅な緩和による中小商業への打撃を危惧した行政は，いわゆる「まちづくり3法」によって中心市街地の中小商業を側面から支援しようとするが，頼みの綱の中心市街地活性化法もTMO（タウンマネジメント機関）はできても有効な手だてを打ち出すことは難しく，実効性はなかなかあがらない。

　難題はかくも山積みだけれども，日本の流通と都市空間とのかかわりをウォッチングし続けてきた流通地理学者としては，目前の困難におののいてばかりではいられない。こうした難局がもたらされた根本的構造は何なのか，この激動のなかで何が変わろうとしているのか，そして，その変革の先には何があるのか。本書では，若い仲間たちと一緒に，それを考えようとした。

　日本の地理学界では，商業や流通に関して，多くの研究者が共感できる問題意識が見出せない状態がしばらく続いていた。しかし，最近になって，若い研究者たちの中に，問題関心や方法論を共有し，相互の活発な議論を通じてこの問題を考えようとする機運が高まってきたように感じられる。かれらに共通するのは，今日の流通を担う大規模流通企業の経営戦略やオペレーション・ノウハウと都市空間とのかかわりに対する関心であり，次々に生み出される新業態への興味である。こような視点は，実はかつての地理学における商業研究に不足していたも

のであり，そうした意味で彼らはこれまでの商業地理学の伝統からは離れたニュージェネレーションである。

　編者らはこうした動きを踏まえて，これまでの学界の系譜には必ずしもとらわれずに，だれもが自由に議論し，認識を共有できるような新しい研究ネットワークをつくりたいと考えた。幸いわれわれの呼びかけに，中堅・若手を含めた多くの賛同を得ることができ，これまでほぼ5年間にわたって研究活動を継続してきた。この研究ネットワークのはじまりは，1999年7月に初会合がもたれたインフォーマルな勉強の場である「流通地理研究会」であった。この研究会は約半年の間に4回の研究会を各地で開くというハイペースで進められたが，翌2000年3月には新たなメンバーを加えて，日本地理学会「流通地理研究グループ」として公式に認知されるところとなり，2004年3月までの時点で，通算16回の会合をもつに至った。その間，2002年3月には日本大学文理学部で開催された日本地理学会春季大会でシンポジウムを企画し，メンバーの研究成果を公にしている。

　本書は，同シンポジウムで発表された報告を中心に，その後の成果も加えて，とりまとめたものである。執筆にあたっては，研究会の席で議論を重ねて，その位置づけと内容を検討し，そのうえで編者が表現の統一を図った。なお，原稿整理は箸本が中心となって進め，図表の整理は兼子，岩間が担当した。

　日本の流通と都市空間は，21世紀を迎えて，まさに混迷の極みにある。本書が，こうした困難な時代に，ささやかなりとも一石を投ずることができれば，編著者一同にとって，望外の喜びである。

　末筆ながら，困難な出版事情のなかで，今回の出版を快くお引き受けいただいた古今書院社長・橋本寿資氏ならびに同編集部・長田信男氏に厚くお礼申し上げる。

　　　2004年6月

執筆者を代表して
荒　井　良　雄
箸　本　健　二

目　次

はしがき …………………………………………………………………………… i

序章　流通システムと都市空間 ………………………………………………… 1
　1　流通システムとは何か ……………………………………………………… 1
　2　変化する流通システム ……………………………………………………… 2
　　2.1　2つの「流通革命」 …………………………………………………… 2
　　2.2　流通業の現状 …………………………………………………………… 4
　3　流通システムの地理的特性 ………………………………………………… 6
　4　本書の視点と構成 …………………………………………………………… 9
　　4.1　本書の視点 ……………………………………………………………… 9
　　4.2　本書の構成 ………………………………………………………………11

第1章　大都市圏における百貨店の特性と商圏構造 …………………………15
　1　百貨店が抱える諸問題 ………………………………………………………15
　　1.1　「百貨店」とは何か？ …………………………………………………15
　　1.2　百貨店の歴史 ……………………………………………………………16
　　1.3　今日の百貨店が直面する問題点 ………………………………………19
　2　東京大都市圏における百貨店立地の空間構造 ……………………………20
　　2.1　東京大都市圏の百貨店 …………………………………………………20
　　2.2　店舗の類型化 ……………………………………………………………20
　　2.3　店舗の類型別分布 ………………………………………………………23
　3　百貨店の特性と商圏構造 ……………………………………………………26
　　3.1　百貨店の立地と店舗特性 ………………………………………………26
　　3.2　近年における閉鎖店舗の共通点 ………………………………………27
　4　「非日常的な時間と空間の場」としての百貨店の原点回帰 ……………29

第2章　大都市圏における大型小売店の競合と棲み分け······35

1　林立する大型小売店のなかで······35
　1.1　大型小売店が共存するための戦略とは······35
　1.2　価格調査に基づいた競合の実態と地域商業の階層性······36
　1.3　地域商業をかたちづくる原理······37
　1.4　日本における大型総合小売企業の形成······38
　1.5　本章の視点······39
2　商品グレードと競合の計測······40
　2.1　大型総合小売店の商品分析方法······40
　2.2　ワイシャツ調査の方法······41
　2.3　競合度指標······42
3　商品価格帯による大型小売店体系の分析······44
　3.1　店舗単位の品揃えと価格帯分類······44
　3.2　地区内の立地競合······44
　3.3　チェーンストアにおける個々の店舗対応······47
　3.4　地区間の立地競合······50
4　混淆する業態······52

第3章　コンビニエンスストアと都市空間······55

1　都市におけるコンビニの立地展開······55
2　京都市におけるコンビニの立地展開とその特徴······57
　2.1　コンビニの出店数と閉店数······59
　2.2　コンビニの立地展開における地理的特徴······61
3　中心市街地におけるコンビニの立地展開とその特徴······65
　3.1　中心市街地におけるコンビニの立地展開······65
　3.2　地域特性の変容とコンビニの立地······67
4　都心空間におけるコンビニの将来······69

第4章　商業立地政策としてのゾーニング規制の有効性 … 75

1. まちづくり3法の問題と地理学の課題 … 75
2. ゾーニングによる商業立地規制の概要 … 77
3. 用途地域別小売業の立地変化 … 79
4. 奈良市における用途地域と小売業の立地パターンとの関係 … 82
5. 商業立地政策としてのゾーニング規制 … 87

第5章　チェーンストア業態の経営構造と出店行動
　　　　　―総合スーパー業態を事例に― … 91

1. チェーンストア業態の成長とその構造転換 … 91
2. GMS業態における店舗展開の特性と企業成長モデル … 93
    - 2.1　GMS業態の成長過程と店舗形態の変容 … 93
    - 2.2　GMS業態による店舗網拡大の特徴 … 94
    - 2.3　GMS業態の上位5社における企業成長の経年推移と分類
        ―「高度成長型GMS」と「成熟型GMS」― … 96
3. チェーンストア業態の経営構造と設備投資行動 … 100
    - 3.1　チェーンストア業態の低収益構造 … 100
    - 3.2　借入れにより実現したチェーンストア業態の設備投資 … 100
4. 「高度成長型GMS」による店舗投資と出店行動の推移 … 101
    - 4.1　高度経済成長期―積極出店と借入れ体質の確立― … 101
    - 4.2　オイルショック後～1980年代
        ―地価高騰にともなう借入れ体質の激化― … 102
    - 4.3　1990年代前半―バブル崩壊の一方での出店件数増加― … 104
    - 4.4　1990年代後半―有利子負債の増加による店舗投資の減少― … 105
5. 「成熟型GMS」による1990年代以降の出店行動とその背景 … 107
6. 21世紀初頭以降におけるGMS業態の成長の方向性 … 108

第6章　チェーンストアと物流システム … 111

1. チェーンストアの物流システムとは … 111

2　物流システムの空間的パターン ……………………………………114
　　　2.1　一括配送かルート配送か ………………………………………114
　　　2.2　一括配送システムの空間構造 …………………………………116
　　　2.3　ルート配送システムの空間構造 ………………………………118
　　3　変容するチェーンストアの物流システム …………………………120
　　　3.1　情報化の浸透 ……………………………………………………121
　　　3.2　多頻度小ロット配送化 …………………………………………122
　　　3.3　ローコスト・オペレーションの追求 …………………………123
　　4　中間流通の空間的な再編成 …………………………………………124
　　　4.1　集中する在庫・分散する配送拠点 ……………………………124
　　　4.2　ひろがる共同配送 ………………………………………………126
　　　4.3　多機能化する自社センター ……………………………………128

第7章　食料品スーパーの成長と再編成 …………………………………133

　　1　食料品スーパーの成立と展開 ………………………………………133
　　2　食料品を販売するスーパー …………………………………………134
　　　2.1　食料品スーパーの成長 …………………………………………134
　　　2.2　事例チェーン ……………………………………………………137
　　3　店舗網の形成とその再編成 …………………………………………139
　　　3.1　大店法改正前（1973〜91年）における店舗展開 ……………139
　　　3.2　大店法改正後（1992〜2001年）における店舗展開 …………142
　　　3.3　閉鎖店舗の地域的特徴 …………………………………………144
　　　3.4　店舗展開を可能にする物流システムの空間的特性 …………145
　　4　1990年代における店舗網の再編成とその空間的影響 ……………150
　　5　食料品スーパーの方向性 ……………………………………………151

第8章　コンビニの農山村地域への展開可能性 …………………………155

　　1　コンビニの過当競争と郊外への拡散 ………………………………155
　　2　農山村地域におけるコンビニ展開の制約と可能性 ………………158
　　　2.1　農山村地域におけるコンビニ展開の制約 ……………………158

2.2　農山村地域におけるコンビニの可能性 ……………………………160
　3　農山村型コンビニの展開とシステム—タイムリーの事例を中心に—……162
　　3.1　東海3県におけるコンビニの分布 ……………………………163
　　3.2　タイムリーの店舗展開と営業状況 ……………………………163
　　3.3　コンビニが展開可能な農山村地域とは？ ……………………168
　4　21世紀における農山村地域でのコンビニの役割 …………………169
　　4.1　日常生活必需品の供給 …………………………………………170
　　4.2　さまざまなサービス供給の代行 ………………………………171

第9章　ホームセンター・家電量販店の展開と競合 …………………173

　1　1990年代における専門店チェーンの成長 …………………………173
　　1.1　専門店チェーンの台頭 …………………………………………173
　　1.2　業態特性とチェーンオペレーションの特徴 …………………176
　2　ホームセンターの展開と競合 …………………………………………177
　　2.1　ホームセンターの動向 …………………………………………177
　　2.2　主要企業の店舗展開 ……………………………………………179
　3　家電量販店の展開と競合 ………………………………………………182
　　3.1　家電量販店の動向 ………………………………………………182
　　3.2　主要企業の店舗展開 ……………………………………………184
　4　店舗網の拡大要因 ………………………………………………………187

第10章　情報化と流通システムの再編成 …………………………………193

　1　流通情報化の推移 ………………………………………………………193
　　1.1　POSの導入 ………………………………………………………193
　　1.2　情報化のメリット ………………………………………………195
　　1.3　通信ネットワークの高度化 ……………………………………196
　2　情報化の直接効果：空間的分業と商物分離 …………………………197
　　2.1　業務の集約化 ……………………………………………………197
　　2.2　商物分離 …………………………………………………………199
　3　情報化の間接効果：パワーシフトと再編成 …………………………200

  3.1 3つの間接効果とパワーシフト……………………………200
  3.2 取引システムの再編成………………………………………201
 4 競争から同盟へ：垂直的協業の進展………………………………207
 5 情報化と消費財の流通空間…………………………………………210

第11章 商業空間の国際化―新たな空間編成のダイナミクス―……215

 1 「小売企業の国際化」から「商業空間の国際化」へ………………215
 2 アジアの商業空間の変容……………………………………………216
  2.1 70年代までの商業空間………………………………………216
  2.2 80年代後半以降の商業空間の再編とその要因……………217
 3 小売業の近代化と外資化による再編………………………………218
  3.1 小売近代化の特性……………………………………………218
  3.2 日系小売業の進出……………………………………………220
  3.3 欧米系小売業の進出…………………………………………220
  3.4 現地小売業の外資化…………………………………………223
 4 商業立地の変化による再編…………………………………………225
  4.1 日系小売業の立地行動と商業空間…………………………225
  4.2 欧米系小売業の立地行動と商業空間………………………226
 5 商業集積（SC）の開発による再編…………………………………227
  5.1 SC開発と小売国際化…………………………………………227
  5.2 SC開発の地域別動向…………………………………………229
 6 新たな商業空間の再編に向けて……………………………………231

第12章 消費空間の「二極化」と新業態の台頭
   ―高質志向スーパーとスーパーセンター―………………235

 1 食品小売業界の競争環境の変化……………………………………235
  1.1 食品小売業の競合の新段階…………………………………235
  1.2 厚い都市部市場の層化と農村部市場の薄いマーケット…236
  1.3 都市部市場における需要と供給のアンマッチ……………237
 2 都市型業態：高質志向スーパーの躍進……………………………237

2.1　都市部の高質志向スーパー……………………………237
　　　2.2　「クイーンズ伊勢丹」のケース…………………………238
　　　2.3　「ザ・ガーデン自由が丘」と「成城石井」………………241
　　　2.4　都市型業態と都市部市場の展望…………………………242
　　3　農村型業態：日本型スーパーセンターの展開………………243
　　　3.1　農村部でのスーパーセンターの出現……………………243
　　　3.2　日本型スーパーセンターの特徴…………………………244
　　　3.3　北陸のパイオニア企業「PLANT」………………………245
　　　3.4　九州の過疎地域の「マキオ」……………………………249
　　　3.5　日本型スーパーセンターの今後の展望…………………251
　　4　まとめ……………………………………………………………252

第13章　企業統合と小売業本部機能の空間的再編成……………255

　　1　景気低迷・競争激化と小売業本部の立地変化………………255
　　2　合理化と本部郊外移転…………………………………………257
　　　2.1　ユニーグループの本部郊外移転集約……………………257
　　　2.2　デオデオの本部郊外移転集約……………………………260
　　3　経営統合と持株会社の立地……………………………………262
　　　3.1　コンビニチェーンの経営統合……………………………262
　　　3.2　家電量販チェーンの経営統合……………………………266
　　4　小売業本部機能の空間的再編成と都市機能…………………271

終章　変革期の流通と都市空間……………………………………275

　　1　流通革新の到達点：1980年代…………………………………275
　　2　成熟と限界：1990年代…………………………………………278
　　3　社会のリストラクチャリングと流通のブレークスルー：
　　　21世紀を迎えて…………………………………………………282
　　　3.1　社会構造の二極化と流通の二極化………………………282
　　　3.2　流通のグローバリゼーション……………………………287
　　　3.3　流通の個別化………………………………………………289

3.4 情報化の桎梏と可能性 …………………………………………294

序章　流通システムと都市空間

1　流通システムとは何か

　私たちは，モノやサービスの購入を通じて日々の生活を維持し，また豊かなものにしている。生産活動の分業化が高度に進んだ今日，私たちはほぼ例外なく消費者としての側面をもっている。その消費者と生産者との懸隔をつなぐ産業が流通産業（流通業）であり，一般に卸売業と小売業の2業種がこれに該当する。一方，生産から消費に至るモノの流れ（販路）を"流通チャネル"と呼ぶ。流通チャネルは，流通業や取引形態の多様化を反映して，近年徐々に複雑なものへと変化している。あるメーカーが生産した同一の製品を同じ地域で販売する場合でも，販売数量が大きな量販店と販売数量が小さな専業店とでは通常販路が異なる。また，最近では生産者直売，消費者による共同購入，電子商取引やオークション（個人間取引）など，既存の流通業を介さない販路も徐々に成長している。しかし，取引量や取引金額を見る限り，流通チャネルの担い手が流通業であることに議論の余地はないであろう。

　流通業を中心として構成された需給接合の仕組みを，一般に"流通システム"と称する。流通システムの経済学的な存在意義は，探索時間と探索費用の削減に求めることができる。仮に流通システムが存在しなければ，生産者と消費者との間に発生する取引の数は両者の積となり，天文学的な時間と費用が必要になる。こうしたリスクと費用を代替するため，流通システムは，①受給接合機能，②空間移転（在庫調整）機能，③助成機能の3機能を併せもっている。これらを具体的な業務にあてはめると，受給接合機能は財の所有権を移転させる営業活動（商

流)に,また空間移転機能は財の空間的移動や保管・仕分けを行う配送活動(物流)に相当する。また,③の助成機能は①および②を円滑に進める金融,保険,情報などの各業務に相当する。このように,流通システムを構成する業種は,狭義の流通業の範囲を超えて非常に広い。

　本章では,第1章以降の議論に先立ち,その前提となる1990年以降の日本の流通システムにおける変化を概観するとともに,本書の視点と構成を紹介することとしたい。

2　変化する流通システム

2.1　2つの「流通革命」

　21世紀初頭の今日,日本の流通システムは,1990年代から続く大きな変革のただ中にあるといわれる。この日本の流通システムにおける直近10年余の変化を,1960年代の「第1次流通革命(あるいは流通革新)」になぞらえて,「第2次流通革命」と呼ぶことも多い[1]。しかし,2つの構造変化を取り巻く社会経済的な背景は大きく異なる(表0-1)。1960年代の「第1次流通革命」は,高度経済成長による消費拡大と,消費財メーカーおよびチェーンストアの台頭が大きな特徴であった。高度経済成長による国内市場の活性化と,1ドル360円の固定レートによる実質的な円安基調は,国内消費の拡大と輸入障壁の形成を同時に実現し,国

表0-1　「流通革命」とその社会経済的背景

	第1次流通革命	第2次流通革命
時　期	1960年代	1990年代～
推進力	高度経済成長による消費拡大 消費財メーカーの全国資本化 円安(1ドル360円の固定レート)	情報化(専用回線＋情報機器) 規制緩和 円高(開発輸入の急増)
構造変化	業態(とくにチェーンストア)の誕生と台頭	業態の多様化と業態間競争 業種の衰退 チェーンストアへのパワーシフト
価格決定	メーカー主導のチャネル別建値制	小売主導の価格低下
流通政策	大店法(1973)による競争調整 産業保護政策と価格維持の容認	規制緩和による自由競争 独禁行政の強化

内の消費財メーカーを急成長させた。これら大手消費財メーカーの大量生産体制に呼応する形で，全国的な大量流通システムを構築したのが大手流通資本の手によるスーパーマーケットであった。品群横断的な品揃えを実現し，値引き販売とセルフサービスを特徴とするスーパーマーケットの台頭は，既存の中小小売業（その集合体としての商店街）に大きな打撃を与え，大型店の出店がしばしば社会問題に発展するケースもみられた。それでも1980年代までは，大店法など政府の競争調整政策や大手消費財メーカーの価格維持政策がバッファとなって，大手流通資本と中小小売業は微妙なバランスを保っていたと考えることができる。

これに対して，1990年代以降の「第2次流通革命」では，流通業をとりまく経営環境が競争調整から自由競争へと大きく転換した。その推進力となったのが，1980年代後半から1990年代初頭にかけて集中した，情報化，規制緩和，プラザ合意以降の円高などの社会的，経済的な変化である。バーコードで商品管理を行うPOSに象徴される流通情報化は，巨額の情報化投資と引き換えに売上増加やコスト削減を実現する技術革新であり，投資能力と規模の経済性に優れた大手流通資本の競争力を著しく高めた。また，厳格な大店法や緩やかな独禁行政を非関税障壁と批判した1990年の日米構造協議[2]以降，大店法の緩和と独禁行政の強化が進み，結果的に大手量販資本競争力を飛躍的に高めることとなった。さらに1ドルが80円台に達した極端な円高傾向は，アジア諸国での開発輸入を加速させ，調達ロットが大きい大手流通資本に自社ブランド（PB商品）[3]開発の途を開いた。このように，1990年代初頭に集中した一連の社会的，経済的な変化は，結果として流通システムにおける大手量販資本の優位性を不動のものにした。

2つの「流通革命」を通じた大手量販資本の台頭は，しばしば"業種"から"業態"への転換という言葉で表現される[4]。そうした前提に立つ場合，1960年代の「第1次流通革命」が日本における業態誕生の時期であったのに対して，1990年代の「第2次流通革命」は，業態の優位性が確立され，業種対業態という市場争奪の構図に，業態間競争という新たな図式が加わった時期といえるだろう。こうした変化は，当然のように流通システムの"川上"[5]に位置する卸売業やメーカーにも大きな影響を与えることになった。このように，1990年代の構造変化は流通システムの主導権がメーカーから大手量販資本の手に移ると同時に，生産を担当するメーカーや調達を担当する卸売業が，大手量販資本の下で再編成され

ていく過程と考えることができる。

2.2 流通業の現状

　それでは，2度の「流通革命」を経た日本の流通業の現状とはいかなるものであろうか。表0-2は，小売業における従業員規模別店舗数および年間販売額の推移を，また表0-3は，同じ項目について卸売業の推移を示している。これによれば，2002年度の商業統計に基づく小売業商店数は130万57店であり，1994年度の

表0-2　小売業における従業員規模別店舗数および販売額の推移

従業員数	商店数（店）			年間販売額（10億円）		
	1994年	2002年	商店数増減率	1994年	2002年	販売額増減率
1～2人	764,771	587,594	−23.2%	13,332	8,156	−38.8%
3～4人	370,942	299,441	−19.3%	20,054	13,049	−34.9%
5～9人	222,548	225,468	1.3%	28,997	24,260	−16.3%
10～19人	89,618	119,117	32.9%	23,819	26,776	12.4%
20～29人	26,337	34,098	29.5%	12,163	12,721	4.6%
30～49人	15,655	18,799	20.1%	11,719	11,868	1.3%
50～99人	7,191	10,862	51.0%	9,998	13,210	32.1%
100人～	2,861	4,678	63.5%	23,213	25,071	8.0%
計	1,499,923	1,300,057	−13.3%	143,295	135,110	−5.7%

（資料：商業統計表により作成）

表0-3　卸売業における従業員規模別店舗数および販売額の推移

従業員数	商店数（店）			年間販売額（10億円）		
	1994年	2002年	商店数増減率	1994年	2002年	販売額増減率
1～2人	90,382	80,474	−11.0%	6,595	5,177	−21.5%
3～4人	103,004	87,744	−14.8%	19,413	15,258	−21.4%
5～9人	120,148	106,839	−11.1%	54,115	44,563	−17.7%
10～19人	67,776	61,410	−9.4%	72,162	60,743	−15.8%
20～29人	21,296	19,022	−10.7%	44,863	38,806	−13.5%
30～49人	14,714	13,101	−11.0%	54,129	44,358	−18.1%
50～99人	8,394	7,560	−9.9%	64,689	52,232	−19.3%
100人～	3,588	3,399	−5.3%	198,351	152,219	−23.3%
計	429,302	379,549	−11.6%	514,317	413,355	−19.6%

（資料：商業統計表により作成）

商業統計における149万9923店よりも13.3％減少している。次に従業員規模別での推移でみると，1994年統計では小売業の75.7％を占めていた従業員規模4人以下の商店数が，8年後の2002年統計では68.2％にまで減少し，逆に従業員規模10人以上ではすべての従業員規模で商店数が20％以上増加している。また，販売額も従業員規模の多寡によって対照的な推移を示している。

一方，卸売業商店数の減少傾向は小売業以上に厳しく，2002年／1994年比でみた卸売業商店数は11.6％も減少している。また，すべての従業員規模で商店数が5％以上減少していることも卸売業の大きな特徴である。しかし同じ減少傾向でも，中小卸売業と大規模卸売業とではその理由が異なる。中小卸売業の減少傾向は，おもな取引先である中小小売業の衰退が原因と考えられる。従業員数9人以下の小売業は大幅な減少傾向を示しており，このことが中小卸売業の経営を直撃したのである。これに対して，大規模卸売業で減少傾向が著しい理由は，おもにチェーンストアによる取引卸の絞り込みが原因である。その理由は第6章で詳述する。

次に，考察の対象を小売業に絞り，業種および業態別での推移を整理する。表0-4は，2002年／1994年比でみた小売業態別の商店数および年間販売額の伸び率

表0-4　小売業の業態別推移

（1994年を100とした時の2002年の増減率）

業　　態	商店数増減率	年間販売額増減率
大型百貨店	−20.1％	−26.2％
その他の百貨店	−40.0％	34.6％
大型総合スーパー	10.5％	4.9％
中型総合スーパー	−61.9％	−64.2％
衣料品スーパー	103.3％	77.6％
食料品スーパー	9.9％	20.5％
住関連スーパー	118.3％	101.8％
コンビニエンスストア	48.0％	67.4％
（うち終日営業店）	141.5％	143.3％
その他のスーパー	−22.0％	−18.4％
衣料品専門店	−28.0％	−39.7％
食料品専門店	−22.6％	−29.3％
住関連専門店	−10.5％	−6.7％

（資料：商業統計表 各年版により作成）

である。本表によれば，終日営業のコンビニエンスストア（コンビニ），住関連スーパー（おもにホームセンター），衣料品スーパー（おもに紳士服や日用衣料のディスカウント店）などが商店数を倍増させた反面，競争力が劣る専門店は大幅に店舗を減らしている。また，チェーンストアを代表する総合スーパー業態をみると，売場面積3,000m² 以上の大型総合スーパー（都特別区および政令指定都市は6,000m² 以上）が2けた成長を遂げた反面，売場面積3,000m² 未満の中型総合スーパー（都特別区および政令指定都市は6,000m² 未満）は激減し，業態全体での店舗数も微減に転じる。中型総合スーパーの激減は，大店法の規制緩和によるところが大きい。1990年代に入って大店法の段階的緩和が進められたことにより，それまで出店が困難であった3,000m² を上回る店舗の出店が可能になったからである[6]。一方，店舗数が増加した業態でも，食料品スーパーとコンビニエンスストア（全体）以外は年間販売額の伸び率が店舗数の伸び率を下回り，1店舗あたりの販売額は縮小傾向を余儀なくされている。

　以上の点から，日本の流通業の概況は次のように整理できる。まず第1に，小売業，卸売業ともに小規模業者の絶対数が急速に減少している。とりわけ，卸売業の商店数減少はすべての従業員規模におよび，その衰退傾向は小売業以上に深刻である。第2に，業種型店舗から業態型店舗へのシフトが進んでいる。なかでもセルフサービス店舗が総じて成長し，これらと取扱品目が競合する業種型店舗の減少率が高い。そして第3に，セルフサービス業態内部における新陳代謝が進んでいる。中規模スーパーの不振は，こうした傾向を象徴するものであり，業態間競争の激化とともに，消費者に対する明確な訴求点をもたない業態が顕著な衰退傾向を余儀なくされている。

3　流通システムの地理的特性

　流通システムが担う需給接合や空間移転は，それぞれ人，モノ，情報の移動を前提としており，その拠点は必然的に都市部へ集中しやすい。しかし，よりミクロな視点でみると，流通業の立地指向性は業務ごとに大きく異なる。また，各拠点を中心として，店舗の商圏，物流拠点の配送圏，支店・営業所の営業圏など，いくつもの業務圏域が重層的に成立している。おのおのの圏域は，絶対距離，時

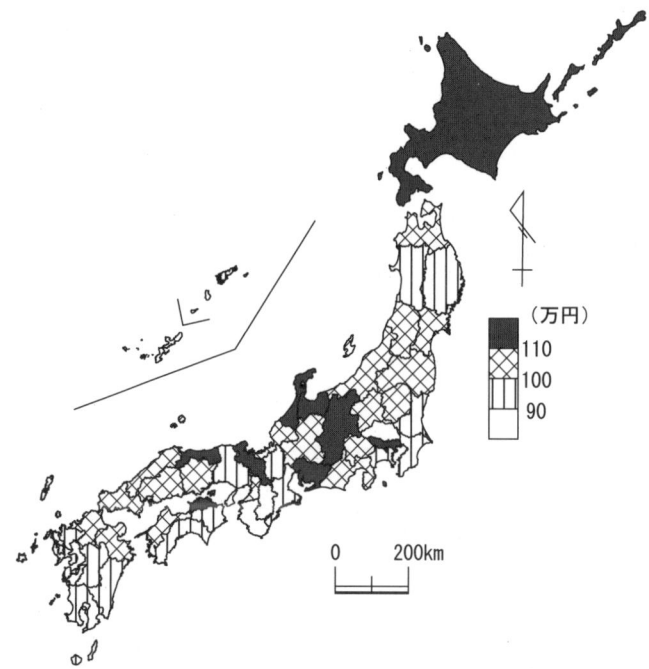

図0-1 都道府県別の人口1人あたり小売販売額(2002年)
(資料:商業統計表により作成)

間距離,行政界など多くの成立基準をもち,その範囲もまた営業規模,業種・業態,顧客の分布密度など多様な要因に規定されている。地理学における流通研究が,都市地理学や中心地論と密接なかかわりをもつ理由は,こうした産業特性に負う部分が大きい。

　流通業の拠点立地と業務圏域の多様性を示す事例が,都道府県別での小売業と卸売業の集積状況の差異であろう。小売業は高頻度かつ日常的に発生する消費財の購入に,その多くを依存している。消費財を扱う小売業は,原則として狭小な商圏を存立基盤としており,その地域的な差異はきわめて小さい。それゆえ,小売販売額は人口規模にほぼ比例し,百貨店など買回り品を扱う店舗が集中しがちな大都市部でその数値が高まる傾向がみられる。図0-1は,都道府県別の人口1人あたり小売販売額を示したものであり,買回り品の需要が東京・大阪に流出しやすい埼玉,奈良,和歌山などでその数値が低いものの,全体としてみれば地域

的な偏差はきわめて小さい。

　逆に卸売業は中心地域への極端な集中傾向をみせる。2002年度の商業統計に基づく卸売販売額上位10都道府県は，東京を筆頭に，大阪，愛知，福岡，北海道，神奈川，広島，埼玉，宮城，兵庫の順であり，三大都市圏に含まれる6都府県と，札幌・仙台・広島・福岡の広域中心都市をもつ道県が独占している。この10都道府県の卸売販売額のシェアは，全国の約80％にまで達している一方で，中京圏（愛知）および阪神圏（大阪・兵庫）では卸売販売額の相対的な低下が進んでいる。卸売販売額全体が減少を続ける中で，首都圏と広域中心都市の卸売販売額が堅調に推移する理由は，有力な量販資本の本部が大都市に集中することに加え，情報化の進展がもたらす配送距離の拡大が，地方圏全体の卸売機能を広域中心都市に集約させたためである。こうした傾向は，都道府県別でのW/R比率からも理解することができる。W/R比率とは，卸売販売額（Wholesale trade）を小

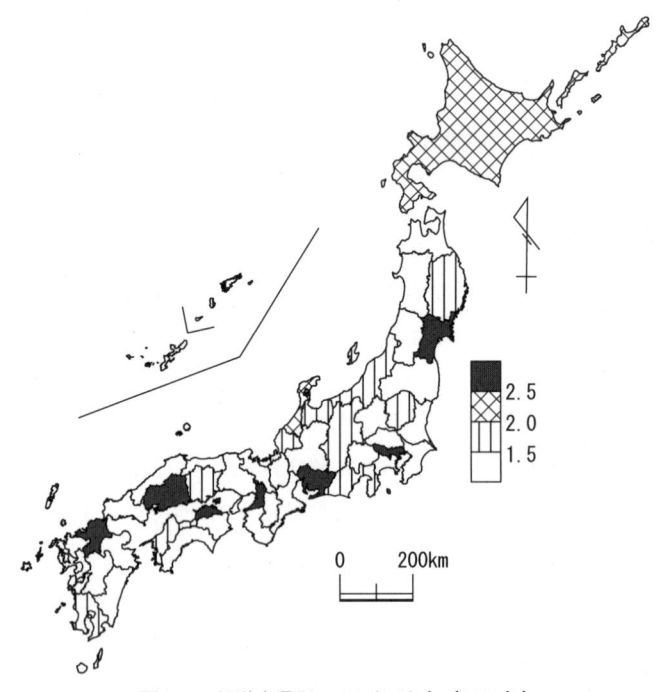

図0-2　都道府県別のW／R比率（2002年）
（資料：商業統計表により作成）

売販売額 (Retail trade) で割った数値であり, 小売販売額を基準とする卸売販売額の集中度合いを示す指標である[7]。図0-2は, 都道府県別のW/R比率を示したものであり, 交通条件から流通拠点の分散傾向が強い中部・北陸・瀬戸内の各県を除けば, 大都市圏および広域中心都市を含む道県で高く, 周辺部の県ほど低くなる傾向を明瞭に示している。

このように, 同じ流通業でも小売業と卸売業では立地条件や業務圏域が大きく異なり, それぞれの状況もまた, 情報化やチェーンストアの台頭といった環境変化に対応して刻々と姿を変えつつある。流通業は一般的に製造業より設備投資が少なく, 立地上の制約条件も緩いため, 産業全体としてフットルースな性格が強い。このことが, 短期間のうちにドラスティックな変化を生みだす1つの要因となっている。後述する商流と物流の分離や, ロードサイドへの急激な集積などはそうした変化の好例であり, 都市空間の構造にも少なからぬ影響を与えている。

4 本書の視点と構成

4.1 本書の視点

本書は, 上述のような流通再編成の過程で台頭した小売業態の空間的特性を, その経営システム上の特性をふまえつつ検討し, 併わせて都市空間とのかかわりを論じることに主眼を置いている。本書のこうしたスタンスは, 本書の執筆メンバーが以下に示す3つの問題意識を共有することによっている。

第1は, 流通業 (とりわけ小売業) の変化が, 都市空間の変貌を映し出す「鏡」の役割を果たすと考えたからである。流通業がきわめて都市的な産業であり, 中心地機能の一端を担うことは既に述べた。その一方で, 流通業が市場の変化に対して受動的に対応せざるを得ないこともまた事実である。原則として狭い商圏を成立域とする消費財小売業は, 商圏環境の変化を敏感に察知してフットルースな対応をみせる。たとえば, ドーナツ化現象で人口空洞化が進む中心地の旧店舗をスクラップし, その売却益でニュータウンの核店舗建設を進めるチェーンストアの出店戦略は, 都市の変貌を映し出す「鏡」としての性質を如実に示すものである。1990年代は, 流通システムの変革期であったばかりでなく, 日本の都市にとっても, 戦後初の地価下落を経験するなど激動の時代であった。この時期

における都市空間の変貌については，都市地理学など関連諸科学による論究が数多く示されているが，議論は必ずしも収束をみたわけではない。そうした中で，流通業というフィルターを通して，1990年代の都市空間の有り様を再検討することは，一定の意義をもつのではなかろうか。

第2は，日本の流通業における1990年代以降の構造変化を考察する際に，"業態"を切り口にすることが有効と考えたからである。その際には，各業態の経営システムにまで踏み込んだ議論が不可欠となる。"業態"に相当する英語は，"type of management" もしくは "type of operation" である。これらが示す通り，業態とは単に品揃え，陳列手法，店舗規模，営業時間など，店頭部分のみを基準とした分類ではなく，調達・物流，出店戦略，損益構造など，経営システム全体を対象とした分類といえる。加えて，流通業の過当競争と消費の成熟が指摘されて久しいわが国の消費財流通において，短期間のうちに急成長を遂げたビジネスの空間的特性を議論する際には，どのような経営システムゆえに市場への浸透を果たし得たか，という視点がきわめて重要になると思われる。これに対して，従来の地理学における業態研究は，店舗の規模や販売形態を所与とする議論が一般的であり，各業態の経営システムを視野に含んだ考察は乏しい。本書が「小売業」の検討に紙数の多くを割きつつも，垂直的な取引構造を反映した「流通」という語にこだわる理由は，そうした意識によるものである。

第3は，流通システムの近未来像を探るとともに，流通と都市空間をめぐる新しい論点を提示しようと試みたからである。21世紀初頭の流通システムは，1990年代における再編成の影響を残しつつも，いくつかの点で新しい展開をみせている。たとえば，大量生産・大量消費という高度経済成長型のビジネスモデルが行き詰まりみせ，これと呼応するように，リサイクル，安全性，個別性（希少性そのものを付加価値とする消費意識）など，新しい価値観が市民権を獲得しつつある。また，外資の本格的参入による流通資本の国際化や，情報化（とりわけインターネットの社会的浸透）を背景とした流通チャネルの多様化も進んでいる。これらの新たな動向は，既存の流通システムに少なからぬインパクトを与えると同時に，私たちの消費スタイルを緩やかに変えて行くであろう。

その一方で，都市空間もまた，地価下落の継続，団塊世代の高齢化，人口の都心回帰，所得の分極化傾向など，いくつもの変化に直面している。こうした変化

が，流通業に与える影響も看過することはできない。たとえば，1990年代前半に史上空前の利益を計上した大手量販資本のビジネスモデルが10年を経ずして破綻し，いくつもの企業が倒産や経営縮小に直面した最大の要因は，商業地における地価変動の劇的な振幅に他ならないのである。このように，流通システムと都市空間は不可分の関係にあるがゆえに，両者のかかわりを今日的な視点で見直し，その近未来像を検討することは重要であるといえよう。

4.2 本書の構成

以上のような視点に基づく本書は，本編13章に序章・終章を加えた15章からなるが，本編を構成する各章は独立した論文の形式で書かれており，背景説明などに各章間で若干の重複が生じている。各章の概要は以下の通りである。

まず第1章～第4章では，伝統的な商業地域である「都心」に注目し，都心を代表する3つの業態と都市空間とのかかわりを検討する。第1章では，典型的な都心型業態である百貨店を対象として，その立地の多様化と商圏構造の重層性を，首都圏の拡大という地理的変化をふまえて検討し，その結果に基づいて百貨店を9つのタイプに分類している。第2章では，百貨店とGMS（総合スーパー）の"競合と棲み分け"が議論される。これまでGMSは，百貨店が立地しない下位レベルの中心地において百貨店を代替する供給機能を果たしてきた。しかし人口の郊外拡散を背景として，下位レベルの中心地に百貨店が進出するようになると，そこでは業態間の競合が発生すると同時に，品揃えの差別化を通じた新たな棲み分けが行われるようになる。本章では，横浜近郊における事例調査をもとに，都市の拡大と業態間競争の変容が検討されている。第3章では，百貨店とならぶ都心型業態であるコンビニエンスストア（コンビニ）の立地展開が検討される。店舗面積が狭小で，フランチャイズ方式によって運営されるコンビニは，フットルースな小売業態の象徴的存在といえる。ここでは，京都市における事例調査をもとに，コンビニ立地を指標として都市構造変化を読み解く議論が試みられる。第4章では，都心における商業立地を規定する公的規制のあり方とその課題が検討されている。

続く第5章～第9章では，1980年代後半から1990年代にかけて急成長したいくつかのチェーンストア業態について，その立地展開と物流システムをめぐる議論

を行う。まず第5章では，GMSの立地展開にみられるチェーン間差異と経営戦略とのかかわりが検討される。また第6章では，チェーンストアが主導する物流システムの変革と，その結果として進行しつつある卸売業の再編成が議論される。第7章～第9章では，それぞれ個別業態を対象とした検討が行われる。第7章では，首都圏における食料品スーパー2社の店舗展開の推移をふまえて，人口の郊外拡散，地価変動，公的規制などの変数が小売業の立地展開に与えた影響を総合的に検討する。第8章では，岐阜県における事例をもとにコンビニの地方展開を検討し，第3章で検討した大都市内部とはまったく異なる立地モデルが存在することを明らかにしている。第9章では，1990年代に急成長した専門店チェーンの立地パターンと物流システムを，ホームセンターおよび家電量販店の事例をふまえて検討し，効率追求型のローコストオペレーションがもつ空間特性を整理している。

第10章～13章では，流通業をとりまく最近の環境変化と，これにともなう流通システムの再編成を，情報化，国際化，消費の分極化，企業の合併統合という4つの切り口から検討する。まず第10章では，日本の流通システムにおける情報化の進展を概観するとともに，情報化が時間距離の重要性を高める一方，チェーンストアへのパワーシフトを進めた点を指摘している。第11章は，流通資本の国際化を，アジアにおける欧米資本と日系資本の展開を比較する形で議論し，国境を越えた商業空間の再編という視点を提示している。第12章は，日本の農村部と都市部における消費性向の比較を通じて，流通空間の「二極化」現象という切り口を提起し，おのおのの特性に合致した地域限定型業態が台頭しつつあると指摘している。第13章では，コンビニと家電量販店チェーンの事例研究を通じて，地域を超えた大規模な企業統合の増加と，これにともなう産業システム（営業，物流，販売，開発など）の空間的な再編成を検討している。

最後に終章では，本編の議論を収斂するとともに，21世紀前半における日本の流通システムの近未来像を提示している。

（箸本健二）

[注]

1) たとえば，上原（1986）は，「流通革命」の語を用いることには慎重であったが，

情報化の進行につれて流通チャネルにおける垂直的な取引システムの比重が高まると指摘し，その過程で進む小売業主導による流通チャネルの再編成を「第2次流通再編成」と呼んだ．また，久保村・流通問題研究協会（1996）は，チェーンストアが主導する流通システムのリストラクチャリングを「第2次流通革命」と呼んだ．

2) 日米構造協議において，米国は日本の対米貿易黒字の縮小を求め，その手段として輸入品を積極的に扱う大型店の出店自由化（大店法の規制緩和）を主張した．

3) PB商品はprivate brandの略であり，小売業が自社ブランドとして開発した商品を意味する．1990年代前半の記録的な円高によって，東南アジアや中国からの開発輸入が小売業に大きな利益をもたらすようになり，PBブームが定着した．基本性能の部分でメーカー品と遜色ない商品を開発し，大ロットでの生産や完全買取を条件として仕入価格を大幅に引き下げる手法は，その後100円ショップやSPA方式によるアパレル産業などに引き継がれた．

4)「業種」とは取扱品目による小売業の分類であり，商店街を形成する小規模専業店の多くはいずれかの業種に分類される．一方，品目横断的な商品構成をもつチェーンストアの多くは，その経営特性から「業態」に分類される．スーパーマーケットやコンビニエンスストア（コンビニ）は，代表的な業態区分である．

5) 製・配・販という流通チャネルを川の流れに見立てて，製品生産を担当するメーカーを川上，小売業を川下と呼び習わす．

6) 中規模総合スーパーが大幅に減少したもう1つの理由は，大型店出店の自由度が高まったことにより，大手量販資本が郊外型大型店の出店を行う際に，その費用を老朽化した都心の中型店を売却することで捻出する，いわゆるスクラップ・アンド・ビルドが進んだためである．

7) 1国の内部でW/R比率を比較すると，地域間での卸売業の集積状況を把握する指標となる．また，W/R比率の国別平均値を比較することにより，各国の流通経路の長短を比較することが可能である．

［文　　献］

上原征彦　1986．『経営戦略とマーケティングの新展開』誠文堂新光社．
久保村隆祐・流通問題研究協会編　1996．『第二次流通革命―21世紀への課題』日本経済新聞社．

第1章　大都市圏における百貨店の特性と商圏構造

1　百貨店が抱える諸問題

1.1 「百貨店」とは何か？

　クリスタラーやレッシュを援用するまでもなく，百貨店は最も高次の商業集積であり，大都市の象徴であった。百貨店における品揃えの中核は，買回り品を中心とする高額商品であり，その商圏は，しばしば都市や自治体の範囲を超える拡大をみた。一方，1970年代以降に進んだ百貨店の郊外拡大は，「旧来の百貨店」対「郊外の商業核」という新たな顧客争奪の構図を生み出すとともに，百貨店という業態そのものの多様化を促した。都市空間と流通システムとのかかわりを読み解くにあたり，本章ではまず百貨店の郊外拡大を議論したい。

　我々にとって，百貨店とは昔からなじみのある小売業態である。大都市の中心にそびえ建ち高級ブランドを販売する華やかなお店，というのが百貨店の一般的なイメージであろうか。しかし，実際には百貨店の明確な定義は存在しない。そもそも百貨店とは，販売方法などのオペレーション手段によって分類された小売施設の1区分であり，商業統計表によると，「従業員50名以上からなる大型店で，衣・食・住に関連する商品をそれぞれ10％以上70％未満の範囲で取り扱い，かつ全商品の50％以上を対面により販売する大型店」とされる。つまり百貨店とは，全方位的な商品構成をとり，かつ接客販売を主とする大型小売店舗の総称と理解できる。

　しかし，大型総合スーパー（以下GMSと略記）も同様の性格を有しており，その境界は不明瞭である。商業統計による百貨店の定義は不十分であり，実際，

商業統計によって規定された百貨店のなかには、ダイエーやイトーヨーカ堂などのGMS企業が経営する店舗も含まれる。しかし、百貨店は多品種少量販売を原則としており、取扱商品の種類は同規模のGMSの10倍以上に及ぶ（小山 1997）。また、百貨店を主要取引先とする百貨店卸はGMSに商品を卸さないという商慣行も存在するため、百貨店とGMSの性質は明確に異なる。一方、百貨店協会では百貨店の定義は曖昧であるが、商業統計による条件に加え、百貨店と認知するに足る十分な伝統と格式を有する老舗店を、慣例的に加盟対象としている。この点において百貨店協会の加盟店は、我々がイメージする百貨店と合致する。ただし協会加盟は義務ではないため、一部の老舗店は現在でも百貨店協会に参加しておらず、単純に協会加盟店を百貨店と認識することはできない。

百貨店の専門大店化も百貨店のイメージを曖昧なものにしている。元来、百貨店は他の商業施設と同様に、自らが商品の生産や仕入れ販売を行う小売業態であった。かつての百貨店は、輸入総代理店としての舶来品の販売以外にも、外国人デザイナーを招聘しての洋装品の作成や冷蔵庫、家具、靴、石鹼、パンなどのプライベートブランド（PB）の開発を率先して行ってきた（三越百貨店 1990）。取扱商品をプライベートブランドからナショナルブランド（NB）へシフトし、かつ委託仕入れや消化仕入れ[1]を本格導入したのは、高度経済成長期以降である。この制度では売れ残りをメーカーに返品できるため、百貨店は在庫リスクを背負わなくて済むというメリットがある。しかし一方で、商品の仕入れ・販売の取引業者への委託は、百貨店自身のマーチャンダイジング[2]力を著しく低下させた。現在では売場の多くで商品の仕入れ・販売をメーカーや卸売業者が担当しており、百貨店は一種のテナントビルと化している。今日、消費者にとって百貨店の個性や独自性はきわめて曖昧で不明瞭なものといえよう。

1.2 百貨店の歴史

1.2.1 店舗の郊外化

百貨店は近代小売業の中でも最も早くに確立した小売業態であり、長い歴史を有する。百貨店の発祥に関しては諸説が存在するが、フランスのボン・マルシェを起源とするのが定説である。わが国では、1904年における三越百貨店の開業が百貨店の始まりとされる。明治維新とともにわが国に入ってきた洋式の生活スタ

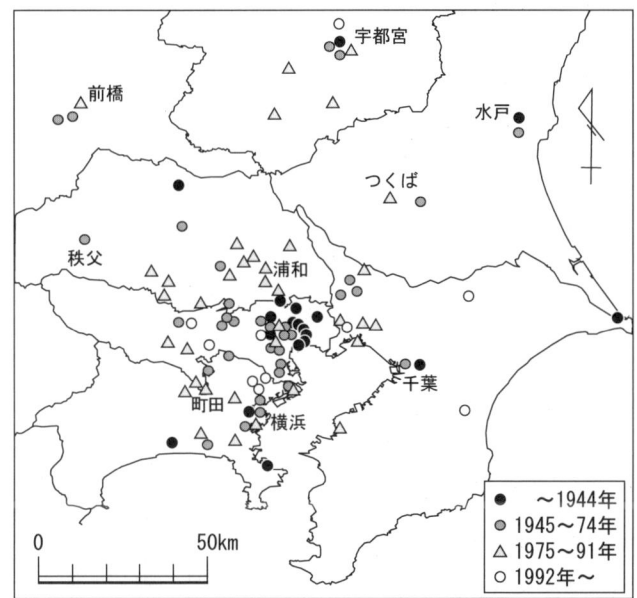

図 1-1　東京大都市圏における百貨店の開業年別立地状況（1998年）
（資料：『大型小売店総覧』および『百貨店総覧』により作成）

イルの浸透に呼応し，1900年代初頭に，三越をはじめとする多数の大手の呉服店が，百貨店への経営転換を遂げた。百貨店の特徴は，近代的な経営方法や欧米の販売のみならず，近代的西洋建築を用いた大型の店舗や食堂・美術館などの設置，専属楽隊の設立，博覧会の開催などに求めることができる。当時の百貨店は単なる小売施設ではなく，西洋の文化・情報の発信源としての役割を担う，都市を代表する文化施設であった（初田 1993，山本・西沢 1999）。つまり，当時百貨店は単なる小売機能ではなく，消費者に「非日常的な時間と空間」を提供する一種の文化施設であったといえる。

　百貨店の性質は時代とともに変化する。1923年の関東大震災，および1920年代末に始まる，市街地の西郊拡大に同調したターミナル型百貨店の副都心進出は，それまで上流階級を指向していた百貨店を，一気に大衆化させた（服部・杉村 1967）。1944年当時の店舗立地（図1-1）をみると，百貨店の立地は東京の日本橋や銀座，新宿，池袋，および横浜や千葉，水戸，宇都宮といった都市部に限ら

れていた。

　百貨店の郊外化が本格化したのは高度経済成長期以降である。1945年から74年までの29年間に36店が出店したが、うち20店は前述の都市以外の郊外への出店であった。百貨店の郊外出店の背景には、GMSの台頭があげられる。高度経済成長による市場の拡大を契機に成長したGMSは、人口が急増した郊外において販売網を広げていった（悦喜 1987）。百貨店の郊外化は、GMSのこうした動向に対抗するものでもあった。高度経済成長期が終焉を迎えた1974年以降、百貨店の出店は減速した。しかし、1980年代に始まるバブル景気のなかで百貨店の経営は再び好転し、1992年まで店舗の出店は続けられた。1975～91年には35の店舗が新設されたが、その多くはつくばや春日部、所沢、多摩、町田といった郊外の住宅地への出店であった。

　しかし1990年代以降、経済不況や業態間競争の激化のなかで、百貨店の経営は悪化している。1992年以降における新規店舗は10店のみであり、出店先は都心部や大都市近郊に限定されている。その一方で不採算店の整理が進められており、郊外を中心に閉鎖店舗が急増している。

1.2.2　百貨店の多様化

　店舗の郊外化が進むなかで、百貨店の性質はどのように変化したのであろうか。図1-2は日本橋三越、新宿伊勢丹および大丸東京店における衣料品・食料品の販売額比率の推移を表している。この3店は古くから東京で営業している老舗百貨店であり、立地も東京都中央区、千代田区、新宿区と近い。現在、この3店は相互に異なるマーチャンダイジングを展開しており、後述する店舗のタイプ別分類では、それぞれ異なる百貨店類型を代表する店舗となっている。しかし、1965年の段階では3店ともに全体の40～50％を衣料品が占めており、食料品は20％程度にとどまっていた。一方、1998年では明確な格差が存在している。新宿伊勢丹は衣料品の販売額費比率が50.6％と依然高い値を示しているが、日本橋三越は35.4％、大丸東京店にいたっては24.2％まで低下している。他方、食料品の値は日本橋三越22.5％、新宿伊勢丹15.0％、大丸東京店29.5％であり、やはり店舗間の格差は拡大している。

　1965年の段階では3店ともに買回り品に特化したマーチャンダイジングを実施していたが、時代の経過とともに百貨店の多様化が進み、一部の店舗では依然と

して買回り品への特化を維持しているものの，多くの百貨店は大衆化し最寄り品にシフトしたのである．

1.3 今日の百貨店が直面する問題点

21世紀に入った今日，わが国の小売業は大きな転換期を迎えている．折からの経済不況や，専門店チェーンをはじめとする新業態の台頭とそれにともなう業態間競争の激化，さらにはカルフールをはじめとする外国資本チェーン店の参入が，既存の小売業にさまざまな影響を与えている．こうした影響を最も強く受けている業態が百貨店である．1990年代後半以降，百貨店の売り上げは軒並み低下しており，経営の悪化から撤退に追い込まれる店舗も多い．

今日の百貨店には，地価の下落にともなう有利子負債の増加や百貨店自身の高コスト

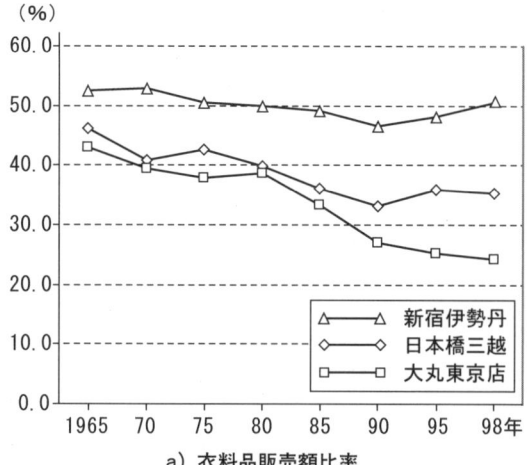

a) 衣料品販売額比率

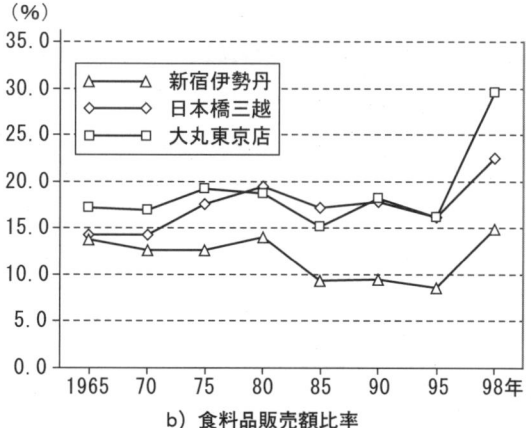

b) 食料品販売額比率

図1-2 百貨店の品目別販売額比率の推移

・各事例店は，表1-1に示したタイプ4，タイプ5，およびタイプ3に該当する店舗群の中で，1998年における販売額が最も高い店舗である．

(資料：各年度百貨店調査年鑑により作成)

体質など，さまざまな問題が内在している．なかでも大きな問題は，今日の百貨店が顧客の求める商品やサービスを提供していない，という点にある．そもそも小売業は消費者動向に対し受動的に対応するものであり，時代とともに変化する消費者の需要に対し的確な対応が求められる産業である．消費者の志向は場所ご

とに異なるため、各店の商圏特性に適したマーチャンダイジングの構築が求められる。とくに広範囲に店舗が分布する百貨店では、立地位置にともなうマーチャンダイジングの差別化が不可欠である[3]。長い歴史を有する百貨店は、時代の変化に応じていく度も立地とマーチャンダイジングを変更してきた。しかし現在、多くの百貨店が経営危機に直面している。このことは20世紀に構築した百貨店の店舗戦略が、21世紀に入った今日大きな齟齬をきたしていることを意味する。店舗戦略の見直しと新たな構築が、今日の百貨店にとって必要不可欠である。そこで本章では、立地とマーチャンダイジングに留意しつつ、21世紀における百貨店の展望を考えてみたい。

2　東京大都市圏における百貨店立地の空間構造

2.1　東京大都市圏の百貨店

1998年現在、わが国における百貨店総売上高は約9兆1774億円である（日本百貨店協会　1998c）。その内訳は、東京大都市圏4兆1886億円、京阪神大都市圏2兆582億円、名古屋大都市圏7,299億円であり、全体の76％が三大都市圏に集中する。なかでも東京において百貨店の卓越が顕著である。そこで東京大都市圏を中心に分析を進める[4]。

2.2　店舗の類型化

百貨店は買回り性が強いため、都心と郊外では顧客の指向は大きく変化する。このため百貨店各店は、自店の商圏特性に適したマーチャンダイジングを独自に展開している。岩間（2001）はこうした点に着目し、百貨店各店の性質と商圏構造との関係を大都市圏というスケールから考察した。分析対象は、調査を実施した1998年の段階で東京大都市圏に立地していた105店である。店舗間の質的な差異を定量的に捉えるため、第1に各店における取扱品目別比率[5]、商品の対象顧客年齢構成比率[6]、および商品の平均単価[7]と、店舗に設置された各種サービス機能の構成比率に関するデータを収集した。続いて各種データを基に多変量解析を行い、店舗を類型化した。なお、分析には1998年現在の資料を用いている。

因子分析およびクラスター分析の結果、店舗群は9つの類型に分類された（表

表 1-1 各類型の因子得点平均値

		タイプ	因子							
			顧客年齢層	最寄り・買回り品	娯楽・スポーツ	衣料品	生活関連用品	文化教養	行政・金融	教育
Aグループ	1	中高年層指向・買回り品集中型	−0.55	0.68	−0.20	0.33	−0.51	−0.53	−0.53	0.53
	4	買回り品特化型	−0.39	1.16	−0.26	−0.27	−0.25	0.58	−0.16	−0.26
	5	文化教養施設併設・若年層指向・買回り品集中型	0.85	0.58	−0.14	0.01	−0.41	1.80	−0.05	0.10
	7	若年層指向・買回り品特化型	1.04	1.11	0.62	3.69	0.13	−0.55	−0.37	−0.42
Bグループ	3	娯楽施設併設・若年層指向型	0.72	−0.03	1.16	−0.37	0.13	−0.52	−0.46	0.28
	8	業務施設併設型	0.15	−0.05	−0.13	0.11	0.85	0.36	1.54	−0.08
	9	業務・娯楽施設併設型	−0.45	0.07	8.40	−0.18	−0.33	0.07	1.72	−1.03
Cグループ	2	中高年層指向・最寄り品集中型	−1.07	−0.26	−0.19	−0.05	0.35	−0.30	−0.38	−0.28
	6	最寄り品特化型	−0.35	−1.89	−0.08	−0.47	1.13	0.31	−0.36	0.67

1-1)。その内訳は，タイプ 1（中高年層指向・買回り品集中型），タイプ 2（中高年層指向・最寄り品集中型），タイプ 3（娯楽施設併設・若年層指向型），タイプ 4（買回り品特化型），タイプ 5（文化教養施設併設・若年層指向・買回り品集中型），タイプ 6（最寄り品特化型），タイプ 7（若年層指向・買回り品特化型），タイプ 8（業務施設併設型），タイプ 9（業務・娯楽施設併設型），である。類型により店舗の性質は大きく異なる（表 1-2）。

百貨店の性質は，買回り品と最寄り品のどちらの比重が高いのか，および物販に特化するのかあるいはアミューズメント機能も有するのか，という 2 つの軸から説明することができる（図 1-3）。図中のAグループは，買回り品に特化した百貨店群を意味する。Aグループの中でも，タイプ 4 は日本橋三越に代表される最もステータスの高い店舗群が該当する。このタイプには，大手呉服系企業百貨店の本店が数多く含まれる。また，タイプ 5，7 は若年層の比重が高い店舗群で

表1-2 百貨店の各タイプにおける店舗属性の平均値（1998年）

	1	2	3	4				5		
				呉服系	電鉄系	SM系	地元	本店	支店	単独店
Aグループ										
タイプ1	21.0	408.7	13.2	30.8	15.4	0.0	53.9	30.8	53.9	15.4
タイプ4	33.7	623.0	3.8	90.9	9.1	0.0	0.0	27.3	72.7	0.0
タイプ5	51.1	890.0	21.4	38.5	61.5	0.0	0.0	46.2	53.8	0.0
タイプ7	12.1	385.3	9.3	0.0	100.0	0.0	0.0	0.0	100.0	0.0
Bグループ										
タイプ3	25.4	992.9	28.9	27.8	50.0	11.1	11.1	11.1	83.3	5.6
タイプ8	26.1	631.4	27.8	55.0	25.0	5.0	15.0	5.0	95.0	0.0
タイプ9	25.9	6,000.0	92.0	100.0	0.0	0.0	0.0	0.0	100.0	0.0
Cグループ										
タイプ2	14.7	208.1	3.0	25.0	12.5	0.0	62.5	0.0	68.8	31.3
タイプ6	9.2	738.7	7.9	10.0	20.0	0.0	70.0	0.0	80.0	20.0

（資料：各社資料により作成）

店舗属性
1：各タイプにおけるキーテナントの平均売場面積（1,000m²）
2：各タイプにおける平均駐車場台数　（台）
3：各タイプにおける平均テナント数　（店）
4：各タイプにおける経営資本比率　　（％）
5：各タイプにおける店舗形態の比率　（％）
1) SMとはスーパーマーケットを示す．
2) 独立店であっても，同資本系列店はすべて親会社の支店とした．

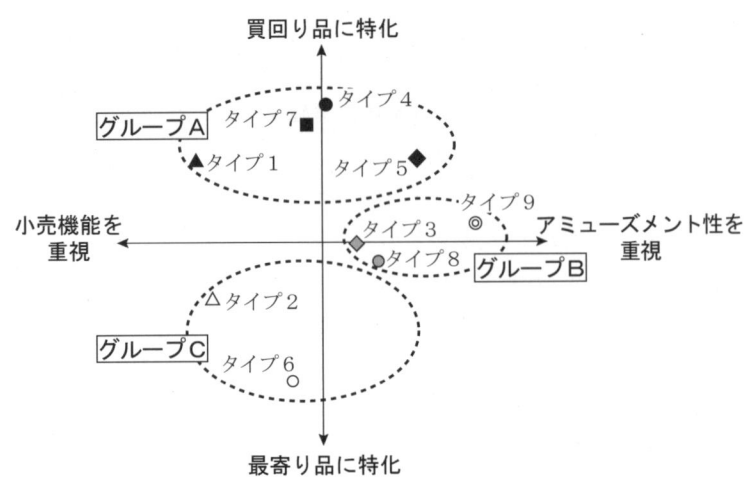

図1-3　東京大都市圏における百貨店の類型（1998年）

あり，新宿伊勢丹，西武マリオンなどが該当する。さらに，タイプ1は顧客に占める中高年層の割合が高い店舗群であり，水戸京成百貨店などの地元資本百貨店の本店が当類型に区分される。一方，Bグループは買回り品・最寄り品の偏りが少なく，かつアミューズメント機能も有する店舗類型である。タイプ3，8，9が該当する。これらの類型は広い屋外駐車場やテナントを有する点も共通しており，ショッピングセンター（SC）的な性格を有する百貨店グループである。この類型には大丸東京店や二子玉川高島屋などが含まれる。またCグループは，相対的に最寄り品に高い比重を示す。これらの代表店としては吉祥寺近鉄や埼玉の丸広入間店をあげることができる。

2.3 店舗の類型別分布

図1-4～6に示したような各グループの立地状況から，百貨店の立地と店舗特

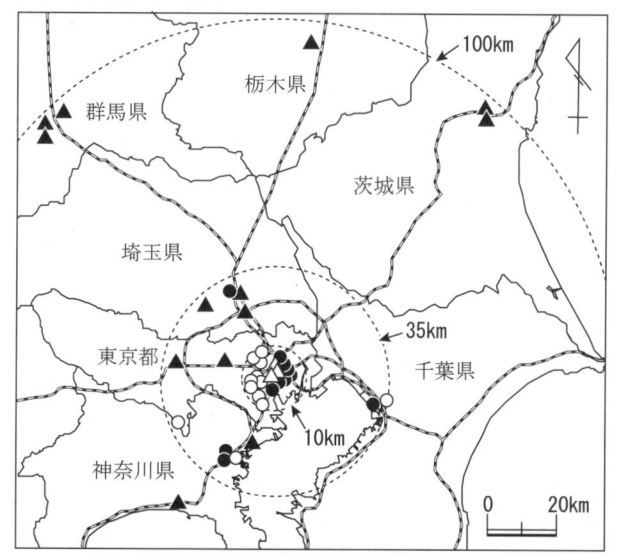

▲ タイプ1　中高年層指向・買回り品集中型
● タイプ4　買回り品特化型
○ タイプ5　文化・教養施設併設・若年層指向・買回り品集中型
△ タイプ7　若年層指向・買回り品特化型

図1-4　東京大都市圏における買回り品集中・特化型
　　　　百貨店の立地（1998年）
（資料：クラスター分析結果により作成）

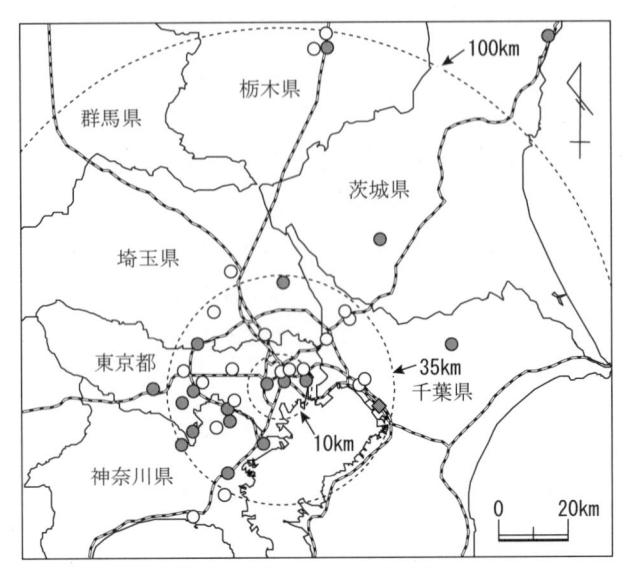

● タイプ3　娯楽施設併設・若年層指向型
○ タイプ8　業務施設併設型
◆ タイプ9　業務・娯楽施設併設型

図1-5　東京大都市圏におけるショッピングセンター型
百貨店の立地（1998年）
（資料：クラスター分析結果により作成）

　性の関係を読み取ることができる。
　まず，百貨店の立地を概観すると，以下の点が明らかとなる。商品特性は，高次の中心商業地と郊外で明確な差異が確認される。都心や副都心，大都市近郊の県庁所在都市，および地方中心都市には，買回り品に特化したAグループの立地がみられる[8]。その反面，郊外に立地する店舗は最寄り品の比率が高い。なかでも，35km圏内にはSC的な性格の強いBグループが，35km以遠には最寄り性の強いCグループが，それぞれ立地する。ただしセクター別にみると，郊外でも南～北西郊にかけて買回り品に卓越した店舗の立地が顕著である。
　顧客の年齢構成にも地域的な偏りが確認される。都心にはタイプ4が多く，顧客の年齢構成に大きな偏りはみられない。しかし副都心にはタイプ5が集積しており，若年層への特化が顕著である。35km圏内では，一部で中高年層の比率の高いタイプ1が立地しているものの，全体的にはタイプ8，9といった偏りの少

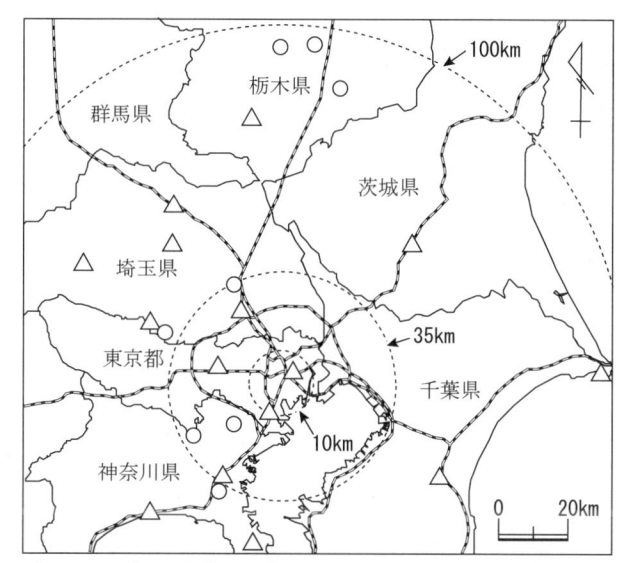

△ タイプ2　中高年層指向・最寄り品集中型
○ タイプ6　最寄り品特化型

図1-6　東京大都市圏における最寄り品集中・特化型
　　　　百貨店の立地（1998年）
(資料：クラスター分析結果により作成)

ない年齢構成を示す店舗が多い。一方，35km以遠では，タイプ2や6などの中高年層の比率の高い店舗群が多数立地しており，中高年層への特化が顕著である。以上のことから，顧客の年齢構成は東京の都心部から遠ざかるにつれ高齢化すると判断できる[9]。

　サービス特性をみると，各種サービス施設は副都心および大都市近郊の店舗に多い傾向がある。副都心の店舗には，美術館や多目的ホールなどの，各百貨店企業の格式の高さを強調する文化教養施設が多い。一方，郊外では利便施設，娯楽施設を備えたSC型の店舗が数多く見受けられる。なかでも多摩や横浜周辺，つくばなどの住宅都市周辺には，周辺住民を対象とした娯楽施設を併設する店舗が多い。また立川，川越，柏，船橋などの近郊の中核的な都市では，大規模な駅前再開発事業のため，都市計画に沿って行政・金融などの施設を備えた店舗の集積が顕著である。

3 百貨店の特性と商圏構造

3.1 百貨店の立地と店舗特性

　店舗の立地場所により顧客の志向は大きく変化する。百貨店各店は自店の商圏特性に応じたマーチャンダイジングを展開するため，百貨店の立地と店舗特性の間には明確な相関関係が存在する。そこで，ここでは立地と店舗特性における関係をより詳細に検討してみよう。店舗の特性は都心からの距離，および高次中心商業地と郊外の差異に応じて変化する。この２事象を基に店舗の特性と立地位置の関係を検討したのが図1-7である。本図は，横軸に都心からの距離，縦軸に昼夜間人口比率[10]をとったグラフの中に，各百貨店の立地をタイプ別に記している。なお，昼夜間人口比率は１kmメッシュの値を用いている。

　図1-7から，店舗の特性と立地位置との関係を明瞭に見いだすことができよう。百貨店は以下の２点を基準として，その性格を大きく変貌させる。第１は昼夜間人口比率400％を挟んだ店舗特性の相違である。本図からも明らかなように，人口比率400％を上回る地区では買回り品の比重の高い店舗の立地が顕著である。とくに1,000％を越える日本橋や銀座，新宿，渋谷，池袋といった都心・副都心では，タイプ１，４，５，７の集積がめだつ。また水戸，宇都宮，前橋といった地方の県庁所在都市においても，少数ではあるが同タイプの立地が確認できる。一方，人口比率400％を下回る地区では，立地店舗の大半は買回り品の比重が相対的に低いSC型や最寄り品特化型で占められる。

　第２は，都心からの距離35kmを境とした店舗数の変化である。店舗の分布を概観すると，その大半が35km圏内，および95～100km圏に集中していることがわかる。なかでも，都心および30～35km圏における集積は顕著である。距離帯に比例して店舗の性質も変化する。35km圏内では，おもにSC型店舗群の集積がみられる。一方，35km以遠では少数ではあるが最寄り品特化型店が立地しており，35kmを境界とする両タイプの明瞭な住み分けが確認できる。

　このように，百貨店の性質は各店舗の立地位置，とくに①昼夜間人口比率400％，②都心から35km圏という２つの地理的条件に強く規定されている。昼夜間人口比率400％を上回る中心性の高い地区では，買回り品特化型店が立地に適す

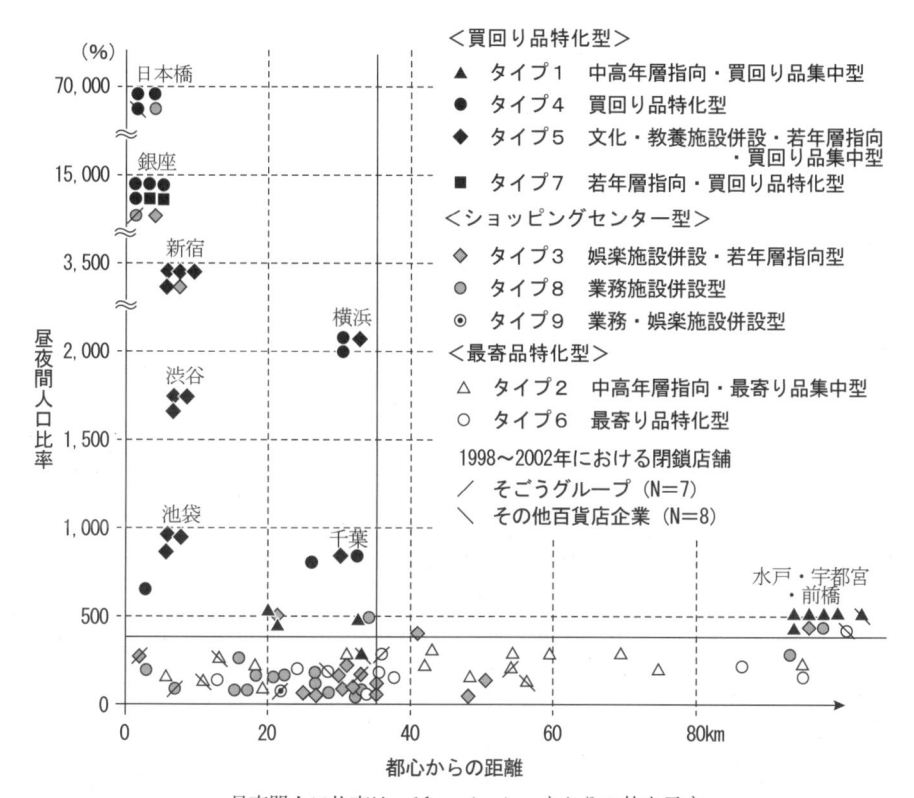

図 1-7 東京大都市圏における百貨店の距離帯・昼夜間人口比率別立地状況（1998年）とその後の閉鎖店舗の分布（1998～2002年）

・昼夜間人口比率は，1kmメッシュあたりの値を示す．

る．一方，400％未満の地区では，35km圏内の郊外住宅都市はSC型店が，また36km以遠の地方の中規模都市では最寄り品特化型店がそれぞれ最適といえる．もちろん百貨店の立地を規定する要因としては，この他にも地形的条件や店舗間の競合関係などが想定されるが，おもにこの2点から百貨店の適切な立地を測ることができよう．

3.2 近年における閉鎖店舗の共通点

21世紀に入った今日，百貨店を取り巻く小売環境の厳しい変化の中で，百貨店は大きな変容過程のただ中にある．各百貨店企業はマーチャンダイジングの再構

築と店舗のスクラップ・アンド・ビルドを迫られている。今回の調査を実施した1998年から2002年現在までに，東京大都市圏で新規出店された百貨店は3店であるが，閉鎖店は15店に達する。その他にも，実質的に百貨店から専門大店へと業態転換した店舗も多数みられ，百貨店の淘汰が進んでいる。

1998年から2002年の4年間に閉鎖された店舗を検討してみよう。図1-7に，近年における閉鎖店舗の立地とタイプを示す。本図から，閉鎖店舗にはいくつかの共通点が存在することがうかがえる。共通点の第1は，閉鎖店のタイプに偏りがある点である。閉鎖店が1店のみの店舗群はタイプ4およびタイプ9であり，閉鎖店舗数が2店の店舗群はタイプ1と3，8，閉鎖店舗数3がタイプ6，閉鎖店舗数4がタイプ2である。買回り品特化型店の総閉鎖店は3店，SC型店は5店，最寄り品特化型店は7店であった。全体的に，SC型店と最寄り品特化型店の閉鎖がめだつ。なかでも昼夜間人口比率400％未満の地区に多く，15店中11店がこうした店舗で占められる。ただしSC型には，そごうの店舗が多数含まれる[11]。そごうの店舗を除外すると，SC型の閉鎖店は1店となる。一方，最寄り品特化型店ではそごう系列の店舗は少なく，7店中5店がそごう以外の企業である。これらとは対照的に，高次の中心商業地に立地する買回り品特化型店では閉鎖店が少なく，日本橋と水戸の2店が撤退したのみである。結局，近年撤退が相次いでいるのは，郊外に立地するSC型と最寄り品特化型の店舗であり，高次の中心商業地における買回り品特化型店は，閉鎖店が総じて少ないのである。

さらに，百貨店各店のマーチャンダイジングと顧客の需要の間に齟齬が生じていることも，店舗撤退の主要因にあげられる。顧客の需要は店舗の立地位置により大きく異なる。前節で述べたように，百貨店各店は自店の商圏特性に合わせたマーチャンダイジングを展開するため，店舗の特性と立地位置との間には明確な相関関係が存在する。この関係を示したのが，上述の昼夜間人口比率と都心からの距離で規定される百貨店のロケーションである。図1-7から，昼夜間人口比率が15,000％に達する銀座に立地していたSC型店や，人口比率400％未満の地区における買回り品特化型店，地方中心都市の最寄り品特化型店などが閉鎖されていることがわかる。これらの店舗は，上記の百貨店の適切なロケーションに反しているため，マーチャンダイジングと顧客の需要の間に齟齬が生じていたと推測することができる。15の閉鎖店のうち6店がこうした店舗に該当する。また，そ

ごう系列の店を除くと、全体の約63％にあたる8店中5店が最適なロケーションに反する店舗で占められる。

　本来、百貨店は都市の中心部に位置する小売業態であった。百貨店の郊外化・大衆化は、高度経済成長期およびいわゆるバブル経済期に急速に進んだ。郊外型百貨店の需要が高かったのは、景気が上向き基調にあった1970～80年代においてである。しかし長引く経済不況に加え、各種チェーンストアの郊外出店が顕在化している昨今、郊外型百貨店の市場は急速に縮小している。反面、銀座をはじめとする都心部の店舗では食料品を中心に損益が回復基調にあり、経営危機に直面している郊外の百貨店とは対照的な動向を示している。小売業の過渡期である現在、百貨店業の今後の見通しを立てることはきわめて困難であり、また時期尚早でもある。しかし上記の分析から、①店舗の急速な淘汰のなかで、百貨店は都心や副都心、近郊県庁所在都市、および地方中心都市といった高次の中心商業地に立地する、買回り品に特化した店舗群に集約される。②昼夜間人口比率と都心からの距離で規定されるロケーションに即した店舗のみが存続する、と予測することは可能であろう。

4　「非日常的な時間と空間の場」としての百貨店の原点回帰

　元来、百貨店は単なる小売施設ではなく、都心に立地し高次の財とサービスを取り扱うことで「非日常的な時間と空間」を消費者に提供する、一種の文化施設でもあった。この点が百貨店の独自性であり、また社会的役割でもある。しかし1970年代以降、高度経済成長期やいわゆるバブル経済といった好景気期のなかで百貨店の郊外化・大衆化が進み、その独自性は希薄なものとなっていった。21世紀に入った今日、他業態との差別化を図れなくなった百貨店の多くが市場を失い、閉鎖を余儀なくされている。東京大都市圏だけでも、1998年からのわずか4年間で全体の15％の店舗が閉鎖された。百貨店企業の倒産は社会問題にまで発展しており、百貨店という小売業態そのものの終焉を示唆する研究報告もなされている。

　しかし、百貨店全体が市場を失っているわけではないことも、また事実である。閉鎖店の多くは、高度経済成長期以降に新設されたGMSに類似する店舗群である。その一方で、買回り品に特化した百貨店では店舗の閉鎖はそれほどみられな

い。わが国の消費動向は二極化する傾向にあり，高級品に対する市場自体は確実に伸びている。こうした動向は，都心の百貨店が経営回復の兆しにあることや，いわゆるデパ地下に代表される高級食材品ブームからも読み取ることができよう。今日健闘している百貨店の多くは都心の高級店と，地方中心都市のいわゆる地元老舗店である。これらは，いずれも古くから地域の顔として人々に認識された店であり，贈答品市場を中心に多くの固定客を有した店舗である。これらの店舗は高級品に特化しているのみならず，包装紙に代表される百貨店自身のブランド力によって，他業態店と十分に差別化を行っている。先に記した通り，百貨店本来の機能は単なる物販にとどまらない。高品質の商品や文化，娯楽，情報こそが，本来百貨店の提供すべきものであり，また質的な充足感を志向する今日の消費者が求めているものでもある。問題は，消費者のこうした要求に百貨店が対応できるか否かであろう。

　さらに，都心部に立地するという特性も，21世紀には百貨店の新たな可能性に結びつくのではなかろうか。モータリゼーションの進展の中で，地方都市の中心部では小売業をはじめとする都市機能の空洞化，および住民の高齢化が顕在化している。中心商店街の衰退やGMSなどの相次ぐ郊外移転は，交通弱者である高齢者にとって深刻な問題をもたらしている。一方，地方都市の中心部は居住地としてのポテンシャルの高さが再評価されており，マンションをはじめとする居住施設が相次いで建設されている。百貨店にとって，都心部に住む地元住民は重要な顧客になりうる。駅前の一等地に立地し，かつ地元に根付いた百貨店だからこそ，地元の人々が生活するうえで必要な商品やサービスを提供することが可能であろう。

　先進国で百貨店の存在しない国はなく，また高質の生活スタイルを求める現代の日本人にとって，今後も百貨店が重要な役割を担うことは間違いない。今日，店舗の淘汰の中で百貨店は大都市の中心部や地方中心都市に立地する買回り品特化型店に集約される傾向にあるが，これは百貨店の原点回帰と捉えることもできよう。そしてこの原点回帰，つまり「非日常的な時間と空間」としての百貨店本来の独自性を高めていくことこそが，百貨店企業が店舗戦略を再構築するうえで最重要視すべき課題である。

（岩間信之）

[注]

1) 委託仕入れとは，百貨店が形式上メーカーや卸売業者から商品の販売を委託されているという仕入れ形態である．商品の所有権はあくまでメーカー・卸売業者にあり，百貨店は販売と管理のみ責任をもつ．売れ残った商品に関しては，その所有者であるメーカー・卸売業者側に引き取り義務が生じる．季節性や流行性の高い衣料品ではしばしばこの形態がとられる．また消化仕入れとは，売場に並んでいる商品のうち，実際に売れた分だけを百貨店がメーカー・卸売業者から購入し販売したとする仕入れ方法である．これらの商品の多くは取引業者に仕入れ・販売自体が委ねられている場合が多く，売上の何パーセントかを百貨店側が場所貸し料として取るという形になっている．おもに食料品売場でこの形態がとられる．

2) アメリカ・マーケティング協会ではマーチャンダイジング（Merchandising）を，「企業のマーケティング目的を表現するために，最も良い場所，時間，価格，数量で特定の商品あるいはサービスを市場に出すことに関する計画と管理」と定義している．つまりマーチャンダイジングとは，各店の商圏特性に最も適した商品・サービスを，最適の価格・数量で取り揃え，最適の方法で販売することによって，店舗の売上げを伸ばしていく一連の営業活動と理解できる．

3) 同一企業が経営する店舗でも，商品の仕入れは店舗別に行われているため，商品構成などは店舗ごとに異なる．1997年現在，百貨店における全取扱商品のうち，平均81.6%が店舗単位での仕入商品である（日本百貨店協会 1998b）．

4) 本章でいう東京大都市圏とは，東京都特別区を中心に水戸，宇都宮，前橋などの地方中心都市を含む関東地方全域を意味する．百貨店の商圏も考慮に入れ，関東地方の全百貨店を含む半径約100km圏に立地する全百貨店を中心に分析を進める．

5) 取扱品目別比率は，各店における品目別売場面積比率より求めた．ここでは日本百貨店協会の区分を参考に，取扱商品を8品目に区分した．

6) 百貨店やSCなどの大型小売施設は，ワンストップ・ショッピングを前提とするため，店舗内における各商品群の主要顧客層は基本的に一致する．そこで，百貨店の中で最も販売額の高い衣料品のデータを基に年齢構成を算出した．ここでは大手百貨店で使われている年齢区分を参考にして，①19歳以下，②20～24歳，③25～29歳，④30～34歳，⑤35～44歳，⑥45歳以上，の6つに年齢層を区分した．

7) 商品の平均単価も衣料品の値を用いた．衣料品のなかでもジャケットの価格に関するデータは豊富であるため，各店における価格帯の比較に好適である．そこで，ジャケットの平均単価から店舗間の比較を行った．

8) 千葉（1996）は大型店の利用者を分析し，大都市中心部では衣料品・服飾品を購入する通勤・通学者や主婦層が多く，郊外の住宅都市では休日に食料品・日用品を購入

する若年の家族同伴が多いことを指摘している．
9) 百貨店の主要顧客である20代後半から30代の独身有職者層は，一般に中心地選好性が強いことが知られている（荒木 1997，上村 1991）．
10) 昼夜間人口比率は下記の計算方法で求められる．

昼夜間人口比率＝(常住人口±通勤・通学による流入・流出人口)／常住人口 (%)

11) 小売店の閉鎖理由には店舗の売り上げ低迷以外にも，土地・建物などの不動産価値の下落に起因する埋没コストの上昇があげられる (Clarke and Wrigley 1995, Guy 1996, Wrigley 1998)．そごうの閉鎖に代表される後者は経営上の問題であり，ロケーション上の問題である前者とは性格を大きく異にする．実際，そごうの場合，ロケーションに優れ売上げも好調であった店舗の多くが，有利子負債の増加による経営の悪化から閉鎖に追い込まれている．ここでは店舗のロケーションを中心に百貨店閉鎖の要因を考察するため，便宜上そごうと他企業を分けて分析を進める．なお，閉鎖された15店のうち7店がそごう系の店舗である．

[文　献]

荒木俊之 1997．若者の購買行動からみた購買地とその行動パターン―京都市に通学する高校・大学生を例として―．立命館地理学 **9**：41-53．

市原 実 1995．『商圏と売上高予測』同友館．

岩間信之 2001．東京大都市圏における百貨店の立地と店舗特性．地理学評論 **74A**：117-132．

上村康之 1991．青森県黒石市，浪岡町のニューヤング層の大型店の選択にみられる購買行動の広域化と多様化．東北学院大学東北文化研究所紀要 **23**：23-35．

悦喜秀法 1987．首都圏における大型店の立地動向．東北地理 **39**：16-33．

小山周三 1997．『現代の百貨店　第4版』日本経済新聞社．

三越百貨店 1990．『株式会社三越85年の記録』三越百貨店．

千葉昭彦 1996．仙台市における大規模小売店舗の立地とその地域的特性．東北学院大学東北産業経済研究所紀要 **15**：85-98．

日本百貨店協会 1998a．『百貨店のあゆみ』日本百貨店協会．

日本百貨店協会 1998b．『50年史アンケート調査』日本百貨店協会．

日本百貨店協会 1998c．『日本百貨店協会統計年報』日本百貨店協会．

初田 亨 1993．『百貨店の誕生』三省堂．

服部銈二郎・杉村暢二 1967．商業の分布とその実態．青野壽郎・尾留川正平編『日本地誌7（東京都）』96-104．日本地誌学研究所．

山本武利・西沢 保 1999．『百貨店の文化史』世界思想社．

Clarke, G.L. and Wrigley, N. 1995. Sunk costs: a framework for economic geography. *Transactions of the Institute of British Geographers* **20**: 204-223.

Guy, C.M. 1996. Fixed asserts or sunk costs? An examination of retailers' land and property investment in the United Kingdom. *Environment and Planning* **A 29**: 1449-1464.

Resseguie, H.E. 1965. Alexander Turney Stewart and the development of the department store, 1823-1876. *Business History Review* **1965**: 301-322.

Wrigley, N. 1998. Understanding store development programmes in post-crisis UK food retailing. *Environment and Planning* **A 30**: 15-35.

第2章　大都市圏における大型小売店の競合と棲み分け

1　林立する大型小売店のなかで

1.1　大型小売店が共存するための戦略とは

　小売業を取扱品目の範疇で区分する「業種」分類に対して，経営管理の特徴で区分する分類方法を「業態」と呼ぶ。たとえば「広い売場面積，衣食住を横断する品目構成，値引き販売，セルフサービス方式の採用」などは，スーパーマーケット業態を簡潔に説明した文言といえる。本来おのおのの業態は，取扱品目，価格帯，営業時間を通じた相互の差別化が明確であり，顧客による「使い分け」が一般化していた。しかし1980年代後半以降，大型店の出店規制が緩和されるにつれて，大型店同士の業態間競争が熾烈になる一方，業態を明瞭に特徴づけていた経営管理手法の差異が薄れ，業態の「混淆」が急速に進行した。その主人公は，急速な郊外出店をみた百貨店（第1章参照）と，ショッピングセンター化を進めて地域需要の囲い込みを狙った大型総合スーパー（GMS）である。たとえばターミナル型百貨店の食品売場を食品スーパーがテナントとして担い，逆に高級衣料ブランドメーカーが百貨店と同様のインショップをGMSに出店するという昨今の流行は，両者の「混淆」を象徴する事例といってよかろう。

　しかし，表面的な垣根の崩壊とは裏腹に，個別企業としての彼らは熾烈な顧客争奪を宿命づけられる。その結果，百貨店，GMS，あるいはこれらに類する商業集積は，互いに重複した商品ラインを維持しつつも，価格帯やブランド構成など細かいマーチャンダイジング（MD：商品戦略）の部分で差別化を進め，顧客の維持を図ろうとする。こうしたマーチャンダイジングには2つの規定要因が存

在する．1つは集積間競合というきわめて地理的な要因である．たとえばある商業集積の競争的地位を考えた場合，より上位の集積に流出する需要や，より下位の集積で充足されてしまう需要を，当該集積が担うことは本質的には困難である．残る1つは，商業集積内における業態間あるいは業態内の競合である．この場合，各店舗のマーチャンダイジングは，基本的には集積におけるその店舗の競争的地位を反映したものとなろう．このように，表面的には混淆と熾烈な棲み分け戦略とが大型店の過当競争が進む大都市圏外延部を特徴づける動向であり，その背後に都市空間の拡大にともなう「都市的需要」の急速な郊外拡散が存在することはいうまでもない．

　さて，それでは大型小売店同士は地域消費者の需要をどのように分けあって共存し続けているのだろうか．ここでは，立地競合が品揃えという大型小売店の販売戦略にどのような影響を与えるのかに注目する．そしてその典型例として，大型小売店が日本で最も面的に密集して立地し，飽和状態にある地域の1つである神奈川県の横浜市南部およびその周辺を対象にして，地域の中で大型小売店が立地点と競合条件によって，それぞれどのような商品戦略をとっているか明らかにすることを目指す．地域の商圏構造は，多くの中小の都市圏では中心—周辺の単純な構造として説明できるが，以下で示すように大都市圏，とりわけ首都圏の内部ではより重層的な構造が存在しており，その解明が必要である．

1.2　価格調査に基づいた競合の実態と地域商業の階層性

　ここでは横浜市南部を中心とした地域を対象にして，大型小売店各店舗の扱う紳士用ワイシャツの価格別品揃え調査に基づく，百貨店とGMSという異なる業態を通じた大型小売店の競合と棲み分けの実態を明らかにする．以下に示すように，大型小売店がいくつも集まっている1つの商業集積のなかでは，個々の店は互いに商品戦略を調整して棲み分けをしようとし，逆に競合店のない立地では他の業態を補完するような動きをとるのである．

　さらにそれぞれの店舗の戦略が組み合わさった結果として，通勤交通など人々が行き交う生活圏を見渡してみると，大型小売店が集中している商業集積の間には，上下関係，つまり階層性があることも明らかになる．商業集積間の階層性とは，具体的には大型小売店の品揃えにおける店舗間の商品価格帯の幅および平均

値の差として，また商業集積レベルでみると，とくに高級品の品揃えの層の厚さとして顕著に現れてくる。高額の商品ほど需要の規模は小さく，また購買の際に店舗への距離を抵抗に感じないという消費者性向が一般にあるので，一部のとくに大きな商業集積でなければそのような高額商品は扱うことができない。他方で，日用品に分類される低価格の商品は，住宅地近辺の店でどこでも買うことができる。この点が本章で取り上げる店舗群の階層性を形成する原理となっている。

1.3 地域商業をかたちづくる原理

先に示したように，ここでは横浜市南部およびその周辺における大型小売店について，紳士用ワイシャツという幅広い社会階層が購入する基本財を対象とした価格帯別品揃え量調査（ベンチマーク調査）の結果から，多数の店舗の戦略が組み合わさった地域小売商業システムの構造を把握することを目指す。ここでは，百貨店とGMSという一般に別業態としてみられている店舗群を，地域商業の構成要素としてともに扱い，それらのマーチャンダイジングにおける同質性と異質性を明らかにすることにより，大型小売店が業態ごとにどのように地域実態を反映しているのかを検証し，さらに大型小売店の間で商業集積ごとに商品価格帯の階層システムが成立しているのか否かを検証する。

地域特性への対応をもとに，業態ごとの特徴をまとめると表2-1のようになる。ここには店舗の特性と立地上の特徴を示したが，店舗個々の立地に基づく個性を重視する百貨店は，価格調査の結果をみても店舗ごとにさまざまな特徴をもち，同じ企業の店舗でもライバル店の有無や地域の顧客層によって商品構成はそれぞれ異なる。それに対して，チェーンオペレーションを重視するGMSではチェーン固有の商品戦略を徹底しており，地域差を配慮する傾向は，本章の調査範囲のような狭い地域の調査分析ではほとんど明らかにできなかった。商品の単品管理

表2-1 業態ごとの特徴と出店立地

業態	仕入れ	顧客層	広域ターミナル	郊外ターミナル	地域センター
百貨店	テナント化	高→低	○	△	×
ファッション専門店	仕入れ	ニッチ市場	○（中位）	○（百貨店化）	×
GMS	PB	低↓	○	○	○

がより行き届いているとされるGMSでこのような傾向がみられるということは，少なくとも大都市圏の一部をとらえる限りにおいては，消費者行動の地域差があまり存在しないことを示唆している。

横浜のように商圏人口密度の高い地域では，百貨店とGMSは扱う商品の価格帯において明確に分業体制をとっている。筆者の地方都市における調査では，両者の品揃え価格帯が重なっているので，大都市圏の方がむしろ特殊かもしれない。とはいえGMSの商品戦略もまったく不変というわけではなく，のちほど藤沢の例で示すように，商業集積の中においては各業態が組み合わさるなかで，それぞれ価格帯を特化させて共存している。そのなかでも客層を絞り込んだファッション専門大型店は，それぞれの商業集積のなかで二番店以下の位置づけを確保して，独自の価格帯絞り込み戦略をとっていることは興味深い特徴である。

これらの動向は各チェーンの基本戦略と，それぞれの立地での競合店舗の組み合わせによって決まるので，同じ企業の店舗でも立地によって品揃え戦略を変えることも多い。このような中で本調査で明らかにした状況は，各社が出店や撤退，業態変更を含めた対応をとっているなかでのある時点での均衡状態と理解してよいと思われる。このようにして横浜市南部およびその周辺では，最上位にある横浜駅前を頂点として郊外集積，点在するGMSという階層性をもち，また横須賀と藤沢はその外部で独立した商圏をもつという商圏構成であることが，以下の分析から明らかになった。

1.4 日本における大型総合小売企業の形成

本章で取り上げる大型総合小売店は百貨店とGMSの2者を中心に，大店法や大店立地法における定義よりもはるかに大規模である売場面積10,000m^{2}以上の店舗だけを対象とする。この基準は衣食住すべての分野の商品を置く総合的品揃えの店舗のみが含まれることを想定していることによる。

日本では欧米と異なり消費者のナショナルブランド志向が強い。その結果，極言すれば日本の百貨店とGMSの差異は，取り扱う商品からみれば，ナショナルブランドの商品体系における価格帯の違いでしかないことになる[1]。

日本においては，昭和30年代以降チェーンストア（スーパーマーケット）が浸透し定着した。それらは日本型GMSへと発展し，百貨店並みの品揃えと全国へ

の均質な商品供給とを武器として全国展開し，あるものは郊外型ショッピングセンターを次々と建設して，地域商業の構造を塗り替えていった。同様に大手百貨店も多店舗化を進め，郊外店を展開し，あるいは地方百貨店を系列下に収めて店舗ネットワークを確立してきた。地方小売業のなかには，本店は百貨店へ，支店はスーパーへと分化して生き残りをはかった例も多い。これらの動きは，全体として小売業における経営形態の会社組織への変容を推進してきたといえる。

とりわけ大手チェーンストアはそれぞれ企業としての商品戦略をもち，全国いたるところ，どこの店でも同じサービスを提供することが理念であるとされる。しかし，個々の店舗はそれぞれ立地する商圏の地域性や競合関係にある店舗との競合および棲み分けの関係形成のなかで，各々がその立地での最高の利潤を上げるべくその戦略をとっているはずである。各店舗の独立性が高いとされる百貨店においてはなおさら，それぞれの立地と競合状況に応じて戦略を調整することは企業として当然のことといえよう。本章では，このような地域市場における競合関係が，経営管理の面では別業態である百貨店と GMS の商品構成をきわめて近接させることを，以下の分析によって示す。

1.5　本章の視点

従来の研究においては百貨店と GMS は店舗オペレーション，とくに商品仕入れのシステムがまったく異なることから，別々の業態としてあつかわれていた場合が多いが，本章では百貨店も GMS も消費者からみた大型小売店としては同等のものととらえたうえで，それら店舗群が地域内において互いにどのように競合し，商品の品揃えにおいて棲み分け，また補完しあって，全体として地域に商品を供給するシステムをかたちづくっているのかを明らかにすることを目指す。消費者の視点に立てばどちらも同様の「大型小売店」であり，地方では GMS のことを「デパート」と呼ぶ消費者も多いと聞く。それらの差異を明らかにしていくことは，本章において重要な課題だと考えている。

百貨店と GMS の関係は，商圏内に競合する店舗がどのように存在するかによって異なる。地方において競合店舗がなければフルラインナップの品揃えが期待され，店舗側もそのような期待にこたえた店舗構成を行う。ところが商圏内に競合店が数多い立地では，各店舗はそれぞれ得意とする分野に集中した店づくりを

するようになり，百貨店でいえば家具，家電，ファッション品を除く肌着などをあつかわない店舗もめずらしくない[2]。その部分は GMS あるいは大型専門店チェーンが補っているとみられる。

このように個々の商品を検証していくと，分業体制が構築されている状況が，ある程度以上の商業集積においては一般的であるので，消費者は適宜店舗の使い分けをして需要を満たしていると想像される。そうした分業体制を，適切な商品をベンチマークとして定量的に把握してみようとするのが，本章の目的である。

2　商品グレードと競合の計測

2.1　大型総合小売店の商品分析方法

大型小売店のもつ集積程度を測る方法としては，たとえばブランドの集積を調べることが考えられる。しかし，ブランドといっても対象とする市場はさまざまであり，これを分析するには各ブランドの記号としての価値を格付けして尺度にしなければならず，数量化して比較分析することは難しい。

そこで前述したように，ここでは単純に，同一カテゴリーの商品の価格にその店が対象とする顧客層の特性が端的に表れると考えて，商品価格を指標とする。調査対象はやはり百貨店および GMS の主力商品である衣料品で分析することが望ましいだろう。そこで数多くの種類にわたる衣料品の中で，百貨店でも GMS でも多くの店であつかわれている実用衣料で，かつ価格差が大きいものという条件を考慮して，紳士長袖ワイシャツを対象に選んだ。ここでいうワイシャツとは，サイズ表示が「襟廻り―袖丈」で表記されているシャツを指す。この表示方法でよりデザインを重視したドレスシャツ（サイズ表記は L, M, S）とは区別することができる。長袖ワイシャツはホワイトカラーの仕事着として季節に関係なく一定の需要のある商品であるので，対象店舗の商品戦略の一端を知るには好適な指標であろう。またコーディネートを考慮するなら，ワイシャツにおける価格帯選択の傾向は少なくとも紳士服全体に及ぶものと理解してよいと考える[3]。

衣料品の地域市場を考えるとき，ワイシャツにおける競合大型店舗としては，他に全国チェーンをもつ紳士服安売り店が存在する。筆者は調査によって，これらのあつかう商品が GMS クラスの価格帯のものであることを確認している。し

かし，本章において紳士ワイシャツのもつ意味は，総合的品揃えの大規模店舗においてあつかっている商品グレードの一般的な指標という位置づけであるので，これら専門店の動向については対象からはずす。なお，今回の分析では取り上げなかったが，筆者はワイシャツ調査と同時に大型店内の飲食店の形態や平均単価も調べている。なぜなら，フードコートから高級レストランまで，どのような飲食施設を導入しているかによって，それぞれの店舗がどの程度の客単価，ひいては消費者行動を想定しているかが一目瞭然であり，店舗間の階層的差異が明瞭に示されるからである。

2.2　ワイシャツ調査の方法

対象地域は図 2-1 に示すように横浜駅前を北限にして，横浜市南部一帯から横須賀中央駅前および藤沢駅前にかけての地域である。対象とした横浜市南半分お

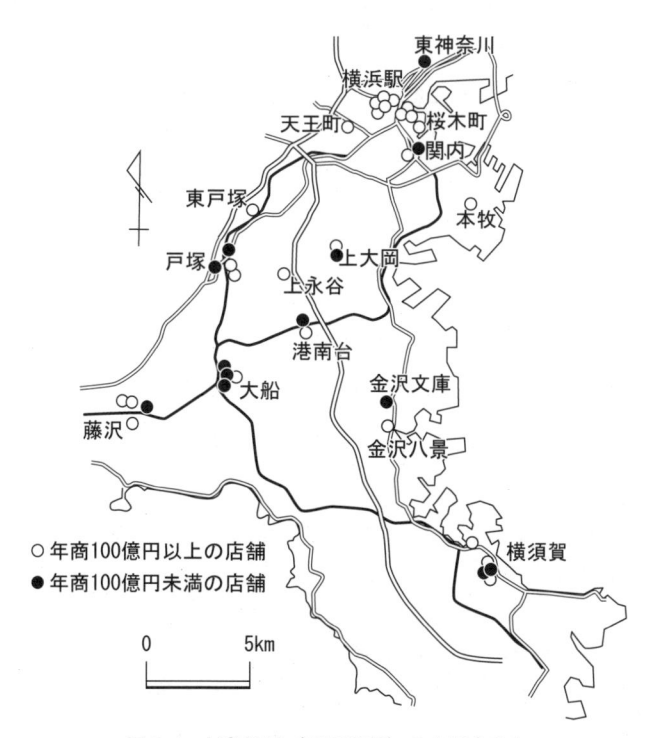

図 2-1　対象地域（横浜南部）の大型店分布

よび横須賀市，藤沢市，鎌倉市にかけての地域は首都圏郊外の中でも，すでに開発の波は過ぎて成熟しつつある住宅地であり，人口密度も所得水準もかなり高い地域である。その意味で店舗の立地分布，競合関係を分析するには理想的と考えられることが選定理由である。

本章で対象とする店舗は表2-2に示した，基本的に売場面積10,000m^{2}以上の大型小売店である。それらの多くは100億円以上の年間販売額をあげている。対象地域内には売場面積10,000m^{2}以上の店舗が稠密に存在し，調査対象は39店舗である。内訳は百貨店が10店，GMS・ディスカウントストア（DS）が20店，専門大型店および専門店街ビルが9店である。今回の調査地域内においても商業環境は日々変化しており，調査した1998年夏以降，閉店した店は4店，業態転換した店は3店になる。一方で調査後，新規出店した大型店も7店ある。

調査にあたっては，衣料品は価格においても品揃えにおいても季節変動が激しいため，できるだけ短い期間に調査を行うことが重要である。調査は1998年7月14日から28日にかけて行った。調査期間は夏物セールの最中であるが，調査対象とした長袖ワイシャツはほとんどの店でセール除外品となっているので，通常価格のデータを得ることができたと考えている。

ここでデータの収集方法を具体的に記す。各店のワイシャツの品揃え量を1,000円区切りの価格ごとに棚単位で数えあげた。大型店におけるワイシャツの商品陳列方法は，基本的に縦1段の棚には同一商品のサイズ違いが並べられるので，店によって枚数が若干異なるにしても，この方法は簡便ながら十分であると考える。また価格帯については1万円以下の商品には端数がついているが千円単位でまとめている。この方法は鈴木（1993）の店舗比較の分析方法を参考にしている。以下，こうして収集したデータを基に店舗間の関係について分析を進めていく。

2.3 競合度指標

価格別品揃えの特徴の類似性を比較する指標を用意する。ここでは他のデータとも比較可能な汎用性をもつ指標を考える。

平均価格だけでなく，価格帯ごとの品揃え量の分布型の比較をするための指標を競合度指標と呼ぶことにする。これは，販売側からみて店舗間の商品価格帯戦

表 2-2　対象店舗リスト

店　名	所在地	業　態	売上高 (100万円)	売場面積 (m²)
A 横浜店	横浜駅	百貨店	169,729	55,023
B 横浜店	横浜駅	百貨店	140,345	74,846
C 横浜店	横浜駅	百貨店	32,736	35,364
H 横浜店	横浜駅	専門大店	25,997	16,774
I 横浜店	横浜駅	専門店街	26,649	15,107
S 横浜店	横浜駅	専門店街	16,890	25,110
J 横浜店	横浜駅	専門大店	20,123	14,300
L 横浜西口店	横浜駅	GMS	10,093	11,348
K 社店	桜木町	百貨店	9,895	17,899
G 社店	関内	百貨店	15,117	17,474
H 関内店	関内	専門大店	―	7,462
N 本牧店	本牧	GMS	18,489	27,980
N 天王町店	天王町	GMS	13,092	13,096
N 東神奈川店	東神奈川	GMS	6,866	11,631
F 社店	上大岡	百貨店	33,589	42,000
M 上大岡店	上大岡	GMS	―	11,759
O 金沢文庫店	金沢文庫	GMS	8,865	9,661
L 金沢八景店	金沢八景	GMS	12,172	17,571
D 横須賀店	横須賀駅	百貨店	30,609	31,433
H 横須賀店	横須賀駅	専門大店	―	7,374
L 横須賀店	横須賀駅	GMS	14,353	18,737
O 横須賀店	横須賀駅	GMS	7,461	7,464
R 東戸塚店	東戸塚	DS	9,686	12,000
H 戸塚店	戸塚	専門大店	11,276	15,357
O 戸塚店	戸塚	GMS	11,061	9,380
L 戸塚店	戸塚	GMS	9,490	11,888
P 戸塚店	戸塚	GMS	7,208	9,169
A 港南台店	港南台	百貨店	15,503	15,199
L 港南台店	港南台	GMS	9,285	10,633
M 上永谷店	上永谷	GMS	14,068	10,573
I 大船店	大船	専門店街	―	11,402
M 大船店	大船	GMS	9,747	10,550
P 大船店	大船	GMS	8,653	9,072
N 大船店	大船	GMS	―	10,878
D 藤沢店	藤沢	百貨店	27,581	18,500
E 社店	藤沢	百貨店	―	14,127
H 藤沢店	藤沢	専門大店	9,390	10,936
M 藤沢店	藤沢	GMS	12,372	12,660
Q 藤沢店	藤沢	DS	10,569	11,598

(資料：日経流通新聞『98年度大型店舗ランキング』，ストアーズ レポート『1999年全国大型小売業現況レポート』および通産省『平成6年度大型レポート』および通産省『平成6年度大型小売店舗要覧』により著者作成)

略が重複する程度を指標化したものである。まず各店舗の価格帯ごとの品揃え量を構成比でグラフ化する。ある2店の商品価格帯構成比のグラフを重ね合わせたときに，その重なる領域の面積を競合度指標と定義する。これは構成比で標準化されているので0から1の間の値をとる。つまり，まったく価格帯の競合がないとき0，まったく同じ品揃えのとき1をとり，この値が大きいほどその2店の品揃えの傾向が類似していて競合の程度が高いといえる。

3 商品価格帯による大型小売店体系の分析

3.1 店舗単位の品揃えと価格帯分類

本節では店舗ごとの価格別品揃えを比較分析する。調査したワイシャツの単価は百貨店であつかわれている18,000円のものからスーパーのワゴンセールにでる1,000円の品まで多様であった。まず店舗ごとの平均価格を算出する。それだけでも，ある百貨店の8,970円からディスカウントストアの2,880円まで幅広い価格帯の存在を確認できた。まず平均価格において，百貨店，GMS，ディスカウントストアは明確に区分することができる。ただし，専門大型店の場合は店ごとの立地の差による商品戦略の差が大きく，カテゴリーとして明確に区分することはできない。そして各店の価格別品揃えは正規分布であることはまずなく，さまざまな形状のグラフによって示される。これについてはあとの考察で詳しく分析するが，ここでは各品揃えパターンにそれぞれの店の商品戦略が反映されているということを指摘しておきたい。

対象としたワイシャツにおける販売価格のカテゴリーは，大きく3通りに分類できる。すなわち百貨店がおもに取り扱う9,000円以上の高級品，GMSが主力とする5,000円台以下の実用品，多くの業態が競合して取り扱う6,000〜8,000円台の中級品の3区分である。

3.2 地区内の立地競合

同一地区内の各店舗は当然のように競合店の動向を互いに注目し，対応した戦略をとっていることだろう。その結果，価格帯別の棲み分けが発生する。基本的には，同一地区内では競合を避けようとして中心価格帯をずらそうとする力が働

き，平均価格によって序列をつけることができる状態へ均衡していくと考えられる．とはいえ，各店舗はできるだけ多くの顧客層をつかむために品揃えとして幅広い価格帯を揃えようとする指向も当然もっている．この２つの方向性のバランスの取り方が，店舗の戦略を見極める際の焦点になる．

　大まかな傾向として，百貨店は幅広い価格帯の品揃えをして他店と競合する傾向をもつ．しかしながら，平均単価は店舗規模の順になっていることが多い．横浜駅前，藤沢駅前ではその傾向が顕著にみられるので，それらを例に詳しくみていく．

　まず横浜駅前の場合，百貨店は３店あるが，そのうち駅をはさんで激しく競合しているとされるＡ店とＢ店との間の競合度指標は0.697と比較的高い．つまりそれだけ商品の価格帯ごとの品揃えが競合していることを示している．それに対してＡ店とＣ店とは0.517，Ｂ店とＣ店とは0.603程度である．このことは大型百貨店として全面的に競合するＡ店およびＢ店と，それらに対抗できないため独自の路線をとるＣ店との戦略の差が現れていると理解できる．一方で売上高の順に品揃えの平均価格にもＡ店（8,970円），Ｂ店（7,944円），Ｃ店（7,591円）と序列ができている．百貨店は個別店舗ごとに仕入れをするなど店舗の独立性が高い．この場合のＣ店は，全国展開を果たしている有名百貨店である．それでも，当該店舗の規模が小さく，その地域での浸透力が弱ければ，品揃えの水準を下げ商圏内での自らの地位に合った戦略を立てなければならないことを，この事例は示している．

　その他の専門大型店２店およびGMSは平均価格でみると5,305円，3,700円，3,786円となり，それぞれ独自の位置づけを確立しているといえる．また棲み分けが明瞭にできているため，これだけ競争が激しい横浜駅前周辺であっても大型GMSが成り立つ余地があると考えられよう．このような商品価格帯による明確な棲み分けは大都市圏においてのみみられるものであり，店舗の選択肢が少ないために市場が未分化な地方都市とは大きく異なる．地方都市では中心部に立地する百貨店が日用品（低価格品）レベルまでの品揃えをまかなっており，郊外型SCに出店するGMSは低・中級品で競合して，むしろ流行への対応の早さで対抗している場合が多い．

　もう一例，藤沢駅前を取り上げる．藤沢駅前には百貨店２店をはじめ専門大型

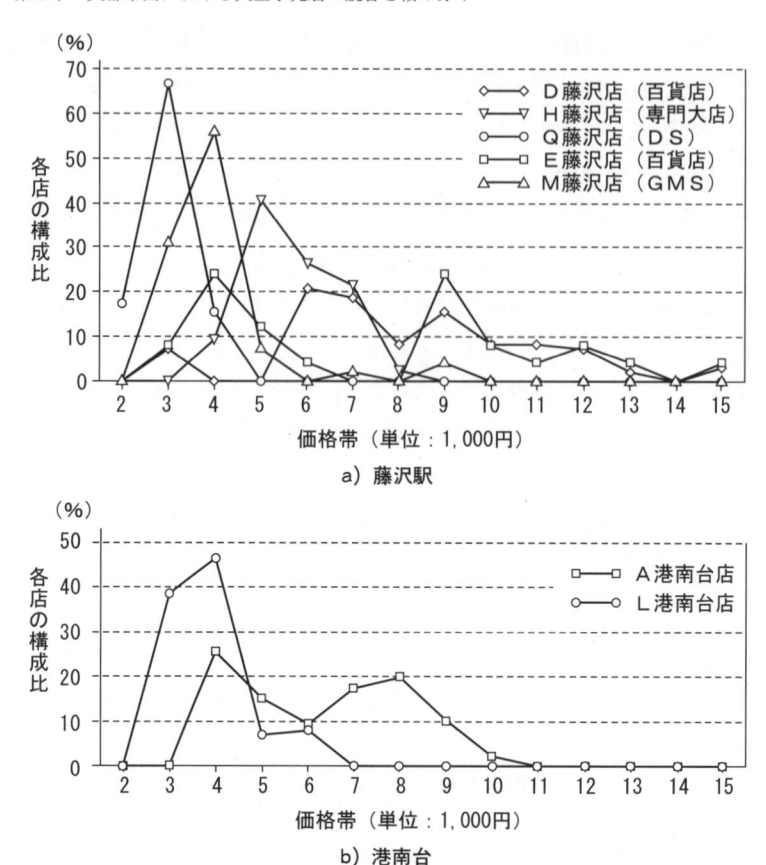

図 2-2 商業集積内の価格帯分布

（資料：現地調査により作成）

店，GMS，ディスカウントストアとさまざまな業態が揃っている。藤沢駅前の競合状況を図2-2aに示すが，百貨店2店間の競合度も0.514と低く，全体的に価格帯別の棲み分けが明瞭に形成されている。百貨店の地域一番店[4]とディスカウントストアとの間では競合度指標値は0.073にすぎない。各店が価格帯別の序列を明確に意識して，自らを特化させる商品戦略をとった結果といえよう。このように各大型店は競合店との関係によって品揃えを大きく変え，周辺環境に適合した品揃えをしていることがわかる。藤沢における大手GMS・L社は，M社店との競合を避けたのかディスカウントストア「Q藤沢店」（表2-1参照）に業態

転換している。さらに1997年に百貨店が1店撤退するという経緯を経て現在の均衡状態が形成されている。

なお郊外拠点で百貨店とGMSが1店ずつ隣接した場合には，順当に価格帯別棲み分けが行われる。その典型である港南台ではその競合度は0.344，上大岡では0.404にすぎず，棲み分け傾向がはっきりとわかる。港南台での競合状況を図2-2bに示す。

このように1つの商業集積内に同一グループの店舗が並び立つことはほとんどなく，集積内での棲み分けがなされている。その空間分布をみると，横浜駅のような大集積近辺にもGMSは多数立地していることがわかる。このような大集積においては，百貨店は広域集客に特化して高額商品だけを取り揃えるため，人口密度の高い狭域商圏に支えられたGMSとの共存が可能になるためであると思われる。

3.3 チェーンストアにおける個々の店舗対応

これまでみてきた動向をチェーンごとの立地への対応姿勢の差という視点から見直してみると，立地状況に応じた戦略を柔軟にとる企業と，チェーンの基本戦略をあまり変更しない企業があることがわかる。先の競合度指標をここでは「店舗間類似度指標」と読み替えて，チェーンごとの特徴の把握，およびそれぞれの企業が個々の店舗ごとにこまめに地域密着をしているか，チェーンのマーチャンダイジングを優先しているかの差異を分析する。

まず百貨店では都心店と郊外店において戦略に明確な差がみられる。百貨店の郊外店は都心の店舗と比べて店舗規模が小さいこともあり，また郊外市場の需要にあわせて平均価格を下げ，百貨店としては比較的低価格な中級品の品揃えに力を入れていることが，同一系列の店舗間の比較からも明瞭にみてとれる。顕著な例として図2-3に示すように，A社の都心型大型店と郊外型中型店では類似度指標は0.596にすぎない。

もう1つ例を取り上げる。地元資本のD社は横浜から独立した商圏とみられる藤沢と横須賀にそれぞれ地域一番店を構えるが，それらの類似度指標は0.704とさほど高くない。藤沢は競合する百貨店があるのに対し横須賀には百貨店が1店しかないという，それぞれの競合状況に応じて品揃えを変えていると思われる。

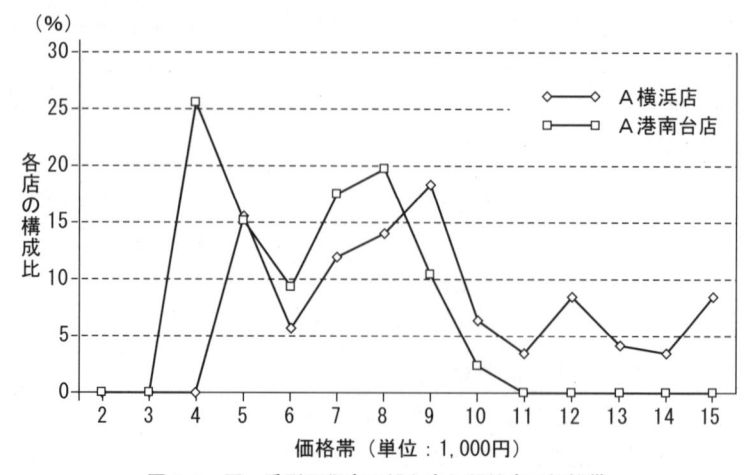

図 2-3 同一系列百貨店の都心店と郊外店の価格帯
(資料：現地調査により作成)

　一方，特異な傾向を示すのは，若者向けファッション衣料に特化している店舗である。それらでは店内のほとんどの商品が同一価格帯で揃えられていることが指摘できる。たとえばH社は若者向けファッション衣料に特化した専門大型店といえる存在であるが，都心店ではその傾向がより顕著であり，ほとんど単一の価格帯に商品が特化している傾向が読み取れる。多くの場合より大きな百貨店のある場所に立地し，特化した顧客層だけを対象にしているのも特徴的である。しかし同社が，他に百貨店がない郊外拠点（たとえば戸塚）に立地すると，百貨店の性格も兼ね備え，品揃えの価格帯を上下に広げるようになる。全体としてファッション専門大型店では，都心型ファッション専門店と郊外型疑似百貨店という2つの性格を，立地環境に応じて柔軟に切り替えているといえる。これを裏付けるように，図2-4aに示したH社各店の店舗間類似度状況をみると，5店間平均で0.480と自社店舗間での類似度指標値が大変低い。

　ここまでは立地適応の認められる店舗群であるといえる。ところが，GMS各社は各自の固有の商品戦略をどこの地域に出店しても貫いている。今回の調査では大手GMS6社中5社のデータが得られたが，とくに大手のL社，M社の品揃えにおいては，L社は5店間平均で0.839，M社は4店間平均で0.798と店舗間の差がきわめて小さい。L社とM社の店舗間類似度状況を，それぞれ図2-4bおよ

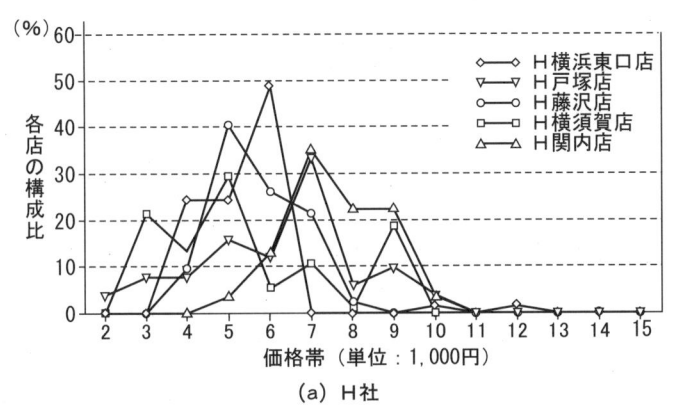

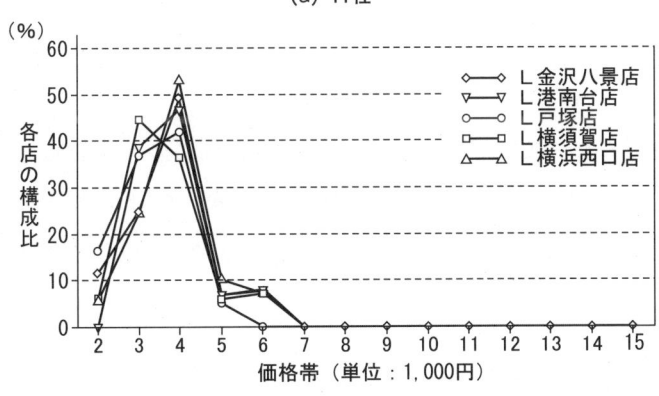

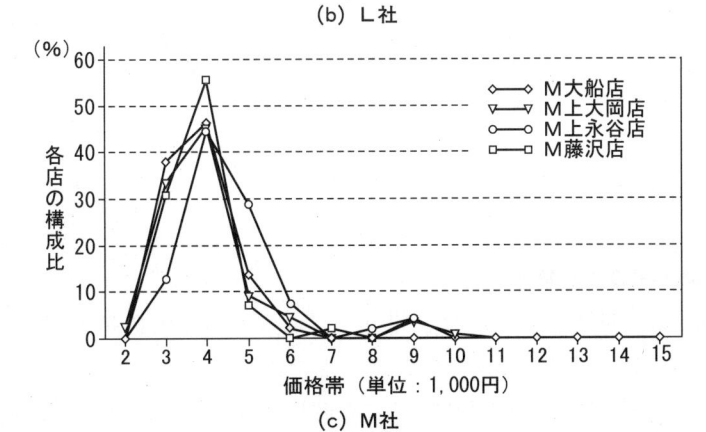

3 商品価格帯による大型小売店体系の分析 49

(a) H社

(b) L社

(c) M社

図 2-4 各社の価格帯分布
(資料:現地調査により作成)

び図 2-4c に示す。さらにみていくとN社は4店間平均で0.752であり，複合業態で商品戦略を構築している本牧店のみ他店と異なる品揃えをしている。また，O社2店間は0.828であった。GMSのなかには，P社のように3店間平均で0.652という，マーチャンダイジングの一貫性が乏しい例もあるが，これらは店舗規模の差が要因として影響しているとみられる。とはいえ全体としてGMSは概して地域性に関係なく，そのチェーンの商品戦略に沿った品揃えをする傾向が強いといってよい。とくにL社は均質性が高く，そのなかでも大型店舗同士の横浜西口店と金沢八景店では類似度指標は0.929とほとんど同じ品揃えをしている。またM社の場合，他の店舗と立地競合しない上永谷店のみが，他店舗との類似度が0.72とやや独特である。

　全体を通して，チェーンオペレーションを基本とするGMSは，あまり周辺商業環境の影響を受けることなく，自社の商品戦略を貫いていると考えることができる。このような低価格品中心の需要はどこの地域においても普遍的に存在するとも受けとめられるし，あるいは逆に自社商品戦略の通用する地域にしか出店しないという見方もできる。いずれにせよ，このような店舗群では大量仕入れ，大量販売のメリットを享受しているのである。

　価格帯曲線をさらに詳細に読むと，各GMSチェーンの商品戦略を把握することができる。特徴的なところでは「生活百貨店」を標榜するN店は，ファッション性を強調するためGMSとしては比較的高額の商品を集中して取りそろえており，さきのファッション専門大型店H社に近い価格帯曲線を示している。またM社はGMSのなかではめずらしく百貨店価格の商品まで取りそろえており，百貨店の代替機能を果たしていると思われる例がみられる。付近に競合店のない上永谷店がその典型例である。

3.4　地区間の立地競合

　百貨店は商業集積地に店舗立地が集中しているが，GMSは商業集積地以外にも単独出店する事例が多くみられる。そうした視点から，ここまでみてきた店舗ごとの価格帯別品揃え構成を地区ごとに合計してみると，どのような現象がみられるであろうか。個々の店舗において販売側と消費者の相互作用によって商品戦略が均衡状態を形成するのと同様に，商業集積レベルにおいてもそれら店舗の集

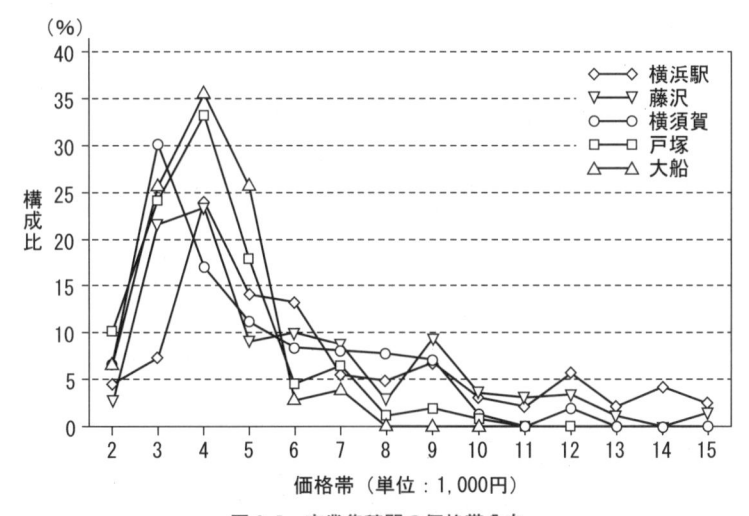

3 商品価格帯による大型小売店体系の分析 51

図 2-5 商業集積間の価格帯分布

（資料：現地調査により作成）

合意志と呼ぶべき行動が存在し，商業集積レベルの階層性が形成されると考えることができないであろうか。

このことを検証するため，地区ごとに集積するすべての店舗のデータを合計し，競合度指標を用いて地区間での商品供給状況を比較すると，横浜と横須賀間が競合度指標0.620で，地区間としては比較的高い。これに対して，横浜と藤沢間は0.430であった。図2-5に地区間競合状況のグラフを示したが，とくに9,000円以上の高級品の品揃え構成比に着目してみると，横浜駅前と藤沢，横須賀はかなり近い折れ線グラフとなる。そのためこの2者は横浜駅前の広域商圏からは独立した存在であると推測できる。戸塚と大船は集積規模の割には低価格品に特化しており，集積としての階層が下位にあることを示している。

こうして，購買層の限られる高額商品の品揃えの豊富さが，商業集積としての階層の位置づけを最も敏感に示す指標であるということができる。高次の集積ほど高額商品の品揃えが充実しているが，低価格品，中価格品の品揃えはどの商業集積をみてもそう大きな違いはない。

また，大集積から離れて単独に立地するいくつかのGMSは，わずかながら高価格品を品揃えし，百貨店を補完するような戦略をとっているものとみられるこ

とは注目に値する。

このように商業集積の特徴を整理していくと，前出の表2-1のように示すことができる。これまでみてきた百貨店・ファッション専門大型店・GMSの3業態のそれぞれの特徴は，仕入れ形態とターゲットとする顧客層によって整理して位置づけることができ，さらにそれらの出店地域を広域ターミナル，郊外ターミナルおよび地域センターと3段階にまとめることにより，商業集積としての位置づけと，各業態の出店戦略のパターンを位置づけることもできる。これらの総体が，大都市圏内において大型総合小売店を中心にみたときの階層的商業構造である。

4 混淆する業態

本章で取り上げたデータは，首都圏郊外という全国的には例外的な高い人口密度の商圏において，ワイシャツという1品目の商品の，夏前という1時点での商品在庫量を調べたものである。しかし，ここで用いた方法は適切な指標となる商品や時期を選ぶことで，さまざまに応用することが可能であろう。そして，これを従来から行われてきた購買行動アンケートと組み合わせていくならば，地域における消費者の動向と，それに対応する店舗の動向をともに把握することも可能になり，地域商業の構造を立体的にとらえることができる可能性をもっているだろう。

店舗の商品戦略の動向についてみるだけでも，全国チェーンにおいては全国的に普遍的な行動をとるのか。また今回は例がなかったが，大手GMS間の競合の場合どのような商品戦略を互いにとるのか。そして，地方都市での百貨店とGMSとの関係は大都市圏とはどのような違いがあるのかなど，今後解明すべき課題は多い。

これらの小売業の売場に並ぶ商品は，直接には卸業者による企業および個別店舗の選別によって，大局的にみれば消費者の目によって選別されコントロールされているといってよいだろう。各店舗の売場づくりはもちろん直接的には経営者・従業員の感覚によるものであるが，このような視点でみると，本質的には販売側と購買側の相互作用によって成り立っているといえる。

ここまで本章では総合小売業を対象とした議論をしてきた。しかし近年の商業

施設展開をみると，狭い商品分野でそれぞれ圧倒的な品揃えを誇るカテゴリーキラーとも呼ばれる大型専門店の勢いが増してきている。ワンストップ・ショッピングという購買行動に支えられてきていたショッピングセンターも，これまでのキーテナントとしての大型総合小売店を核にするスタイルから，近年ではスーパーセンターとも称する大型専門店の集合体というスタイルに変わりつつあるようである。

　これは従来の GMS が担ってきた役割を分節化し，食品スーパー，ホームセンター，ドラッグストア，家電量販店などの専門店を集めて組み合わせたスタイルをとっており，とりわけ地方において急速に浸透している。総合小売業を見慣れた目でみると，統一された意思が働かないため，品揃えにすき間が生じたり，逆に隣接店舗間で競合が起きることはないのかと思うこともあるが，のちほど第9章で述べられるように，店舗オペレーション・物流の面からいえば，各店舗は同質性の高い商品だけを扱うことにより，最適なオペレーションが可能になり，効率のよい経営ができることになる。地方での地域市場とはいえ，これらグレードにあまり差がない店舗の間で競合が起こった場合には，どのようなかたちでの棲み分けが行われるのか，興味深い点である。

　一方で大都市圏においては，のちほど第12章において取り上げられるように，高級住宅地を基盤として成長してきたり，あるいは百貨店の食品売場を出発点とする高級食品スーパーが急速に伸びており，都心型の高級百貨店ですら食料品売場を丸投げする事例も出てきている。

　今後とも「高級品―低価格品」という価格による尺度は変わることがないだろうが，その中でそれぞれの業態の位置づけ，序列は今後もめまぐるしく変貌を続けていくことだろう。そして，そのように時代とともに商業施設の業態・形態はさまざまに変化しても，その中には必ず何らかのかたちで，本章でみてきたような地域の商業構造を編制する論理が見出せることだろう。　　　　（後藤　寛）

[注]
1) これはプライベートブランドを品揃えの中心とする欧米の GMS とは大きく異なる点である．日本ではプライベートブランドを中心とするアメリカの定義による GMS (General Merchandized Store) は育つことはなく，日用品中心の疑似百貨店として

の日本型 GMS が定着したといえる．
2）ファッションビルの中には店舗規模は大きくても婦人衣料しか扱わない店，また紳士物でもカジュアル衣料しか扱わない店もある．
3）なおワイシャツ市場全体を視野に入れると，ここで対象とした既製ワイシャツの上位に位置する商品としてオーダーメイドワイシャツ生地がある．しかしながら，高級品の既製服が品揃えされているということは，その価格帯の商品が一定量以上その店で売れていることを示すものと考えられるので，生地はここでは除外して，既製品ワイシャツの品揃えの上限価格がどの程度であるかに注目することとする．
　　また，今回の調査ではいわゆる平場のみを対象とした．平場とは店舗側が独自に売場を編集し，各種のブランド品を少品種別ごとにまとめて販売している売場を指す．一方，ブランドごとに仕切をつくって小さな店のように仕立てた売場を「ハコ」と呼ぶ．各店舗にはそれぞれ平場の他にブランドごとのハコ（インショップ）があるが，大型店本体の商品力をみる観点からそれらは一切除外している．平場の商品にもそれぞれのブランドがついているが，ここでは価格帯のみに注目して定量分析を行う．
4）百貨店業界では各立地で売上が一番多い店を地域一番店と呼び，ステータスとみなす傾向がある．

［文　　献］

鈴木哲男 1993．Dマートとハイパーマートの売場検証．販売革新 **31**-7：62-65.

第3章　コンビニエンスストアと都市空間

1　都市におけるコンビニの立地展開

　近年，コンビニエンスストア（コンビニ）は，ホテルや病院の内部，大学や高校のキャンパス内，さらには，鉄道駅構内などでもみかけることができる。また，バブル経済崩壊後，地価が急激に下落している業務地区でも，オフィスビルの2階や地下などに，多くのコンビニが出店している。今日では商業や業務機能が集積する中心市街地やその周辺の住宅地，郊外のロードサイドや都市近郊の農村など，コンビニは至る所に立地している。もはやコンビニは都市空間には欠かせず，都市に居住する人々の生活や活動にはなくてはならない存在となっている。

　コンビニの成長は，1970年代半ばに，全国展開する大手スーパーチェーンが大店法に触れない小売業態であるコンビニの店舗開発に乗り出したことが大きい。当初，その目的は①スーパーが開いていない時間を補完すること，②いわゆる酒屋やタバコ屋などの中小小売店がコンビニチェーンとフランチャイズ契約を結ぶことで経営の近代化を図ることとされてきた。それゆえ，コンビニはスーパーや商店街など既存小売店とは無関係に出店されたのではなく，それらの補完的な役割を担っていた。すなわち，利用者がコンビニを利用しやすいように住宅地やその周辺に立地していた。

　その後コンビニは，スーパー経営で培われた経営方法や外国のコンビニチェーン本部との業務提携などを活かした独自システムの構築によって，さらにはモータリゼーションの進展や人々の生活が深夜まで及ぶライフスタイルの変化に対応して，非常に短期間に，かつ急速に成長し，今日を代表する小売業態となった。

急速に成長する過程で，コンビニチェーンは出店地域での優位性の向上や店舗運営の効率化を図るため，店舗の大量出店や配送システムの確立により，特定地域に集中的に出店するドミナントエリアの形成を行ってきた。主要駅の駅前や商店街，郊外のロードサイドや都市近郊の農村など，都市部から農村部へと浸透するとともに，コンビニの出店地域は多様化し，出店数も増大し続けた。その結果，大都市ではコンビニが飽和状態となり，コンビニチェーン間の競争が激化している。また，長引く消費低迷の影響を受けて，コンビニの成長神話にもかげりがみえはじめている。

しかし，このような状況のなかでも，近年コンビニチェーンは，既存の商業や業務機能が集積する中心市街地をはじめ，過去に積極的な出店が行われていなかった地域や地点へ，出店の範囲を拡大している。

本章では，わが国に登場してから約30年間に，ドラスティックに変化した都市空間において，その変化に適応することで，代表的な小売業態の１つへと成長したコンビニの立地に着目し，これまでにコンビニがどのような立地展開を示し，どのような適応をみせてきたかを明らかにしたい。対象とする地域としては，コンビニの草創期から立地がみられた京阪神大都市圏の中心都市・京都市を取り上げる。

コンビニの立地展開については，人口規模や自動車交通量といった地域特性からの立地条件とともに，それぞれのコンビニチェーンがもつ物流システムや出店を行う側の出店戦略によって規定されていることが指摘されている（たとえば，奥野 1977，荒井 1989，荒木 1994, 2001，生田 1997，石﨑 1998，箸本 1998，土屋 2000）。本章では，コンビニの立地展開に対して，前者の地域特性の視点からアプローチする。

なお，本章の対象となるコンビニは，2001年３月末現在，京都市に立地しているコンビニチェーンの店舗，さらに出店後2001年３月末までに何らかの理由でコンビニチェーンとのフランチャイズ契約を解消したか，経営そのものを放棄し閉店した店舗である。コンビニチェーンについては，日経流通新聞が行っている「コンビニエンスストア調査」のなかでコンビニとして掲載されたチェーンを取り扱っている。店舗については，NTT 発行の『タウンページ』および『小売商便覧』（京都市産業観光局 1999）を基に，住宅地図および現地にて確認を行った。

ここで，対象地域である京都市を，商業や業務機能が集積する中心市街地[1]を含み，京都市の旧市街地でもある都心4区[2]（上京区・中京区・下京区・東山区）と，郊外（北区・左京区・南区・右京区・伏見区・山科区・西京区）とに地域区分し，人口に関する地域特性を概観する。既存の研究でコンビニの立地と相関関係が強いとされる20〜29歳人口（青年人口）および単独世帯人員（単独世帯人口）の総人口に対する比率を取り上げ，1980年の値を1.00とした1990年および2000年の特化指数に注目する。

青年人口比率の特化指数をみると，京都市全域1.01，1.04（前の数値は1990年，後の数値は2000年），郊外0.98，1.00とほとんど変化はみられないが，都心4区では1.12，1.22と，青年人口に特化していることが示されている。一方，単独世帯人口比率の特化指数をみると，京都市全域1.11，1.41，郊外1.02，1.27であるのに対して，都心4区では1.42，2.01と著しく変化しており，特化する傾向がうかがえる。このように，都心4区ではコンビニの立地と相関関係が強い青年人口や単独世帯人口に特化する傾向にあることが理解できる。

2 京都市におけるコンビニの立地展開とその特徴

現在，大都市ではコンビニが飽和状態に達し，すでにコンビニチェーン間の競争が激化している。大手コンビニチェーンがひしめき合う京都市もまた例外ではない。2001年3月末現在，京都市には482店の立地がみられる。図3-1で確認すると，丘陵地を除いた市街地に広くコンビニが立地していることがわかる。たとえば，郊外へ至る国道1号や9号，24号などの主要道路沿い，JR京都駅や私鉄の主要駅の駅前やその周辺，さらに北区や左京区の八瀬や大原などの集落地で立地がみられる。そして，近年，大都市の中心市街地で進展しているコンビニの集積が，京都市においても確認できる。

それでは，都市の至るところに立地しているコンビニはどのような過程を経て，現在の姿を示しているのであろうか。京都市全域を対象に，都市におけるコンビニの立地展開とその特徴を明らかにする。

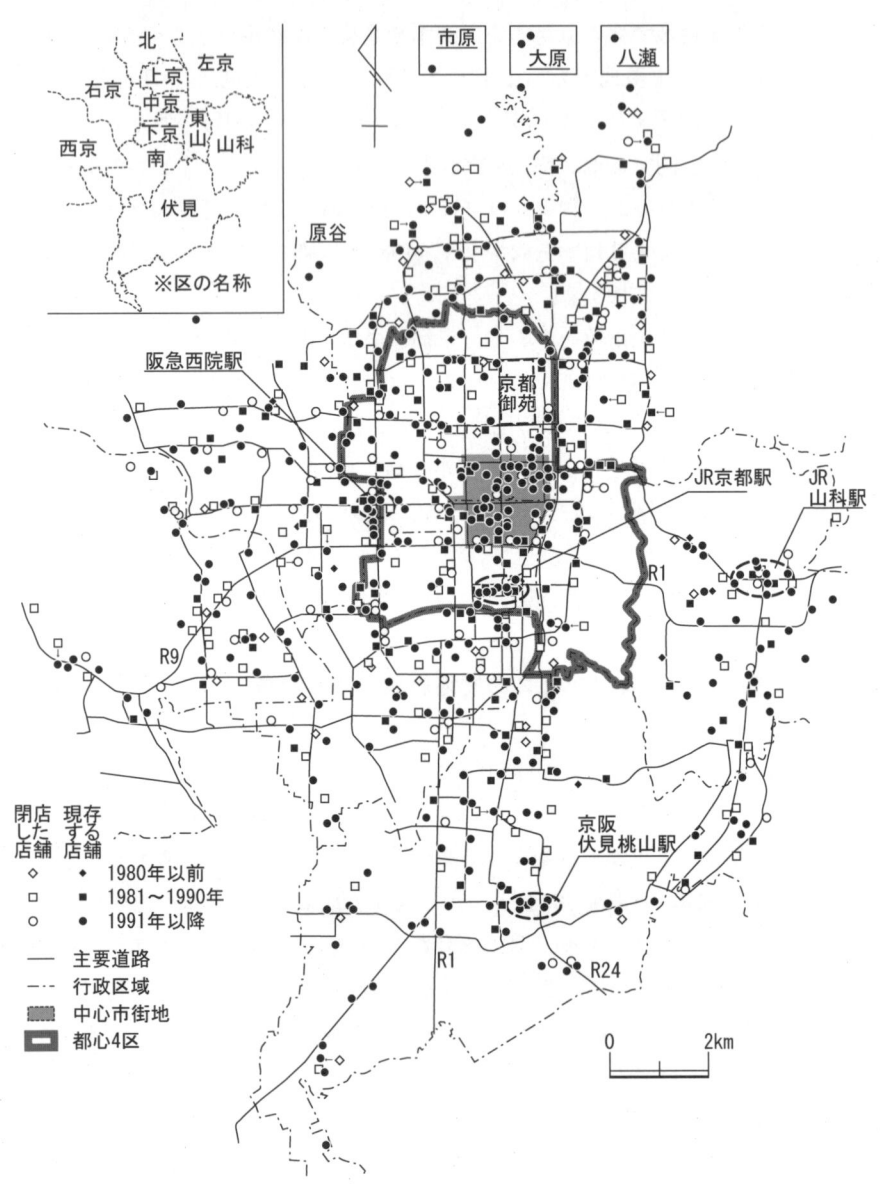

58 第3章 コンビニエンスストアと都市空間

・図中の矢印は，同じ立地地点で新たなコンビニが立地したことを示している．

図 3-1 京都市におけるコンビニの分布状況
（資料：京都市『小売商便覧』，NTT『タウンページ』により作成）

2.1 コンビニの出店数と閉店数

京都市におけるコンビニの歴史は古く，セブン-イレブン・ジャパンが東京都江東区に1号店を出店した翌年にあたる1975年に，大手コンビニチェーンのローソンと地元コンビニチェーンのファミリア京都本部が出店をはじめている。その後，今日まで数々のコンビニチェーンが進出を果たし，全国でも有数の激戦区となっている。

それでは，約30年間にコンビニは毎年どのくらいの店舗が出店され，出店総数はどの程度であったのか。年次別出店数および閉店数をみてみよう。

1975年以降すべての出店数は合計で743店であった。そのうち，261店が何らかの理由で閉店している。その割合は約2.85店に1店であり，全出店数の約35.1%にあたる。年次別の出店数と閉店数の推移をみると，1975年から1985年までは年間の出店数が20店以下であったが，1986年以降は年間の出店数が30店以上を記録した。最も出店が多かった1994年には，1年間で58店の出店がみられた（図3-2）。1985年以降は，セブン-イレブン・ジャパンやファミリーマート，サークルケイ・ジャパンやサンクスアンドアソシエイツなどの大手コンビニチェーンが京都市に進出し，それぞれ競うように出店数を増加させた時期であり，コンビニチ

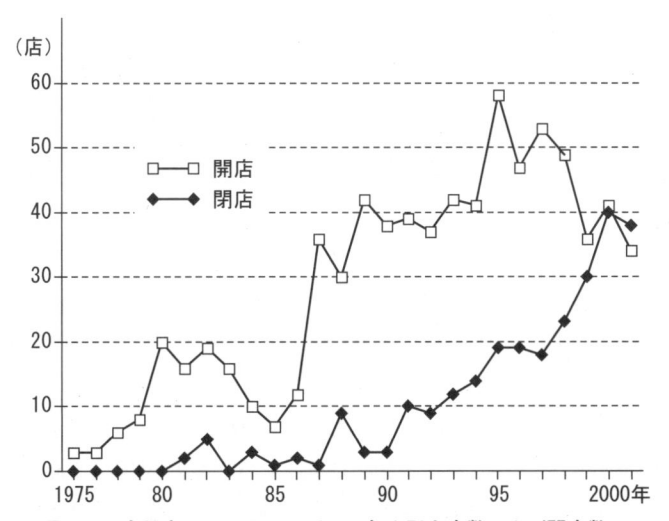

図 3-2 京都市におけるコンビニの年次別出店数および閉店数
（資料：京都市『小売商便覧』，NTT『タウンページ』により作成）

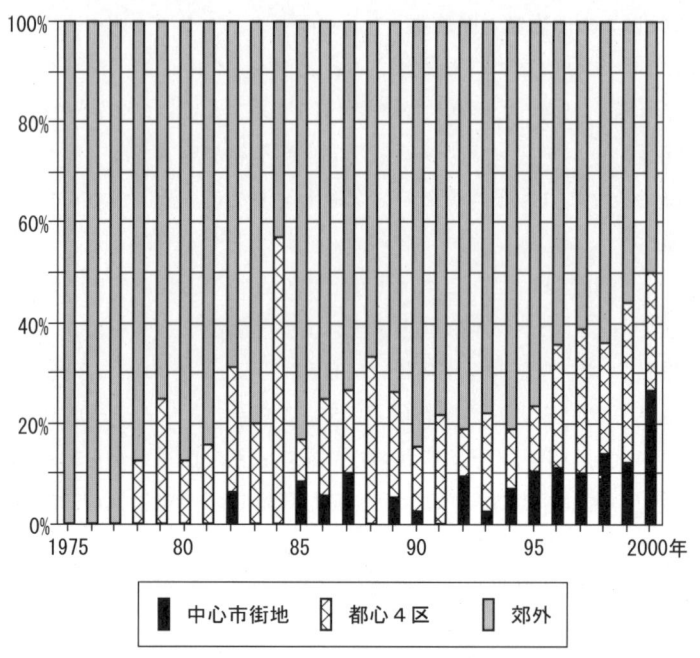

図 3-3 京都市におけるコンビニの年次別，地域区分別出店比率
（資料：京都市『小売商便覧』，NTT『タウンページ』により作成）

ェーン間の競争が激しくなった時期と考えられる。

　1996年以降の出店状況をみると，中心市街地への出店比率が増加しており，コンビニの出店が中心市街地へシフトする動きが，数字のうえからも確認できる（図3-3）。すなわち，1970年代は大手スーパーチェーンがコンビニの店舗開発に乗り出した草創期，1980年代はコンビニチェーンが急速に店舗数を増加させた成長期，そして，1990年代以降は市場が飽和状態に至り，コンビニチェーン間競争が激化した成熟期といえるであろう。

　一方で，1996年以降，閉店数が急激に増加している。コンビニが閉店する理由については，立地している地域や立地特性そのものが主たる要因というよりは，コンビニチェーンが出店戦略に対する意志決定の過程のなかで閉店の判断を行っていると指摘されている（荒木 1994, 2001）。そこで，出店後5年以内または10年以内に閉店した店舗の割合をみてみよう（表3-1）。10年以内に閉店した店舗の割合は，各出店時期ごとに大きな違いはない。しかし，5年以内に閉店した店

表 3-1　閉店した店舗の出店時期別店舗数　(上段：店，下段：%)

出店年次	出店数	閉店数	5年以内に閉店した店舗数	10年以内に閉店した店舗数
1975～1980年	56	44 78.6	0 0.0	13 23.2
1981～1985年	64	39 60.9	0 0.0	11 17.2
1986～1990年	185	94 50.8	5 2.7	44 23.8
1991～1995年	225	61 27.1	16 7.1	61 27.1
1996年～	213	23 10.8	23 10.8	— —
合　計	743	261 35.1	44 5.9	129 17.4

(資料：京都市『小売商便覧』およびNTT『タウンページ』により作成)

舗の割合では，各出店時期によって変化がみられる。1985年以前に出店した店舗では，5年以内に閉店した店舗はなかった。1986年以降に出店した店舗から，5年以内に閉店した店舗があらわれはじめ，1996年以降に出店した店舗では，すでに10.8%にあたる店舗が閉店している。近年出店された約10店に1店は，店舗を維持するための採算ラインに達せず，早期閉店を余儀なくされたと推測することができる。閉店した店舗の状況からも，コンビニチェーン間の競争激化や消費低迷の長期化など，近年のコンビニを取り巻く環境の厳しさを認識することができる。それゆえ，たとえばこれまで積極的に出店が行われていなかった中心市街地への集中的な出店など新たな出店地域の開拓が，コンビニチェーンの急務になっているとも考えられよう。

2.2　コンビニの立地展開における地理的特徴

　前項では，これまでの出店や閉店の状況を数字のうえからみてきた。それではコンビニの立地展開はどのような地域からはじまり，どのような広がりをみせたのであろうか。そして，立地展開が進むなか，コンビニが出店される立地地点の特性はどのような移り変わりをみせているのであろうか。自動車交通量や鉄道の駅などの立地条件や商圏内の状況から，立地地点の変化を探った。

まずは，コンビニの立地展開を地図のうえから確認してみよう（図3-1）。1970年代，京都市のコンビニの立地は，おもに都心4区から5km前後離れた住宅地からはじまったことが理解できる。1980年代に入ると，1970年代の立地地点より郊外へ広がる離心化と，都心4区内へ広がる求心化の二方向的な立地展開が確認できた。そして，1990年代になると，1980年代にみられた二方向的な立地展開が一層進むとともに，店舗間の間隙を縫うように出店が広がり，コンビニチェーン間もしくは店舗間の競争が激しくなったことが読み取れる。たとえば離心化の動きは，市街地から離れた左京区の大原や八瀬といった集落への出店をあげることができる。また，中心市街地への集中的な出店は，求心化の進展の結果であるといえよう。このような動きをみると，離心化はモータリゼーションの進展に，求心化は都心4区や中心市街地における若者世代の人口回帰や地価下落などの地域特性の変容に対応したかのような出店をみせている。

では，コンビニの離心化の一要因と考えられるモータリゼーションの進展とコンビニの立地展開とのかかわりについては，どのような特徴がみられるのであろうか。コンビニのロードサイド指向について，コンビニが主要道路沿いに立地しているかどうかで，「主要道路沿い」と「主要道路沿い以外」に区分し，分析した。表3-2からは，地域区分別に大きな差はなく，約60～70％の店舗が主要道路沿いに立地していることがわかる。ただし，コンビニが出店しはじめた草創期にあたる1970年代については，主要道路沿い以外での出店数が多く，ロードサイドに指向していたとは必ずしもいえない。すなわち，いわゆるロードサイドビジネスが成長する1980年代に，コンビニチェーンもまたモータリゼーションの進展に対応すべく，ロードサイドに指向する出店戦略を採用しはじめたと考えられる（正司 2001）。

ところで，コンビニは全国展開する大手スーパーチェーンが，大店法に触れないコンビニの開発を積極的に行ったことが大きいとされている。コンビニ出店当初の目的の1つとして，大店法で自由な出店が規制されていたスーパーを補完する役割が与えられていた。それでは，スーパーとコンビニの立地展開ではどのような違いがみられるのであろうか。スーパーの立地展開と関係が深い「駅前」や「商店街」に注目した（伊東 1978）[3]。これまでの研究で，駅前および商店街内ともコンビニの立地地点としてはあまり重要視されていないことが示されている

表 3-2　京都市におけるコンビニの地域区分別，立地地点の状況
および商圏内の状況別店舗数

（上段：店，下段：％）

			都心4区				郊　　外				合　　計			
			1970年代	1980年代	1990年代	小計	1970年代	1980年代	1990年代	小計	1970年代	1980年代	1990年代	小計
立地地点	沿道	主要道	2 25.0	44 69.8	93 69.9	139 68.1	17 35.4	121 65.1	190 62.3	328 60.9	19 33.9	165 66.3	283 64.6	467 62.9
		主要道以外	6 75.0	19 30.2	40 30.1	65 31.9	31 64.6	65 34.9	115 37.7	211 39.1	37 66.1	84 33.7	155 35.4	276 37.1
	駅前および商店街	下記3区分以外	5 62.5	50 79.4	89 66.9	144 70.6	36 75.0	147 79.0	224 73.4	407 75.5	41 73.2	197 79.1	313 71.5	551 74.2
		商店街	3 37.5	11 17.5	34 25.6	48 23.5	9 18.8	27 14.5	36 11.8	72 13.4	12 21.4	38 15.3	70 16.0	120 16.2
		駅前	0 0.0	2 3.2	6 4.5	8 3.9	1 2.1	9 4.8	34 11.1	44 8.2	1 1.8	11 4.4	40 9.1	52 7.0
		駅前・商店街	0 0.0	0 0.0	4 3.0	4 2.0	2 4.2	3 1.6	11 3.6	16 3.0	2 3.6	3 1.2	15 3.4	20 2.7
商圏内	住宅系		3 37.5	13 20.6	12 9.0	28 13.7	41 85.4	147 79.0	203 66.6	391 72.5	44 78.6	160 64.3	215 49.1	419 56.4
	混在系		3 37.5	25 39.7	81 60.9	109 53.4	0 0.0	3 1.6	4 1.3	7 1.3	3 5.4	28 11.2	85 19.4	116 15.6
	商業業務系		2 25.0	24 38.1	40 30.1	66 32.4	6 12.5	26 14.0	66 21.6	98 18.2	8 14.3	50 20.1	106 24.2	164 22.1
	工業系		0 0.0	1 1.6	0 0.0	1 0.5	1 2.1	9 4.8	25 8.2	35 6.5	1 1.8	10 4.0	25 5.7	36 4.8
	調整区域系		— —	— —	— —	— —	0 0.0	1 0.5	7 2.3	8 1.5	0 0.0	1 0.4	7 1.6	8 1.1

（資料：京都市『小売商便覧』およびNTT『タウンページ』により作成）

（荒木 1994，2001）。すなわち，コンビニの立地はスーパーとは異なり駅前や商店街などを避けて，利用者が居住する住宅地や住宅地に近い地域での出店が中心であった。しかし，表3-2からは，駅前，商店街内とも1990年代に入り，出店数が増加していることがうかがえる。前者の駅前もしくは駅前・商店街内については郊外で，後者の商店街内については都心4区で，それぞれ出店数が増加している。これまで，商店街内への出店は，コンビニチェーンの側からは夜間の人通りがなくなり消費者を集客することが困難であると敬遠され，商店会の側からは24

時間営業や年中無休営業など，コンビニの店舗運営が商店街内のルールとは異なった営業方法を採っていることから敬遠されていた。また駅前への出店は，「コンビニエンス」＝「便利さ」を考えた場合，駅前より少しでも住宅地に近いほうが，利用者にとって都合がよいということで出店を見送られていた。もちろん，両者とも周辺より比較的地価が高い立地地点であったことも，出店が行われなかった要因の1つである。

　しかし，コンビニは店舗運営の効率化を図るとともに，ライフスタイルの24時間化に代表される社会的環境の変化や，地価下落に代表されるバブル経済崩壊後の経済的環境の変化に対応してきた。その移り変わりのなかで，駅前や商店街内という立地地点は，コンビニチェーンの側からは毎日ほぼ一定の消費者が集まることで集客が維持できる点，利用者の側からは店舗を発見しやすく利用しやすいという点で，双方にメリットがある立地地点へと変化していったのではないであろうか。

　このように，約30年間で大きく変化したコンビニを取り巻く社会・経済的環境に対応するように，コンビニの立地地点はロードサイド指向，駅前や商店街指向へと変化している。では最後に，コンビニの立地を支える後背地，すなわち店舗の商圏はどのような変化を示しているのであろうか。それぞれのコンビニが有する商圏500m内の状況について，都市計画法の用途地域の指定状況によって5つのタイプに分類し，分析した[4]。表3-2からは，住宅系への出店比率が低下していることがうかがえる。その一方で，都心4区では中心商店街や業務地区に代表される商業業務系への出店比率が，郊外では工場などが集積している工業系や市街地から離れた集落地などの調整区域系，工場や商業施設と住宅などが混在する混在系への出店比率が上昇している。すなわち，コンビニの草創期には住宅地中心であった立地展開が，成長期，成熟期を経て，住宅地以外の地域にも広がり，出店地域の多様化が進んだことを示している。

　以上の結果から，京都市におけるコンビニの立地展開は次のような過程を経て，市街地内に広がっていったと考えられる。まずコンビニの立地は，1小売店としての役割を担うかのように，利用者が居住している都心4区周辺の住宅地からはじまっている。その後，モータリゼーションの進展や地域特性の変容に対応するかのように，郊外へ延びる主要道路沿いや都市内部へと進出した。さらに住宅地

中心の立地から，工場の周辺や郊外の集落地，中心商店街などのさまざまな地域，そして以前では出店が敬遠されていた駅前や商店街などの地点に広がっており，立地の多様化が進展している。近年では中心市街地に出店が集中しており，コンビニの立地展開は新たな出店地域を開拓した結果の積み重ねであったといえよう。

このような立地の多様化の進展は，定住人口が期待できない地域での出店の増加を示している。コンビニの出店は，たとえば中心商店街や業務地区，大きな工場の周辺や郊外の集落地など，定住人口があまり期待できない地域でも出店が可能になっている。すなわち，さまざまな地域における人々のコンビニへのニーズに対応するために，それぞれのコンビニチェーンがマーチャンダイジング技術や商品開発力を向上し，最低限の収益を確保できる店舗の運営方法を確立したことを示しているといえよう。そして，地域のニーズに応じた許容範囲内での商品構成やさまざまなサービスの提供など，文字通りの「コンビニエンス」ストアとしての役割を，コンビニは都市空間のなかで担うようになっている。

3 中心市街地におけるコンビニの立地展開とその特徴

前節では，近年，大都市の中心市街地で進展しているコンビニの集積が，京都市においても進んでいることを確認した。その京都市の中心市街地では，河原町通などに中心商店街が，四条通などに業務地区が形成されている。これらの通りから路地に入ると，昔ながらの町屋が残る職住一体の地域が広がっており，京都らしさを感じることのできる地域でもある。

それでは，このような中心市街地におけるコンビニの出店はどのような特徴を示しているのであろうか。本節では，コンビニの立地展開を明らかにするとともに，コンビニが集積した理由を地域特性の変容から考察したい。

3.1 中心市街地におけるコンビニの立地展開

京都市の中心市街地は，都市計画法による商業地域に指定された地域であるが，都市の機能面から性格の異なる2つの地域によって構成されている。河原町通や四条通，御池通や烏丸通などの主要道路沿いの容積率700％の街区は中心商店街や業務地区を形成し，京都市の中心的な商業・業務機能を有した地域である（主

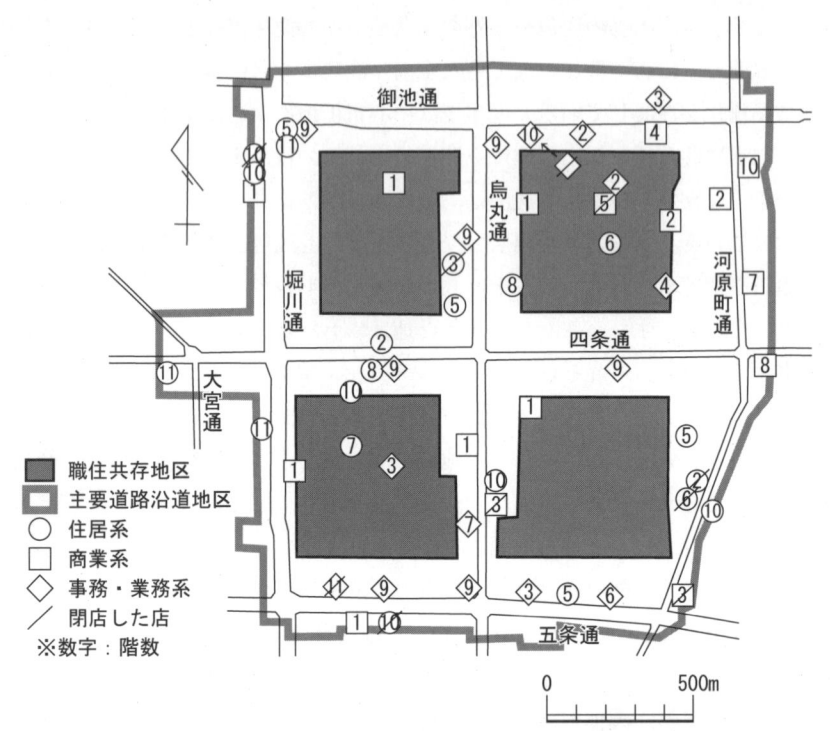

図 3-4 中心市街地におけるコンビニの店舗形態別，階数別分布状況
（資料：京都市『小売商便覧』，NTT『タウンページ』により作成）

要道路沿道地区）。一方，これらの主要道路から内側の容積率400％の地域は，昔ながらの町家が残る職住共存地区として位置づけられ，都心における居住機能を有した地域である（職住共存地区；京都市都市計画局 1998）。

中心市街地ではこれまでに55店舗のコンビニが出店され，10店が閉店している。出店時期をみると，1990年以降に出店された店舗が45店（81.8％）を占める。とくに1996年以降に集中しており，近年出店が加速していることがうかがえる（30店，54.5％）。出店の範囲は中心市街地全域に広がっているものの，そのほとんどが中心商店街や業務地区を形成している主要道路沿道地区（46店，83.6％）に位置し，主要道路に面して（37店，67.3％）立地している（図3-4）。

主要道路沿道地区におけるコンビニの立地展開を，この地域の特性と照らし合わせてみると，四条通や烏丸通，御池通（烏丸通以東）に面して立地している店

舗は，おもにオフィスに勤務するOLやビジネスマンを対象とした店舗であると考えられる。五条通や御池通（烏丸通以西）の店舗については，この地域で働く人を対象とした店舗であるとともに，ロードサイド型店舗としての役割も担っているといえるであろう。京都市の中心商店街である河原町通やその周辺に立地する店舗は，この地域で働く人や訪れる人を対象とした店舗である。特殊な出店事例をあげると，アーケードが施され夜間以外は歩行者専用となる三条通（河原町通〜京極通間）や京極通にもみられることであり，その利用はおもに徒歩によるものであると考えられる。

主要道路沿道地区における店舗形態をみると，マンションや住居併用店舗などの住居系建築物（19店），オフィスビルなどの事務・業務系建築物（15店），テナントビルや複合ビルなどの商業系建築物（12店）に分類される[5]。ただし，主要道路に面していない8店舗のうち，6店舗が住居系建築物である。したがって，中心商店街でもある河原町通に面した店舗では商業系建築物に，業務地区でもある四条通や烏丸通，御池通（烏丸通以東）や五条通に面した店舗では事務・業務系建築物に出店しているケースが多くなっており，地域の特性に適応した店舗形態を取り入れているといえる。

一方，職住共存地区におけるコンビニの出店は16.4％にあたる9店のみである。そのなかでも比較的商業・業務機能が集積している北東ブロックで5店舗がみられ，その他のブロックでは1〜2店に過ぎず，コンビニの出店は主要道路沿道地区と比して緩やかである。店舗形態をみると，商業系建築物4店，事務・業務系建築物3店，住居系建築物2店に分類されるが，主要道路沿道地区と比して建築物は中低層になっている。

3.2 地域特性の変容とコンビニの立地

バブル経済崩壊後の中心市街地における最も大きな変化に，急激な地価の下落があげられる。たとえば，商業地における基準地の標準価格（都道府県地価調査）の平均値をみると，都心4区では1990年に最高価格を記録した後，2000年には1990年の約7分の1まで下落している。また，都心4区と郊外との平均値の格差を比較すると，最も格差があった1988年の3.45倍から，2000年には1.82倍と，1982年頃の水準（1.70倍）まで格差が小さくなっている。

では，このような急激な地価の下落は，中心市街地にどのような影響を与えたのであろうか。

1990年代後半，中心市街地では人口の都心回帰が確認されている。国勢調査によると，1995～2000年の中心市街地の人口増加率は8.5％を示しており，中心市街地が位置する中京区・下京区の人口増加率2.8％を上回っている。さらに，青年人口の増加率は中京区・下京区（5.6％）より中心市街地（16.6％）が大きく，若者世代を中心とした人口の都心回帰がうかがえる。

この人口の都心回帰は，活発なマンション建設によるところが大きい[6]。1995～2000年に建築された中高層建築物の用途をみると，主要道路沿道地区では186件のうち，住居専用の共同住宅が87件（46.8％），店舗付などの共同住宅が40件（21.5％）となっている。職住共存地区でも112件のうち，住居専用の共同住宅が65件（58.0％），店舗付などの共同住宅が31件（27.7％）と，両地区とも共同住宅の比率が高い[7]。このように，人口増加の要因となるマンション建設には，低層階に店舗などが備わったものも多く，住居とともに小売店などが出店できるスペースが創出されている。

住居系建築物については，活発なマンション建設がうかがえるが，商業系建築物や事務・業務系建築物では，どのような変化がみられるのであろうか。賃貸ビルの空室率と平均募集賃料の動向についてみると，空室率が5.4％（1992年）から10.9％（2000年）に，平均募集賃料が1992年を1.00とした場合，2000年には0.83まで低下している（生駒データサービスシステム 2002）。すなわち，オフィスやテナントにかかわる費用の低下とともに，空室率の上昇によって良質な物件の選択が可能になっていると推測される。

このようなバブル経済崩壊後の地価下落による地域特性の変容が，コンビニの出店を加速させているのであろうか。コンビニが出店される以前の土地もしくは建築物の利用形態から考察してみよう。

出店される以前の利用形態を住宅地図などで確認すると，住居系建築物に分類される店舗では，駐車場や町家住宅に利用されていたものが，マンションに建て替わった際に入居するケースが多い。中高層マンション新築によるケースは，21件のうち17件（81.0％）であった。事務・業務系建築物や商業系建築物に分類される店舗では，他の物品販売業や飲食店，オフィスなどが退いた後，入居したケ

ースが多い．空きテナントに入居したケースは，34件のうち20件（58.8％）であった．すなわち，夜間人口の増加をともなった活発なマンション建設や近年の経済的不況による空きテナントの増加，テナント料など店舗にかかわる費用の低下など，中心市街地でみられる地域特性の変容が，コンビニチェーンの出店行動を促し，結果的に出店数の増加につながっているといえるであろう．もちろん，コンビニチェーン間競争や他の小売業態との競争のなか，コンビニチェーンが店舗運営の効率化を図り，最低限の収益を確保できる店舗の運営方法を確立したことによって，夜間に定住人口があまり期待できないような中心市街地での出店が可能になったと考えることもできる．また，中心市街地で活動する人々のコンビニに対するニーズの高まりも要因の1つであろう．これらのさまざまな要因が複合的に影響し合うことで，中心市街地でのコンビニの出店が加速していると推測される．

ところで，中高層建築物の建設が進むなかで，主要道路沿道地区と比して，職住共存地区でのコンビニの出店が少ないことについては，次のような側面が考えられる．職住共存地区は「碁盤の目」状に道路が整備されているものの，道路幅員が狭く，一方通行が多い．コンビニチェーンの側からは商品の配送を行う配送車の運行面で不便な立地地点であることが，積極的に出店できない理由の1つであると推測される．一方，利用者の側からはコンビニの位置が，いわゆる「奥まった」場所にあり，利用しづらい立地地点であることが理由として考えられる．中心商店街やオフィスなどで働く人や訪れる人を対象とした店舗であることから考えると，利用者がわざわざ出向いて行くような立地地点ではなく，利用しやすい立地地点への出店が優先されるのではないであろうか．コンビニチェーンは生き残りをかけて，商品構成やサービスだけでなく，立地地点についても利用者の視点から考えることが重要になっているといえよう．

4　都心空間におけるコンビニの将来

本章では京都市を対象地域に，約30年間に急成長したコンビニの立地展開とその特徴を明らかにした．そのコンビニは，住宅地における1小売店としての役割を担うかのように，住宅地から立地をはじめている．その後，モータリゼーショ

ンの進展やライフスタイルの変化に応じて,コンビニの立地展開は求心化や離心化を示した。その結果,都市のさまざまな地域や地点に立地は拡大し,立地の多様化が進展した。近年ではとくに中心市街地に集中しており,コンビニの立地は新たな展開をみせはじめている。その中心市街地では,地価の下落をはじめとするバブル経済崩壊後の社会・経済的な環境の変化が,出店可能なスペースを生み出すなど,コンビニの出店を促していると推測される。

　流通業界の「勝ち組」の1つに数えられるコンビニの成長には,コンビニに対する人々のニーズを捉え,さまざまな企業努力により店舗運営の効率化を図ってきたことが大きい。しかし,本章の分析からは,人々のニーズや地域特性の変容に対して,柔軟に対応した出店を実践してきたことも要因の1つであったと指摘することができる。これまでコンビニは,いわゆる金太郎飴のように全国画一の商品構成やサービス,店舗形態を重視してきた。しかし,コンビニは地域特性に適応した商品構成やサービスを提供するだけでなく,店舗形態についても立地地点に応じて内外装を変更するなど周辺との調和を図り,利用者を意識したきめの細かい出店を実践することで,都市のさまざまな側面に対応しようとしている。いいかえれば,移り変わりの激しい都市空間のなかで,柔軟に対応できないコンビニは生き残れないということを示しているといえよう。

　最後に,京都市のような都市の中心市街地におけるコンビニの立地展開を予測するとともに,わが国のその将来について考えてみたい。京都市の中心市街地でみられるコンビニの立地展開は,おもに主要道路沿道地区に出店が偏っていたことが明らかになった。主要道路沿道地区は,中心商店街や業務地区が位置しており,京都市の「現代の顔」でもある。しかしながら,経済不況の影響を受け,中心商店街では空き店舗が,テナントビルなどでは空きテナントが増加している。一方では,地価の下落が中高層建築物の更新を後押しし,新たな店舗スペースが生み出されている。このような状況は京都市の中心市街地だけではなく,商業・業務地の高度利用や都心居住を促進する都市再生が活発な東京などの大都市の都心空間で大きな動きとして表れている。そして,コンビニチェーンは,これらの地域で働く人や訪れる人,そして居住する人のニーズにあわせて品揃えやサービスを差別化し,店舗形態を周囲の環境や都市景観と調和させながら,京都市の主要道路沿道地区はもとより,大都市の都心空間で今後も出店を増やしていくと推

測される。

　一方，職住共存地区は，町屋に代表される昔ながらの景観が今も残る京都市の「歴史の顔」である。職住共存地区は，バブル期に和装伝統的問屋街である室町などで土地の利用転換や建築物の更新が顕著であった（川端 1996）。現在でも，マンションなどの中高層建築物の建設によって住居スペースが創出され，人口の都心回帰が進んでいる。しかし，前述したように，店舗がみつけにくい，道路が狭いなどの理由からコンビニの出店は進んでいない。

　それでは，今後もコンビニの出店は進まないのであろうか。現在，コンビニチェーンでは，コンビニ利用者の年齢層の上昇にともない，高齢者に対応した商品やサービスの提供をはじめている。職住共存地区が位置する中心市街地は，昼間人口比率が高く，青年人口の増加率も高い。一方で，65歳以上の老年人口比率（21.8％）も高く，多くの高齢者が居住する地域でもある（京都市全域，17.2％；2000年国勢調査）。コンビニチェーンの新たな取り組みが軌道に乗れば，職住共存地区は潜在的なニーズが存在する魅力のある地域へと変貌することも予想される。

　また，京都市では，職住共存地区のまちなみ保全・再生の観点から，共同住宅で容積率が300％を超える床面積の2分の1以上は，店舗・事務所等の「にぎわいの施設」とすることを定めた特別用途地区を指定している[8]。若者とともに高齢者も増加する職住共存地区でも，店舗が見つけやすい，配送車の通行が可能であるなどの条件が備わる立地地点では，「にぎわいの施設」の核としてコンビニが入居することで，店舗数が増加していくことも考えられる。

　そのためには，店舗形態はたとえば祇園にある格子戸と漆喰壁を利用した店舗のように，周辺の都市景観に配慮する必要があろう。また，高齢者に対する商品の提供や宅配サービス，行政窓口サービスの代行などの充実により地域との連携を深め，「まちのオアシス」となることが必要であろう。　　　　　（荒木俊之）

[注]
1) 本章における京都市の中心市街地とは，都市計画法による用途地域において商業地域で，かつ容積率700％に指定されている地域と，その地域に囲まれた内部の容積率400％の地域を指す〔京都市都市計画局による「都市計画総括図-1（用途地域）」2000

年現在〕.
2) 都心4区については，京都市企画調整局（1993）に位置づけられている都心地域にしたがっている．
3) 商店街内とは，京都市による「新・京都市小売商業分布図（平成12年度）」に掲載されているものを商店街としてあつかった．駅前とは，駅の改札口もしくは出口から100mの圏域に立地するものとした．
4) 5つのタイプとは，住居系，商業業務系，工業系，混在系，調整区域系である．なお，分類方法は荒木（2001）による．
5) ここでいう商業系とは，小売，飲食・娯楽，ホテル等を指す．なお，ここでは階数（フロア）の最も多い用途をもって，建築物の代表用途とした．
6) 京都新聞1999年9月21日付．
7) 京都市都市計画局「京都市都心部のまちなみ保全・再生に係る審議会　第6回審議会資料-2」
8) 京都市では「京都市都心部のまちなみ保全・再生に係る審議会」の提言をふまえ，2003年4月に特別用途地区と合わせて，美観地区と高度地区を指定している（青山2002）．

[文　献]

青山吉隆編著 2002.『職住共存の都心再生—創造的規制・誘導を目指す京都の試み』学芸出版社．

荒井良雄 1989. コンビニエンス・チェーンの物流システム．信州大学経済学論集 **27**：19-43.

荒木俊之 1994. 京都市のおけるコンビニエンスストアの立地展開．人文地理 **46**：203-213.

荒木俊之 2001. 岡山県におけるコンビニエンスストアの立地展開．地理科学 **56**：88-107.

生田真人 1997. コンビニエンス・ストアの成長と地域商業．川端基夫編著『情報化と地域商業』71-93．千倉書房．

生駒データサービスシステム 2002.『オフィスマーケットレポート2002　Autumn Vol. 23』生駒シービー・リチャードエリス．

石﨑研二 1998. 店舗特性・立地特性からみた世田谷区におけるコンビニエンス・ストアの立地分析．総合都市研究 **65**：45-67.

伊東　理 1978. 大都市圏におけるスーパーの展開と立地—京阪神大都市圏の場合—．人文地理 **30**：481-501.

奥野隆史 1977. コンビニエンスストアの立地条件と立地評価―東京都練馬区を事例として―. 人文地理学研究 1：43-71.
川端基夫 1996. 都心問屋街「室町」における規制. 井口富夫編著『規制緩和と地域経済－京都市と周辺地域の動向』233-260. 税務経理協会.
京都市企画調整局 1993. 新京都市基本計画のあらまし.
京都市都市計画局 1998. 職住共存地区整備ガイドプラン.
正司健一 2001. ロードサイドビジネスの発展とその背景. 北村隆一編著『ポスト・モータリゼーション－21世紀の都市と交通戦略』67-91. 学芸出版社.
土屋 純 2000. コンビニエンス・チェーンの発展と全国的普及過程に関する一考察. 経済地理学年報 **46**：22-42.
箸本健二 1998. 首都圏におけるコンビニエンスストアの店舗類型化とその空間的展開―POSデータによる売上分析を通じて―. 地理学評論 **71A**：239-253.

第4章　商業立地政策としてのゾーニング規制の有効性

1　まちづくり3法の問題と地理学の課題

　都市空間と流通産業とのかかわりを考えるうえで，公的規制は重要な存在である。とくに住民の日常生活を支え，多数の交通需要を生み出す機能である小売業の立地は，多くの欧米諸国の都市で規制されている。こうした公的規制は，大きく都市計画に基づく規制と，特定の事業を制限する経済的規制とに大別できる。日本もその例外ではない。たとえば，都市計画法における用途地域の設定は前者に相当し，一方，1973年に制定され4半世紀にわたって大型店の営業を規制してきた，いわゆる「大店法」は後者の例である。

　しかし，日本における小売業の立地規制のあり方は，1990年代の規制緩和の流れの中で，大きな転換点を迎えた（渡辺 2003）。日本では1990年代に中心市街地の空洞化が社会問題化して，中心市街地を活性化する種々の事業が実施されたが，現在活性化に成功している事例は少ない。本章では，とくに都市計画法におけるゾーニング規制を事例として，公的規制が小売業の立地パターンに与える影響を考察し，さらにそれが中心市街地活性化事業にいかなる影響を与えているのか，そのことを考察する。

　1970年代後半以降，大型店はより小規模の都市に立地するようになり，その新規立地場所は商店街・駅前から郊外幹線沿いが主体になった（国民金融公庫総合研究所 1998）。この背景には，全国的に郊外に住宅団地が建設され，郊外間を結ぶ道路網が整備されたことがある。さらに，1990年代になると大店法の段階的規制緩和により大型店の出店が容易になり，バブル経済の崩壊後には，大型店が駐

車場の不足する中心商業地の店舗を廃業して，より大規模で十分な駐車場を有する店舗を郊外に建設する傾向が強まった．また，都心部周辺でも工場跡地や臨海地区における再開発事業により，大型店が立地する例も多い．それら郊外大型店との競合のため，人口規模が小さく，それが減少傾向にある多くの地方都市では中心商業地の衰退が著しく，空き店舗問題が顕在化した（矢作 1997）．

　日本では，1998年にいわゆる「まちづくり3法」と呼称される，中心市街地活性化法，大規模小売店舗立地法（大店立地法），改正都市計画法が制定された．中心市街地活性化法は商業振興的特徴をもつ政策であるが（渡辺 2003），商業それ自体ではなく商業が集積する地域を活性化の対象としたことが特徴である．大店立地法は旧大店法とは異なり，中小小売業と大型店との関係ではなく，大型店周辺の生活環境の保護を調整対象とする．

　最後に，都市計画法の改正では，既存の用途地域に上塗りするかたちで指定できる特別用途地区を，地方自治体が独自に設定できるようになった．それにより，大型店の出店を規制する特別用途地区を設定することが可能になったのである．日本の都市計画では，地区ごとに土地利用の用途を規定するゾーニング的手法により大型店の立地を規制していたが，さらに市町村独自のゾーニング規制が可能になったのである．そのため，まちづくり3法を連携することにより，中心市街地の商店街を活性化するために，大型店の立地を規制・誘導することが可能になったことになる．

　地理学では1990年代以降，公的規制・振興事業と都市商業との関係に関する研究が輩出した．それぞれの事業・法律ごとに研究例をあげると，市街地再開発事業に関しては安倉（1998），特定商業集積法に関しては千葉（1998）と松田（1995），旧大店法では松田（1991）と山川（1997），中心市街地活性化事業では山下（2001a, 2001b）などがあげられる．それらの研究により，それぞれの事業・法律が小売業の立地パターンに及ぼす問題点が明らかにされている．一方，都市計画法に関しては荒木（1994, 2001）と生田（1997）があるが，それらはコンビニに着目したのみである．都市計画が都市の小売業の立地パターンにいかなる影響を及ぼしているのか，そのことを明らかにする必要がある．

2 ゾーニングによる商業立地規制の概要

都市計画法と建築基準法では，ゾーニングの種類として商業系，工業系および住居系の用途地域が定められている。表 4-1 はそれら用途地域別に，立地できる店舗規模の限界を示したものである。都市計画法では住居系地域が住居専用地域（4種類）と住居地域（3種類）に区分され，商業系地域が 2 種類，工業系地域は 3 種類に分類されている[1]。

なお，前述した特別用途地区は地方自治体が独自に設定するものであるので，全国一律に分析することができない。そこで，以下ではゾーニング規制として用途地域のみを対象として分析するが，ここで簡単に特別用途地区の問題点をあげ

表 4-1 用途地域別立地可能店舗の床面積

	50m² 以下	50〜150m²	150〜500m²	500〜1,500m²	1,500〜3,000m²	3,000m² 超
第1種低層住居専用地域	○*	×	×	×	×	×
第2種低層住居専用地域	○	○	×	×	×	×
第1種中高層住居専用地域	○	○	○	×	×	×
第2種中高層住居専用地域	○	○	○	○	×	×
第1種住居地域	○	○	○	○	○	×
第2種住居地域	○	○	○	○	○	○
準住居地域	○	○	○	○	○	○
近隣商業地域	○	○	○	○	○	○
商業地域	○	○	○	○	○	○
準工業地域	○	○	○	○	○	○
工業地域	○	○	○	○	○	○
工業専用地域	×	×	×	×	×	×

＊：店舗兼用住宅のみ立地可能．
（資料：都市計画法（2000年改正），都市計画法施行令（2001年改正），建築基準法（2000年改正），建築基準法施行令（2001年改正）などにより作成）

る。第1に，都市計画法において特別用途地区が設定できるのは，全国土の3.8％（2000年）を占めるにすぎない市街化区域内のみであることである。都市計画区域であっても用途地域を設定していない市街化調整区域や白地地域，さらに国土面積の73.9％（2000年）を占める都市計画区域外では，特別用途地区による大型店規制はできない[2]。第2に，特別用途地区を設定することは，不動産価格の問題に直結するので，地域住民のコンセンサスを得ることは困難である（渡辺 2003）。そのため，京都市のように（安倉 2002），条例により大型店などの商業施設の立地規制を行う市町村も出てきた。しかし，条例で商業施設の立地を規制することには限界がある[3]。

表4-1によると，用途地域における住居系地域において，第1種低層住居専用地域では日用品を販売する店舗との兼用住宅の立地が可能である。それ以外の用途地域では小売業専用の建築物の立地が可能であるが，第2種低層住居専用地域から第2種中高層住居専用地域までは，建物の3階以上で小売業を開業できない[4]。旧大店法の対象となっていた500m^{2}以上の店舗と，大店立地法の対象となる1,000m^{2}以上の大型店は，第2種中高層住居専用地域で立地可能である[5]。これら住居専用地域は，一般に1970年代以降郊外に形成された住宅地が主体である。次に，第1種住居地域では3,000m^{2}までの大型店が立地可能であり，第2種住居地域と準住居地域では規模の制限はない。第1種住居地域と第2種住居地域は，一般に商業地域とともに市街地の核をなす地域であり，1968年に現都市計画法が制定された時既に市街化されていた地域が含まれる。これらの地域は，住居の環境を守ることが第1の目標であるが，実質的に住居と産業が混在する場合が多い。一方，準住居地域は主要道路沿道において自動車関連施設などと調和した住宅地の環境を保護するものであり，住商混在系地域として位置づけられる。

次に，商業系地域は近隣商業地域と商業地域とに区分される。近隣商業地域は近隣住民に対する日用品を提供する地域として，商業地域は商業とその他の業務の利便を増進するための地域として設定されており，商業地域としてターミナル駅前などの中心商業地や業務地域と，高度化を図る必要のある幹線道路沿線が指定される。しかし，近隣商業地域ではどのような規模の大型店でも立地でき，また，一定規模以上の映画館，キャバレーなど一部の歓楽施設を除き，近隣商業地域に立地できない小売業の業種はない。そのため，商業地域と近隣商業地域との

関係は，小売業の業種構成に関して，前者が上位に位置するような階層構造を想定したものではない（根田 2002）。また，商業地域は1都市に1カ所のみとは限らず，中心市街地の外に設定される場合もある。この点が，中心市街地を頂点とする小売商業地の階層構造を維持しようとする，イギリスの小売立地計画と異なる点である（伊東 2001，横森 2001）。中心市街地活性化法では，中心市街地を都市における人流，物流，情報流の結節点であると位置づけているが，都市計画法のゾーニング規制において，中心市街地はそれ以外の商業系地域と比べて特別な位置づけを得ていないのである。

最後に，工業系地域のうち，工場専用地域以外ではどのような規模の大型店でも立地可能である。実際，工場跡地や工業地域の主要幹線沿いに大型店が立地するケースは多い。なお，工場専用地域では商業施設が立地できない。

このように，日本のゾーニング規制の枠組では，都市のどこにでも小売業は立地することが可能であり，大型店の立地も商業系地域にのみ限定されない。とくに主要幹線沿いの準住居地域と工業地域の場合，ロードサイド型店舗にとって好立地場所となる。さらに，コンビニチェーンは，第1種低層住居専用地域以外のすべての住居系地域で立地可能であり，このことがコンビニが住宅地に展開できる理由の一つになっていよう。

日本の小売構造の特色は，零細性，過多性，生業性，および低生産性にあるといわれる。このような小売構造は，消費者の住居が狭いので，消費者の家庭における在庫保有コストを小売業が肩代わりして生じたものとの見解がある（成生 1994，田村 1998）。しかし，ゾーニング的手法により商業と住居・工場機能とが空間的に分離され，小売業が立地できる場所が限られていれば，小売業の立地パターンは現在とは違うものになったであろう。根田（1999）は，日本の市街地では小売業が面的に切れ間なく連続して分布しており，市街地が1つの一体化した小売商業地とみなせることを指摘した。このような小売業の分布パターンを生んだ要因の1つは，日本のゾーニング規制のあり方に求められよう。

3 用途地域別小売業の立地変化

表4-2は，1982～99年の商業統計立地環境別に，商店数シェアの変化を示した

表 4-2　立地環境特性別商店数シェアの推移

(％)

立地環境	1982年	1985年	1988年	1991年	1994年	1997年	1999年
商業集積地区	39.35	40.18	43.52	41.88	42.00	43.67	42.85
オフィス街地区	5.02	4.95	4.33	4.70	4.76	4.88	4.96
住宅地区	31.86	31.23	29.22	30.15	29.91	28.77	29.02
工業地区	4.36	4.27	4.03	4.34	4.50	4.47	4.68
その他の地区	19.41	19.37	18.91	18.93	18.83	18.21	18.48

(資料：商業統計表 立地環境特性別統計編（小売業）により作成)

ものである。立地環境は，商業集積地区，オフィス街地区，住宅地区，工業地区，およびその他の地区に区分されており，それらの地区はそれぞれ都市計画法における用途地域におおよそ相当するとみなせる[6]。なお，2000年の日本の国土面積に占める都市計画区域の割合は26.1％である。さらに，全国土に占める住居系地域の割合は3.3％，商業系地域は0.4％，工業系地域は1.2％である。商業集積地区とオフィス街地区とが，用途地域における商業系地域に相当するので，0.4％の面積を占めるにすぎない商業系地域で，日本の商店数の40％以上を占めることになり，そのシェアはわずかではあるが増加している。

もっとも，この統計では住居系地域や工業系地域であっても，そこが小売業の集積地となった場合，新たに商業集積地区として設定されるので，都市計画における住居系地域と工業系地域における現実の小売業シェアはもっと大きい可能性がある。次に，用途地域の中では広い面積を占める住居系地区の商店数シェアと，市街化調整区域などが含まれるその他の地区の商店数シェアは，それぞれ1982年の31.9％，19.4％から1999年の29.0％，18.5％に減少している。一方，どの年次でも商店数シェアが最少である工業地区の値は4.4％から4.7％に増加している。これらのことから，市街化区域において住居系地域は商業系地域に次いで重要な商業集積地であるが，その重要性が近年低下していることがわかる。

立地環境別に売場面積規模別商店数シェアを，1982年と1999年とで比較したのが，表4-3である。1982年では，50m^{2}未満店舗の商店数シェアが全体の75％を占めていたが，その割合は1999年には59％に低下した。一方，50m^{2}以上の店舗割合はどれも増加している。この傾向は，どの用途地域でも同様である。両年次ともに50m^{2}未満商店数シェアが高いのは，高い順に商業集積地区，住宅地区，その他の地区であるが，住宅地区とその他の地区では，50m^{2}以下のシェアが急

表 4-3　立地環境別売場面積規模別商店数構成比（1982，1999年）
(%)

立地環境	年次	50m²未満	50～150m²	150～500m²	500～1,500m²	1,500～3,000m²	3,000m²以上
商業集積地区	1982年	29.39	7.43	3.71	0.39	0.06	0.09
	1999年	26.62	11.32	7.35	0.58	0.16	0.21
オフィス街地区	1982年	3.80	0.77	0.39	0.04	0.00	0.00
	1999年	3.08	1.09	0.75	0.04	0.01	0.01
住宅地区	1982年	24.80	4.29	2.05	0.25	0.02	0.01
	1999年	16.85	5.61	4.85	0.49	0.13	0.07
工業地区	1982年	3.01	0.55	0.28	0.04	0.00	0.00
	1999年	2.17	0.80	0.88	0.09	0.04	0.02
その他の地区	1982年	14.20	3.05	1.28	0.08	0.00	0.00
	1999年	10.29	3.52	2.74	0.16	0.05	0.03
小売業計	1982年	75.21	16.08	7.71	0.80	0.10	0.11
	1999年	59.00	22.34	16.58	1.35	0.39	0.34

（資料：商業統計表 立地環境特性別統計編（小売業）により作成）

激に低下した。すなわち，住居系地域と市街化調整区域で零細規模小売業シェアの低下がはなはだしいことを示すものである。次に，売場面積3,000m²以上の商店数シェアが最大であるのは両年次ともに商業集積地区であり，商業集積地区のシェアは急増している。なお，売場面積50～500m²の商店数シェアは急増しており，それらはとくに商業集積地区と住宅地区で増加幅が大きい。これらは旧大店法規制未満の規模であり，コンビニ，スーパーおよび1980年代に発展したロードサイド型店舗はこの規模が主体である。

そこで，1999年におけるスーパーとコンビニの立地環境別商店数シェアを示したのが表4-4である。この表の商店数は，商業統計の業態分類のうち，総合スーパー，専門スーパー，コンビニ，その他のスーパーの合計である。売場面積150m²未満と1,500m²以上のスーパー・コンビニの商店数シェアが最大であるのは商業集積地区であるが，150～1,500m²の商店数シェアが最大であるのは住宅地区である。本来住居環境を優先するべき住居系地域で，コンビニと中規模程度のスーパーが最も集積していることになる。

以上から，全国的動向は次のようにまとめられる。日本では商業系地域に小売業が集中しているが，それ以外の用途地域も重要な商業集積地である。商業系地

表 4-4 スーパー・コンビニエンスストアの立地環境別
売場面積規模別商店数構成比（1999年）
(%)

立地環境	50m² 未満	50〜150m²	150〜500m²	500〜1,500m²	1,500〜3,000m²	3,000m²以上
商業集積地区	7.66	10.81	15.02	2.49	0.81	1.14
オフィス街地区	0.83	1.27	1.69	0.17	0.05	0.04
住宅地区	6.04	8.66	15.52	2.61	0.76	0.36
工業地区	0.79	1.29	2.53	0.39	0.20	0.14
その他の地区	3.88	5.58	8.05	0.81	0.27	0.17
小売業計	19.20	27.61	42.77	6.48	2.09	1.84

（資料：商業統計表 立地環境特性別統計編（小売業）1999により作成）

域は現状では零細規模商店数シェアが最大であるが，大型店のシェアがますます拡大し，商業立地場所としての商業系地域の重要性は高まっている[7]。次に，住居系地域と工業系地域では商店規模の拡大が著しい。住居系地域では現在でも零細規模商店数シェアが商業系地域に次いで高いが，1980年代以降その値は急激に低下しており，スーパーとコンビニの集積が著しい。日本では1982年以降小売業店舗数が減少する一方であるが，減少の主体は小・零細規模小売業である。上記の結果は，小・零細小売業シェアが高かった住居系地域が，商店数減少の主たる舞台であることを示すものである。

4 奈良市における用途地域と小売業の立地パターンとの関係

用途地域と小売業の立地パターンとの関係をより詳細に検討するために，奈良市を事例とする。奈良市は大阪市の郊外都市であり，郊外の主要買物核でもある。奈良市では全国的動向と同様に1982年以降商店数が減少しているが，全国レベルよりその減少幅が小さく，従業者数と年間販売額の増加幅は全国レベルより高い[8]。奈良市では全域が都市計画区域に指定されており，未線引き地域はない。奈良市全域のうち77.9％を市街化調整区域が占め（2001年），次いで19.5％を住居系地域，商業系地域が1.7％，工業系地域が1.0％を占める。なお工業専用地域はない。

奈良市の市街化区域における店舗規模別立地可能地域の分布を示したのが，図4-1 である。床面積が3,000m²超の店舗が立地できる地域は，大きく次の4つに

4 奈良市における用途地域と小売業の立地パターンとの関係 83

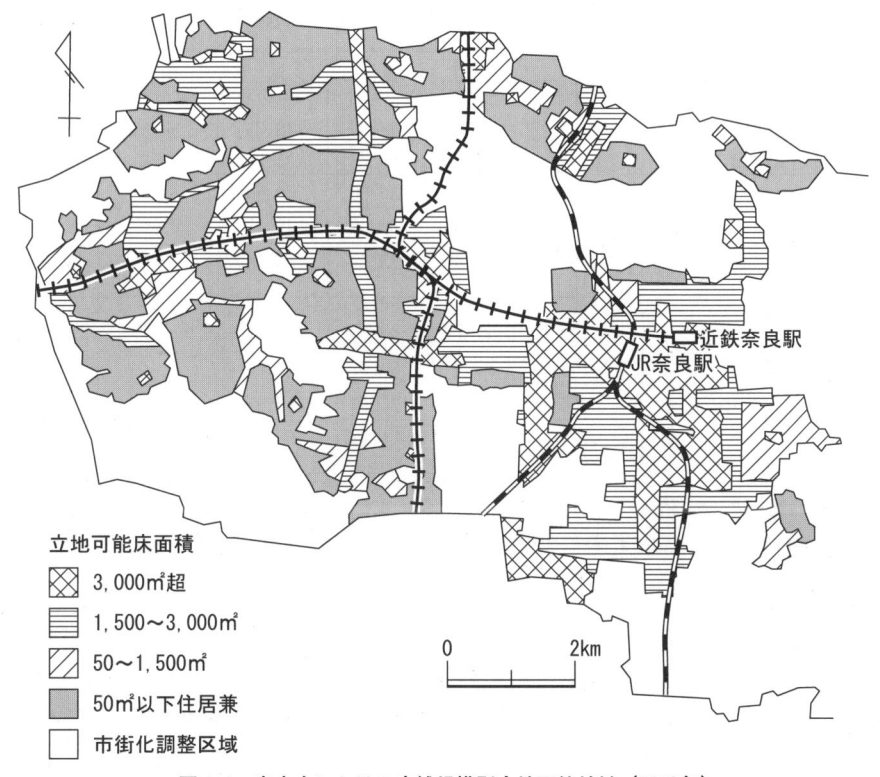

図 4-1 奈良市における店舗規模別立地可能地域（2000年）
（資料：大和都市計画用途地域図などにより作成）

立地可能床面積
- 3,000m²超
- 1,500～3,000m²
- 50～1,500m²
- 50m²以下住居兼
- 市街化調整区域

区分できる。第1に，近鉄奈良駅とJR奈良駅に至る一帯および近鉄・JRの各駅前である。これらは商業地域，近隣商業地域および第2種住居地域が主体である。第2に市南部の準工業地域であり，第3に市北部の準住居地域，第4に第1種低層住居専用地域内に点在する近隣商業地域である。

表4-5は，2000年における奈良市の用途地域別商店数の業種・業態別商店数シェアを示したものである。なお，この表では，住居系地域を，低層住居専用地域（第1種低層住居専用地域，第2種低層住居専用地域），中高層住居専用地域（第1種中高層住居専用地域，第2種中高層住居専用地域）および住居地域（第1種住居地域，第2種住居地域，準住居地域）に区分した。

奈良市全域の面積の2％に満たない商業系地域で，全小売業の商店数シェアが

表 4-5 奈良市における業種・業態別用途地域別商店数割合（2000年）

(％)

	低層住居専用地域	中高層住居専用地域	住居地域	商業系地域	工業系地域	市街化調整区域
大型店（1,500m²以上）	0.00	0.00	48.39	48.39	3.23	0.00
大型店（500～1,500m²）	0.00	4.88	48.78	31.71	9.76	4.88
スーパー（500m²未満）	2.00	12.00	30.00	40.00	4.00	12.00
コンビニ	6.33	2.53	26.58	49.37	5.06	10.13
織物・衣服・身回り品小売業	2.06	2.06	23.53	66.18	2.65	3.53
飲食料品小売業	7.39	4.07	25.79	44.80	5.13	12.82
自動車・自転車小売業	3.15	1.57	38.58	26.77	17.32	12.60
家具・じゅう器・家庭用機械器具小売業	10.08	5.04	30.67	38.66	5.04	10.50
その他の小売業	5.76	3.14	26.83	48.04	4.97	11.26
飲食店	4.09	2.77	21.52	60.51	4.26	6.86
計	5.02	3.19	25.07	53.03	4.90	8.79
用途地域面積	10.79	2.67	6.03	1.69	0.98	77.88

（資料：ゼンリン『住宅地図』，NTT『タウンページ』，奈良市都市計画地図により作成）

50％を超える。次いで商店数シェアが高いのは住居地域であり，その面積シェアが6％であるが，商店数シェアは25.1％である。奈良市では，中心市街地に相当するJR・近鉄奈良駅の周辺が商業系地域であるが，その周囲の市街地一帯が住居地域である。住居地域の商店数シェアが最大である業種・業態は，大型店（500～1,500m²），自動車・自転車小売業であり，大型店（1,500m²以上）は商業系地域と同じ値を示す。一方，商業系地域は大型店（1,500m²以上）と多くの業種・業態のシェアが最大であり，とくに代表的な買回り品とみなせる織物・衣服・身回り品小売業シェアと，歓楽街の主要要素である飲食店シェアがともに60％を超える。このように，商業系地域ばかりではなく，住居地域も重要な商業立地場所である。

次に，面積的には80％近くを占める市街化調整区域の商店数シェアは9％であり，11％の面積シェアを占める低層住居専用地域の商店数シェアは5％，2.7％の面積シェアを占める中高層住居専用地域の商店数シェアは3％である。一方，面積的には1％に満たない工業系地域の商店数シェアは5％近くあり，工業系地域も面積の割には商店が集積している。以上から，奈良市では商業系地域のほかに住居地域と工業系地域も重要な商業集積地であり，市街化調整区域と住居専用

表 4-6 奈良市における商業系地域における立地環境別商店数割合（2000年） (%)

商業系地域	市街地商店街	市街地住宅地	市街地沿道	郊外住宅地	郊外沿道	その他
大型店（1,500m²以上）	0.10	0.00	0.07	0.10	0.10	0.00
大型店（500～1,500m²）	0.14	0.02	0.02	0.10	0.02	0.00
スーパー（500m²未満）	0.10	0.05	0.00	0.29	0.05	0.00
コンビニ	0.17	0.05	0.34	0.31	0.07	0.00
織物・衣服・身回り品小売業	2.37	0.97	0.34	1.62	0.14	0.00
飲食料品小売業	2.20	1.09	0.97	2.63	0.29	0.00
自動車・自転車小売業	0.07	0.07	0.17	0.27	0.24	0.00
家具・じゅう器・家庭用機械器具小売業	0.36	0.34	0.34	0.97	0.22	0.00
その他の小売業	3.04	0.82	1.40	2.56	0.58	0.46
飲食店	6.09	10.60	3.43	4.90	1.40	0.00
合計	14.63	14.01	7.08	13.74	3.12	0.46

・商業系地域は近隣商業地域，商業地域である． （ゼンリン『住宅地図』により作成）

地域では商店の集積が非常に少ないとはいえ，用途地域の指定にかかわらずどこでも商店が立地するのである．

奈良市では用途地域指定にかかわらず全体的に商店が分散するが，とくに商業が集中するのは商業系地域と住居地域である．用途地域のうち，低層住居専用地域，中高層住居専用地域および工業系地域の分布は主として郊外である．一方，商業系地域と住居地域は中心市街地とその周辺ばかりではなく，郊外にも分布する．そこで，それら2つの地域を市街地と郊外に分け，さらに市街地の場合は商店街立地，住宅地立地，沿道立地に3区分，郊外の場合は住宅地立地と沿道立地に2区分して，それぞれごとに全商店数に占める割合を求め，商業系地域に関しては表4-6，住居地域に関しては表4-7に示した．ここで，市街地は国土地理院発行の25,000分の1地形図における建物の密集地に相当する範囲であり，郊外はそれ以外である．主要道路は，国道，県道とバス路線や4車線の道路を含む．この立地区分は主観的であるが，おおよその傾向は把握できると考える．

表4-6は，商業系地域の業種・業態別商店数シェアを示したものである．奈良市の全商店のうち，市街地商店街に立地する商店数シェアが15％を占め，次いで市街地住宅地立地が14％，郊外住宅地立地が14％を占める．市街地商店街はJR・近鉄奈良駅とその周辺部であり，奈良市の中心市街地の核心部を構成する．

表 4-7 奈良市における住居地域における立地環境別商店数割合（2000年） (%)

住居系地域	市街地商店街	市街地住宅地	市街地沿道	郊外住宅地	郊外沿道	その他
大型店（1,500m²以上）	0.00	0.00	0.02	0.02	0.31	0.00
大型店（500～1,500m²）	0.00	0.07	0.12	0.07	0.22	0.00
スーパー（500m²未満）	0.00	0.05	0.05	0.17	0.10	0.00
コンビニ	0.02	0.00	0.19	0.19	0.10	0.00
織物・衣服・身回り品小売業	0.29	0.60	0.24	0.51	0.27	0.02
飲食料品小売業	0.75	1.09	0.46	1.18	0.56	0.10
自動車・自転車小売業	0.10	0.05	0.22	0.29	0.53	0.00
家具・じゅう器・家庭用機械器具小売業	0.14	0.46	0.14	0.43	0.56	0.02
その他の小売業	0.39	0.94	0.75	1.33	1.50	0.05
飲食店	0.43	2.66	1.76	2.27	2.17	0.10
合計	2.13	5.92	3.96	6.47	6.30	0.29

・住居地域は第1種住居地域，第2種住居地域，準住居地域である．

（ゼンリン『住宅地図』により作成）

郊外住宅地立地は西大寺や学園前などの郊外駅前の商業地域と，住宅地の中の近隣商業地域である．そのため，郊外住宅地立地は郊外における商業集積地内立地といえる．また，奈良市の場合，用途地域として商業系地域に指定されていても住宅地の景観を示す地区があり，それらの地区に分散する商店も多い．

　一方，住居地域における商店数シェアを示した表4-7によると，郊外住宅地の商店数シェアが6.5%で最大であり，次いで郊外沿道の6.3%である．住居地域で商店数シェアが多い立地が郊外型である理由は，郊外バイパス沿いでロードサイド型店舗の集積地が，実質的に住居と商業の混合地域である準住居地域か第1種住居地域に指定されていることと，市街地の南に広がる広い郊外一帯が第1種住居地域に指定されているからである．一方，市街地の住居地域でも5.9%の商店数シェアを占めるが，これは前述した商業地域の外側に分布し，中心市街地の外縁部を構成するものである．なお，市街地では住居地域でも商店街の景観を示している地域もあり，それらの商店数シェアが2.2%を占める．

　以上より，奈良市では商業系地域ばかりではなく，住居地域にも大型店が立地しており，そこが重要な商業集積地であることがわかった．これは，住居地域でも，中心市街地の外縁部に分布して商業系地域と一体化した商業集積地が形成で

きることと，郊外バイパス沿いなどロードサイド型店舗の集積地が形成できるからである。

5 商業立地政策としてのゾーニング規制

　本章では，ゾーニングと小売業の立地パターンとの関係を考察した。日本では中・大型店は商業系地域に限定されず，市街化区域に広く立地できる。また，零細小売業は市域全体で立地できる。零細小売業は商業系地域と住居系地域で高いシェアを示した。現行都市計画法が制定される1968年以前の土地利用規制が今と違っていたことを考慮に入れても，住居系地域で零細資本の小売業が自宅で手軽に開業できたことは確かであろう。これが日本の小売構造の零細性，過多性を生んだ1要因といえよう。なお，1980年代以降住居系地域では商店の減少と大規模化が著しい。これは，コンビニと中規模のスーパーが住宅地の主要道路沿いに立地したためであろう。住宅地に中大型店が立地できることが，住宅地の零細小売業の衰退を加速し，それが小売店舗数の減少の一因となったといえる。

　また，中心市街地と郊外の主要道路沿いが住居専用地域以外の用途地域に指定されている場合，大型店が立地可能である。現実に奈良市では，中心市街地を構成する商業地域とその周辺の住居地域は商業集積地となっており，郊外の住居地域はロードサイド型店舗の集積地となっている。

　中心市街地活性化法が施行されて5年が経過した。しかし，中心市街地活性化事業の成功例は少ないといわれる。その要因として，都市計画区域外や市街化調整区域に建設される巨大なショッピングセンター（SC）の存在を指摘する声は多い。本章ではそれに加え，中心市街地以外の市街化区域全体で中・大型店が立地できる現行のゾーニング規制のあり方も，重要な要因であることを実証した。結果は次にまとめられる。

　中心市街地以外であっても，住居専用地域を除くとかなりの規模の大型店でも立地できる。大店立地法では中心市街地の小売業経営への影響は審査の対象外である。そのため，中心市街地活性化事業を推進する都市で，工業系・住居系地域で大型店の開発が行われることを阻むことは困難である。また，市域全体に中・大型店が分散立地することにより，小売供給地点が分散して，中心市街地の存在

意義が薄まることになる。そのうえ、ゾーニング規制において商業系地域は、中心商業地を頂点とする階層構造として設定されていないことも、中心商業地の位置づけを不明瞭にしている。商業系地域の中で、中心商業地を他の商業系地域と区別できない現行のゾーニング規制の枠組みでは、中心商業地に特別な意味をもたせることは困難であろう。すなわち、まちづくり3法は、中心市街地活性化事業を推進するためには、中心市街地の位置づけが不明瞭であること、ゾーニングによる小売業の立地規制・誘導が困難であることにより、互いに連携がとれていないと評価せざるをえない。

なお、中心市街地活性化を推進するという点では、日本のゾーニング規制のあり方は批判できる。しかし、それにより日本の商業立地政策が誤りであると結論することは早計である。現在の日本のゾーニング規制では、中・大型店を分散立地させることにより、消費者に近接して買物機会を立地させることができるが、このことは交通弱者にも身近な買物機会を保障する可能性がある点では評価できる。しかし、その場合、住宅と商業施設とが近接立地することによる負の影響を甘受する必要がある。よりよいまちづくりのために、その地域の住民の要望を反映する商業立地理念を構築して、それに基づいて商業立地政策を策定する必要があろう。

(根田克彦)

[注]
1) 表4-1では示さなかったが、市街化調整区域では、基本的に店舗の立地は開発許可が必要であるが、周辺地域の居住者生活に必要な物品を販売する店舗などの要件を満たし、かつ50m²以内の規模の店舗は開発許可が不要である（高木 2001）。それ以上の規模でも、市街化調整区域内住民の日常生活を支える商業施設と市街化の恐れのない商業施設（ガソリンスタンド、ドライブインなど）は、知事の開発許可を受ければ建設可能である。また、住宅団地のショッピングセンターのように、20ha以上の大規模開発の一環としての商業施設の場合、開発審査会の議を経て知事の開発許可を得れば建設は可能となる。なお、大型店開発のために、市街化調整区域を市街化区域に編入する事例もある。
2) 2000年における都市計画法の改正では、都市計画区域外の開発を抑制する準都市計画区域と都市計画区域内の未線引き地域において、特定用途の建物建築を制限できる特定用途制限地域が設定された。

3) 大型店を対象としたものではないが，宝塚市が制定した「宝塚市パチンコ店等，ゲームセンター及びラブホテルの建築等の規制に関する条例」により建築申請を却下されたにもかかわらず工事を強行したパチンコ店に対し，建築工事の差し止めを市が求めた裁判では，2002年に最高裁において，国および地方自治体が個人に対して行政上の義務を求めること自体が不適であるとの判決がなされ，原告の宝塚市が敗訴した．
4) 1992年都市計画法改正以前では住居系地域は第1種住居専用地域，第2種住居専用地域，住居地域に区分されていた．第1種住居専用地域の店舗規模立地規制は，改正後の第1種低層住居専用地域，第2種住居専用地域は改正後の第2種中高層住居専用地域，住居地域は改正後の第2種住居地域と準住居地域にほぼ相当する．
5) この表で示した床面積には売場以外の用途も含まれているので，大店立地法で審査対象となる店舗面積とは異なる．なお，市街化区域内では原則として1,000m²以上（三大都市圏の整備法の規定する範囲にある市町村では500m²以上）の開発行為の場合，開発許可を得る必要がある．また，容積率や建ぺい率などの制限や，立地できる商業施設の種類の制限もあるので，表に示した面積の店舗が無条件で立地できるわけではない．
6) 商業集積地区は，小売業，飲食店およびサービス業が30店舗以上近接立地する地区とショッピングセンター，事業所ビルなどであり，それは用途地域における商業地域と近隣商業地域に相当する．オフィス街地区は，商業地域と近隣商業地域のうち，商業集積地区の対象からはずれた地区である．住宅地区は，都市計画区域の住居系地域，工業地域は工業系地域に相当し，その他の地域は上記の分類に区分されない地域であり，市街化調整区域，未線引き区域などが相当する．しかし，上記の区分は地域の実情に合わせて設定されているので，都市計画区域と必ずしも一致しない．また，商業集積地区の数は年々増加しているので，商業統計における各用途地域の面積は調査年次ごとに異なることになる．なお，立地環境の区分は1997年に従来の6区分から5区分に変更された．本研究の分析は，1997年以降の区分に従う．
7) なお，ここでいう商業地域には，都市計画法における非商業系地域に形成された商業集積地区を含むので，実際の商業系地域の重要性は若干低いものであろう．
8) 1982年から1999年における奈良市の商店数，従業者数，年間販売額の変化率は－14.0%，51.9%，109.3%であり，全国のそれらの値は順に－18.3%，26.0%，53.1%である．

[文　献]

荒木俊之 1994．京都市におけるコンビニエンスストアの立地展開．人文地理 **46**：203-213．

荒木俊之 2001. 岡山県におけるコンビニエンスストアの立地展開. 地理科学 **56**：88-107.

生田真人 1997. コンビニエンス・ストアの成長と地域商業. 川端基夫編著『情報化と地域商業』71-93. 千倉書房.

伊東 理 2001. カージフ市におけるオフセンター型小売商業施設の発展と小売商業の地域システムの動向. ジオグラフィカ　センリガオカ（関西大学）**4**：39-63.

国民金融公庫総合研究所 1998. 構造変革に揺らぐ中小小売業―中小小売業の経営に関する実態調査から―. 調査季報（国民金融公庫）**45**：1-33.

高木任之 2001. 『新版都市計画法を読みこなすコツ』学芸出版社.

田村 馨 1998. 『日本型流通革新の経済分析―日本型流通システムの持続的・選択的変革について―』九州大学出版会.

千葉昭彦 1998. 特定商業集積整備法とまちづくりの地域性―東北地方の事例の検討―. 東北学院大学産業経済研究所紀要 **17**：93-117.

成生達彦 1994. 『流通の経済理論』名古屋大学出版会.

根田克彦 1999. 『都市小売業の空間分析』大明堂.

根田克彦 2002. 奈良県における市町村別小売特性の評価. 奈良教育大学紀要（人文・社会科学）**51-1**：29-43.

松田隆典 1991. 大店法下の京都市中心部における中小零細店舗―生鮮食料品を事例として―. 経済地理学年報 **37**：334-353.

松田隆典 1995. 砺波地方における店舗共同化事業の展開. 人文地理 **47**：335-358.

安倉良二 1998. 再開発に伴う堺市中心商業地の変化―立体化の視点から―. 地理科学 **53**：27-43.

安倉良二 2002. 京都市における大型店の立地と『まちづくり条例』. 京都地域研究 **16**：33-49.

矢作 弘 1997. 『都市はよみがえるか―地域商業とまちづくり―』岩波書店.

山川充夫 1997. 大型店の出店攻勢と地方中核都市近郊商店街の対応―改正大店法下での福島県内4町を事例として―. 商学論集（福島大学）**65-4**：29-80.

山下博樹 2001a. 津山市における商業集積の動向と中心市街地活性化. 鳥取大学教育地域科学部紀要 **3-1**：1-13.

山下博樹 2001b. 都市商業の盛衰と多様化. 吉越昭久編『人間活動と環境変化』古今書院：155-170.

横森豊雄 2001. 『英国の中心市街地活性化―タウンセンターマネージメントの活用―』同文館.

渡辺達朗 2003. 『流通政策入門―流通システムの再編成と政策展開―』中央経済社.

第5章　チェーンストア業態の経営構造と
出店行動―総合スーパー業態を事例に―

1　チェーンストア業態の成長とその構造転換

　日本の小売業は，過去30年間にドラスティックな変化を遂げてきた。その変化の最たるものは，個人経営による業種店からチェーンストア方式による業態店へのシフトであろう。このドラスティックな変化を「流通革命」と呼ぶか否かはともかくとして，その中核を担った存在が大型総合スーパー（GMS）資本であったという点に議論の余地はない。

　しかし，「勝ち組」であったはずのGMS資本も，1990年代を通じてその業績は二極化し，GMS資本そのものが「勝ち組」と「負け組」とに峻別されていった。ここで注目すべき点は，1990年代後半に業績不振に陥ったGMS資本の多くが，売上面では致命的な後退に直面していないことである。事実，1990年代に顕在化したGMS資本の経営危機の大半は，企業の財務構造のうちフローを色濃く反映した損益計算（P/L）上の問題ではなく，むしろストックを含めた貸借対照（B/S）上の問題に発しており，その元凶は，おもに新規出店による有利子負債とされている。このことは，これまでGMS資本の快進撃を支えてきた出店システムそのものの制度疲労を意味している。本章では，GMS業態における出店システムの特徴と推移を，おもに財務構造の面から整理するとともに，1990年代後半に顕在化したGMS業態の二極化現象を検討していきたい。

　1990年代初頭のバブル崩壊以降，日本のチェーンストア業態は大きな構造転換を迎えている。戦後の日本経済は，1980年代までは概ね持続的な成長を遂げており，個人消費の需要も安定していた。そして，堅調な個人消費の伸びに支えられ

た売上規模の拡大は，概して1980年代までは，そのままチェーンストア業態の利潤の増大に寄与していた。このような状況下においては，売上規模の拡大を求めて新規出店や既存店の大幅増床を積極的に行うことが，チェーンストア業態の持続的な成長を支えるための優れたビジネスモデルであると理解されてきた。

ところが，1990年初頭のバブル崩壊以降，日本経済は個人消費の鈍化や地価の下落をともなう長期の景気後退を経験することとなった。これによって，多くのチェーンストア業態では，1990年代より既存店の売上規模や利益の減少が常態化し，企業財務の悪化が顕著となった。そして1990年代後半になると，既存店売上の減少によるデメリットが売上規模拡大によるメリットを上回るケースも見受けられた。このような動向は，日本のチェーンストアにおける企業成長のモデルが構造的な転換点を迎えていることを示唆している。

これまで，チェーンストア業態の出店行動についての考察では，企業の意思決定を大きく左右する財務の面が等閑視されてきた。それは，これまでの出店行動が，売上規模の拡大を前提とする成長経済期における論理の延長線上に位置づけられてきたからだと思われる。この論理は，少なくとも1980年代までは通用していた。

しかし，1990年代以降のチェーンストアの企業財務をめぐる状況下では，このような企業成長モデルは通用しないのではなかろうか。少なくとも，1990年代前半に売上高の規模を競い合った大手GMSが，わずか10年後の今日，その財務状況によって「勝ち組」と「負け組」とに峻別されているという事実に対しては，何らかの合理的説明が必要となろう。そうした疑問を解決するためには，企業財務を通した経営構造を踏まえつつ，高度経済成長期からバブル崩壊前までの成長過程とバブル崩壊後にかけての成長過程，それぞれの出店行動の論理を整理し，再検討する必要がある。

そこで，本章ではとくにGMS業態を事例に，チェーンストア業態の成長モデルの転換過程を，チェーンストア企業の経営構造および出店行動の論理の経年変化を通して明らかにする。GMS業態を事例とするのは，この業態がその売上規模や社会的影響力の面で，国内のチェーンストア業態を象徴する存在であるとともに，出店行動に関する経年変化を長期的に追うことができるからである。具体的な手順として，まず，本章第2節および第3節では，GMS企業の成長過程と

その背景を整理する。次いで第4節および第5節では，店舗に対する設備投資と出店行動のメカニズムを検討していく。

2 GMS業態における店舗展開の特性と企業成長モデル

2.1 GMS業態の成長過程と店舗形態の変容

　現在，GMS業態と呼ばれている企業の設立経緯はさまざまである。しかし，このような業態が1960年代以降に急成長し，いわゆる流通革命の旗手と目されるようになった背景には，大きく2つの成長要因があったからだと考えられる。第1の要因は，この業態では1950年代後半頃からセルフサービス方式を導入していたことである。この方式の導入によって商品の在庫回転率が高まり，1店舗あたりの売上実績を飛躍的に伸長させた。

　第2の要因は，1960年代前半より他の業種や業態に先駆けてチェーン方式を導入し，多店舗展開および店舗の大型化を積極的に行ったことである。チェーン方式は，本部経費など間接部門の運営経費こそかさむものの，バイイングパワーを高め，小売資本の集積および集中を推し進めるには最適の方式である。GMS業態がチェーン化を始めた時期は戦後日本の高度経済成長期にあたり，国民所得が急増し，個人消費が急成長をみた時期でもあった。よって，チェーン方式の早期の導入は，小売資本にとって規模拡大を図るのに最も適した手段となった。つまり，GMSは，この2つの企業戦略を原動力として，高度経済成長期に急激な企業成長を遂げた業態であると位置づけることができる。

　次に，GMS業態における店舗形態の変容をみてみよう。この業態による店舗は，設立当初は衣料品を主体としたものや食料品を主体としたものなどさまざまであった。しかし1960年代後半に入ると，食料品，衣料品，耐久財など幅広い消費財を総合的に取り扱う形態が主流となった。そのため，多品目の商品を陳列するスペースが必要となり，店舗施設の大型化が早くから進んだ。その規模は，取扱商品の増大にともない拡大し続けた。その結果，1店舗あたりの売場面積はチェーンストアの中では最大規模となっている。このことは，GMS業態による店舗が，チェーンストアのなかでは1店舗あたりの出店コストが高く，かつ損益構造に占める店舗設備費の割合も相対的に高くなることを意味するものである（土

屋 2002)。

2.2 GMS業態による店舗網拡大の特徴

本節では，GMS業態のなかでも，日本国内の売上規模の上位5社（1999年度）であるダイエー，イトーヨーカ堂，ジャスコ，西友，マイカルを取り上げる（表5-1)[1]。これらの企業の店舗展開をみると，創業初期は各々の創業地が所在する大都市圏を中心としたドミナント（地域集中）展開であった[2]。しかし，次第に他の大都市圏や地方都市への広域展開も進めていくこととなった。

新しい地域市場への参入方法は，大きく2通り考えられる。1つは，原則として直営店舗方式で出店を行う方法である。この代表例としては，イトーヨーカ堂があげられる。この直営店舗方式は，チェーンオペレーションの水準を維持しやすい反面，商品配送の制約上ドミナント地域から遠く離れて広域的な店舗網を形成していくことが難しい。このため，イトーヨーカ堂の店舗展開は，長らくドミナントエリアである首都圏を中心とする東海，甲信越，東北，北海道などの東日本に限定されていた。しかし，1990年代に入ると近畿地方や中国地方に本格的に

表5-1　GMS業態における上位企業の概要（1999年度）

企業名	本社および本部所在地	売上高 (100万円)	店舗数
ダイエー	神戸市中央区	2,204,823	308
イトーヨーカ堂	東京都港区	1,508,910	176
ジャスコ	千葉市美浜区	1,422,444	347
西友	東京都北区	1,081,022	123
マイカル	大阪市中央区	875,369	191
ユニー	愛知県稲沢市	773,987	144
イズミヤ	大阪市西成区	355,241	83
平和堂	滋賀県彦根市	292,697	83
イズミ	広島市南区	283,987	74
ヨークベニマル	福島県福島市	263,917	85
壽屋	熊本県熊本市	254,340	139
フジ	愛媛県松山市	244,574	61
オークワ	和歌山県和歌山市	194,836	108

1) 単体の売上高を示している。
2) 店舗数は売場面積3,000m² 未満の小規模店も含む。

（資料：有価証券報告書により作成）

進出するなど,そのペースは緩慢ながら西日本にも店舗網を拡大している。

もう1つは,直営による出店や店舗の運営・管理に加えて,子会社や自社系列外の小売企業を対象に,積極的に吸収合併や買収（M&A）を行う方法である。ダイエー,ジャスコ,マイカル（ニチイ）,そして西友はこのカテゴリーに分類される。この吸収合併方式は,取得金額こそ膨大になるものの,比較的短期間に飛躍的に店舗を増やし,規模の利益を実現できるというメリットがある。また,各企業が吸収合併前から培ってきた販路を受け継ぎ,直営店舗の新規開発に活かすことも可能である。

たとえば,関西を地盤としていたダイエーは,関東地方への進出の際,1964年に関東の在来スーパーである一徳を買収し,一徳が築いた販路を活かして店舗数を増やした。ダイエーは,その後も1994年に九州地方を地盤としたユニード,関東地方でドミナントを形成していた忠実屋,そして沖縄県内で店舗展開を行っていたダイナハをそれぞれ吸収するなど,他企業との積極的な吸収合併によって店舗網を拡大してきた。これと同時に,1970～80年代に県庁所在都市やそれに相当する都市に出店することで,1都道府県に最低でも1店舗を立地させる戦略をとった。その結果,ダイエーの店舗網は,東京および大阪の大都市圏に店舗の大部分を有しつつも,1990年代半ばまでには全国の大部分の都道府県に店舗を立地させていった。

また,ジャスコやマイカル（ニチイ）は,直営単体での店舗拡大に加えて,地元商業資本との合弁によるGMSの地域連結会社を設立することで,新市場の拡大を図ろうとしたところに特徴がある。地域連結会社は,原則として独立採算で店舗の運営や管理を行ってきた。したがって,直営店舗の展開地域こそ限られたものの,上記の地域連結会社も含めると,1970年代には東北から九州に至る広範囲での店舗網を形成していた。なお,ジャスコは1990年代に入り,地域連結会社の吸収合併を実施してきた[3]。これに加えて,未進出地域における小売企業の買収やショッピングセンターの新規開発を進めることにより,ダイエーと同様に全国の大部分を出店地域としたのである。西友も,直営店舗の大部分は首都圏に集中していた反面,「北海道西友」,「関西西友」,「九州西友」と呼ばれるGMSの地域連結会社を設立することで,広域的な店舗網を形成していた[4]。

このように,参入方式の違いこそあれ,基本的には創業地を中心とするドミナ

ントエリアに数多くの店舗を保有しつつ，その外縁地域や遠隔地にも進出を図ってきたことが，GMS企業の店舗展開に共通した特徴として考えることができよう。

2.3 GMS業態の上位5社における企業成長の経年推移と分類
―「高度成長型GMS」と「成熟型GMS」―

前述のような店舗網の拡大を通じて，GMS業態は急成長を遂げたわけであるが，各々の企業の成長過程は，急成長を遂げた時期とその成長モデルによって，さらに2つのタイプに分けることができる。

その1つは，1960年代から70年代前半にかけての高度経済成長期，および1980年代後半から90年代前半にかけてのバブル経済期に，それぞれ積極的な多店舗展開を行ったGMS資本である。本章ではこの時期に急成長を遂げたGMS資本を，「高度成長型GMS」と呼ぶこととする。その代表例は，ダイエーと西友である。ダイエーは，1960年代から70年代前半の第1次オイルショックにかけて積極的に多店舗展開を行った。その結果，ダイエーでは1972年度以降，長らく小売業界における売上実績の最上位に君臨してきた。西友も同様の時期に店舗拡大を行い，70年代頃までは，ダイエーに次ぐ規模を誇っていた。また，急成長の時期こそ異なるものの，1980年代後半から90年代前半のバブル経済期に急速な店舗開発を行った点で，マイカル（ニチイ）も「高度成長型GMS」に分類することができる。

残る1つは，1973年の第1次オイルショックから70年代後半にかけての低成長経済期に，規模の拡大を実現していったGMS資本である。70年代半ばは，一般にGMS業態が小売業態として成熟期を迎えた時期とされている。それゆえここでは，この時期に急成長を遂げた企業を，「成熟型GMS」と呼ぶこととする。イトーヨーカ堂やジャスコは，このグループに分類することができる。

ところで，両者の本質的な差異とはどのようなものであろうか。このことを，1990年代以降における両者の出店行動を中心に比較してみたい。まず，「高度成長型GMS」では，90年代末以降，店舗投資の面からも，また出店件数の面からも出店行動が消極的になっていることがわかる（図5-1, 5-2）。これとは対照的に，「成熟型GMS」では，90年代後半以降も店舗投資総額，出店件数ともに増加している（図5-1, 5-2）。加えて，同時期の「成熟型GMS」では経常利益も

2　GMS 業態における店舗展開の特性と企業成長モデル　97

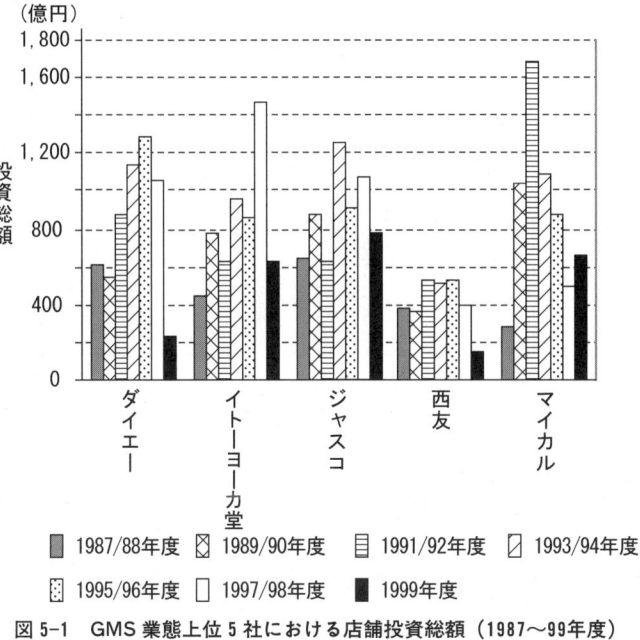

図 5-1　GMS 業態上位 5 社における店舗投資総額（1987〜99年度）
（資料：『流通会社年鑑』により作成）

増大しており，企業成長が著しい。

　それでは，1990年代以降の「高度成長型 GMS」と「成熟型 GMS」の出店行動の差異は何を原因としており，また，おのおのの成長の原動力とは何なのであろうか。ここで注目すべき点は，「高度成長型 GMS」の代表格であるダイエーの売上規模である。その規模は年々漸減こそしているものの，現時点でも依然として GMS 業態の上位に位置している。また粗利益率をみても，「成熟型 GMS」であるイトーヨーカ堂やジャスコにさして劣るものではない（表 5-2）[5]。

　その一方で，「高度成長型 GMS」に含まれるダイエーや西友は，その売上規模にもかかわらず，株式市場での評価は芳しいとはいえない。このことは，両者の株式時価総額が，「成熟型 GMS」であるイトーヨーカ堂やジャスコに対して，きわめて低いことからも見て取れる（表 5-3）[6]。このことは，1990年代以降の GMS 資本における評価基準が，売上規模の多寡や粗利益率の高低とは異なる，まったく別の要素で決定づけられていることを示唆している。

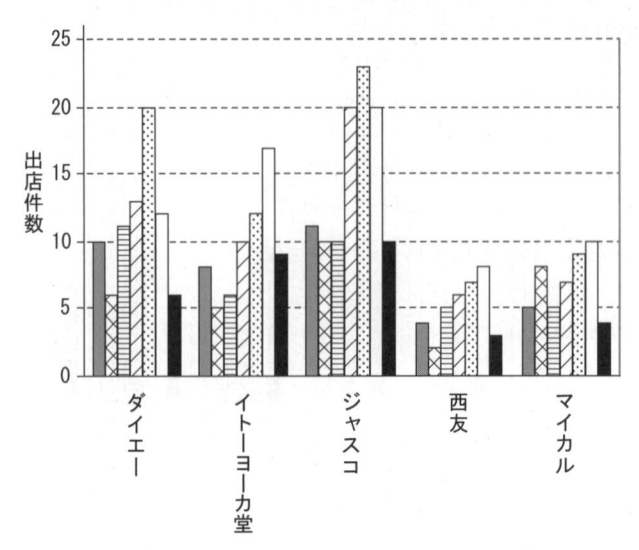

98 第5章 チェーンストア業態の経営構造と出店行動―総合スーパー業態を事例に―

■ 1987/88年度　☒ 1989/90年度　☰ 1991/92年度　☐ 1993/94年度
☒ 1995/96年度　☐ 1997/98年度　■ 1999年度

1) 売場面積 3,000m² 未満の店舗は除く．
2) ダイエーはハイパーマート業態を含み，ジャスコはマックバリュー，メガマート各業態を含まず．

図 5-2　GMS 業態の新設店舗件数（1987～99年度）

（資料：有価証券報告書により作成）

表 5-2　GMS 業態における粗利益率

(%)

企業／事業年度	1985年度	1990年度	1995年度	2000年度
ダイエー	18.0	20.3	22.5	20.9
イトーヨーカ堂	24.4	25.4	25.6	26.8
ジャスコ	17.4	20.0	22.4	25.9
西　友	23.1	22.2	22.1	22.3
マイカル（ニチイ）	30.3	27.3	20.5	22.4

・粗利益率（％）＝売上総利益／売上高×100．

（資料：有価証券報告書により作成）

表 5-3　GMS 上位 5 社における株式時価総額　　(億円)

企業／事業年度	1985年度	1990年度	1995年度	2000年度
ダイエー	2,884	5,954	9,349	1,427
イトーヨーカ堂	11,207	17,192	26,234	28,429
ジャスコ	2,650	5,361	8,672	9,256
西　　友	1,913	3,496	3,066	1,176
マイカル（ニチイ）	2,859	4,939	4,353	705

・期末月（2月）の最高株価を使用して算定．
（資料：有価証券報告書により作成）

表 5-4　GMS 上位 5 社における ROA（総資産利益率）　(%)

企業／事業年度	1985年度	1990年度	1995年度	2000年度
ダイエー	2.3	2.9	2.0	0.1
イトーヨーカ堂	12.4	15.0	9.7	4.0
ジャスコ	5.4	4.9	3.6	2.6
西　　友	2.1	2.9	1.5	1.2
マイカル（ニチイ）	4.7	4.4	1.4	0.1

・ROA（%）＝経常利益／総資産額×100．
（資料：有価証券報告書により作成）

　1990年代以降の評価基準を決める別の要素としては，投資利益率の一指標である企業の総資産額に対する経常利益率（ROA）が考えられる．表5-4は，GMS上位5社におけるROAの経年変化を5年ごとに示したものであるが，その値は全社とも90年代以降下落している．ただ，「高度成長型モデル」に含まれるダイエー，西友およびマイカルでは，2000年度時点でのROAが0％に限りなく近い値であるのに対し，「成熟型GMS」に含まれるイトーヨーカ堂では4.0％，ジャスコでは2.6％と，「高度成長型モデル」の3社に比べてROA値が著しく高い．このことから，GMS資本の評価基準が，本業である小売業の損益実績から，借入金や有利子負債などを含む財務構造の健全性に移ってきていると推測できる．

　それでは，企業間において，このような財務構造の格差が生じたのはなぜであろうか．その理由として，膨大な借入金に依存した出店システムの存在を指摘することができる．つまり，その出店システムの採否によって，1990年代以降のGMS業態の財務構造が規定されてきたものと考えられる．

　次節では，財務諸表を中心とするチェーンストア業態の経営構造の検討を通じ

て、GMS業態の出店システムがどのような背景で成立したのかを明らかにしていく。

3 チェーンストア業態の経営構造と設備投資行動

3.1 チェーンストア業態の低い収益構造

　流通業は財務構造上、製造業と比べて資本の回転率が高い。これは流通業が消費財の再販売をおもな業務としており、おもに商品の在庫回転率を速めることで利潤を追求する産業だからである。また、原則として生産プラントをもたないために、製造業のような大規模投資を必要とせず、固定資産が少ないことも指摘しておくべきであろう。

　その反面、流通業の投資に対する利益率は製造業と比べて低い。このことは、ROAが製造業では1996年度に4％近くあるのに対して、卸売業や小売業は2％に届かない状況にあることからも明らかである（斎藤 2000）。この傾向は、消費財の薄利多売を行うチェーンストア業態においてはとくに顕著である。

3.2 借入れにより実現したチェーンストア業態の設備投資

　それにもかかわらず、高度経済成長以降にチェーンストア業態が急激な企業成長を遂げたのは、売上規模の飛躍的な拡大に努めてきたことにより、規模の経済性を獲得してきたからである。それは、短期間での急速な多店舗展開によって実現した。それでは、低収益構造の中でチェーンストア業態はどのようにして、短期間に急速な多店舗化を実現したのであろうか。

　低収益構造ゆえ、店舗拡大のための多額の設備投資には、自己資金のみでは限界があった。そこで、店舗拡大に要する資金の多くは、金融機関からの借入れを通じて資金調達がなされたのである。それは、小売業の自己資本比率が他の産業と比較してきわめて低いことからも理解できる[7]。たとえば、1980年から96年にかけての自己資本比率の推移をみると、製造業では20.6％から34.1％と上昇傾向であったのに対して、小売業では15.6％から17.5％と、比率が低いうえにほとんど増加していない（斎藤 2000）。つまり、小売業は製造業と比べて借入れ依存度が高い構造となっているのである。しかも、製造業との差は年々拡大する傾向に

ある。

　この借入金の担保となったのは，おもに既存店舗の底地を中心とする不動産であった。小売店が集積する場所は他の業種と比較してきわめて高地価な場所に立地しており，坪あたりの資産価値はきわめて高い。とりわけ百貨店やGMSのような大規模商業施設は，それ自体が高い集客効果をもつため，地価を著しく高める働きがあった。このため，百貨店やGMSは地価が継続的に上昇していた1980年代までは，周辺地域と比べて地価の上昇率が著しく高かった。

　この大規模商業施設における地価上昇率を利用して，底地を保有する企業のなかには，保有する不動産の資産価値の上昇によって得られる利得，すなわちキャピタルゲインの獲得を見越した経営戦略を行う企業が現れた。経済成長期において，この考え方を出店システムと結びつけたのがGMS資本であり，とりわけ「高度成長型GMS」なのである。

　次の第4節では，「高度成長型GMS」の成長モデルおよび出店行動を，財務，設備投資および資金調達の状況を踏まえて，時系列に検討していく。そして，続く第5節では，もう1つの成長モデルである「成熟型GMS」の出店行動およびその背景を，1990年代を中心に説明する。

4　「高度成長型GMS」による店舗投資と出店行動の推移

4.1　高度経済成長期―積極出店と借入れ体質の確立―

　中野（1978）は，高度経済成長期のGMS業態における資本蓄積は，①金融機関からの借入れによって土地を取得して店舗建設を行う，②店舗の顧客吸引力によって地価が急上昇する，③その不動産を担保に金融機関から再び借入金を調達して新たな店舗開発への投資に回す，という過程を繰り返し行うことで実現したと指摘している。

　高度経済成長期に成長したGMS業態は，このような手法を用いて次々に新店建設を行うことで，キャピタルゲインを拡大させていった。同時に，販売規模の拡大にともなう利益増大も加わることで，さらなる企業成長を実現した。

　この手法は，地価が持続的かつ高率に上昇することを前提として成立するものである。そして，1990年代初頭までは地価が一貫して上昇を続けたため，この前

提が崩れることはなかった。

　この時期に成長したGMSが金融機関からの借入金に依存した理由は，大きく2つ考えられる。1つは，戦後の日本における税制では，借入金の利息が課税の対象とならなかったため，自己資金を調達するよりも税制上有利であるという認識を，日本の経営者の多くが持っていたことである。残る1つは，売上規模の急増や地価上昇にともなう含み資産の増大によって，金利負担の上昇分を十分に吸収できたことである。

　その一方，GMS資本といえども，1960年代中葉までは有力な金融機関からの資金調達は困難であり，企業内部で既に蓄積された資産や中小金融機関からの借入れによる少額の資金に依存せざるを得なかった。このため，GMSの出店ペースは比較的緩やかであった（加藤ほか 2000）。当時，日本の金融機関は一般的に製造業をおもな融資先としており，特に大手銀行ほど小売業への融資に対しては冷淡であったためである（松岡 1998）。

　しかし，高度経済成長を背景に，GMS各社が大幅に売上実績を伸ばすなかで，1960年代後半以降，次第にGMS資本と都市銀行など大手金融機関との関係は強化された。そして，1960年代後半から70年代前半には，大手金融機関から融資を受けた巨額な資金を背景に，GMSが出店攻勢を始めたのである。「高度成長型GMS」は，こうした経緯で大量出店を実現し，その売上実績を急増させることで，国内最大規模の小売資本というゆるぎない地位を確立したのである。

4.2　オイルショック後〜1980年代—地価高騰にともなう借入れ体質の激化—

　1970年代後半から80年代前半まで，「高度成長型GMS」の多くは一時的に最終利益を減少させ，財務悪化が顕在化した。それは，1973〜74年の第1次，また1978〜79年の第2次のオイルショックによる影響が大きい。加えて，1973年に法案が成立し，1974年3月に施行された大規模小売店舗法（大店法）による影響も，出店行動に大きな制約を与えた。この法案は，1978年の改正によってさらなる強化が図られ，70年代後半から80年代にかけて，GMSの出店機会が減少する直接的な原因となった。これらの理由が重なることにより，「高度成長型GMS」の成長は，この時期よりしばらく停滞を余儀なくされた。しかし，その後の利益回復によって短期的な損失を相殺できたために，多くの場合，企業経営の根幹を揺

るがすような事態には至らなかった。

　しかし，1980年代半ばになると，高度成長期に培った資本蓄積の手法が再び有効になった。その要因は，次の2点に集約することができる。1つは，それまでの外需主導型成長から内需主導型成長へと日本経済の構造が転換した結果，いわゆるバブル景気に突入し，消費需要が大幅に拡大したことである（建野 2003）。残る1つは，担保として供された自社保有の土地や建物の資産価値が急騰し，金融機関からの資金調達がきわめて容易になったことである。

　GMS資本の多くは，従来からの店舗展開を通じて，東京や大阪などの大都市圏内や地方都市の都心周辺部など地価上昇が著しい地域に，不動産を数多く保有していた。それゆえ，「高度成長型GMS」では，その店舗不動産を担保に設備資金を借り入れ，土地が安く，かつ人口急増地域であった大都市郊外地域に大規模な店舗開発を進めたのである[8]。

　ちなみに，東京および大阪の各大都市圏では，ピーク時の1990年頃には商業地の地価が10年前の3～4倍程度に急騰している。このため，この時期の商業地の含み益は非常に大きく，資産価値がきわめて高かった。加えてGMS資本は社債を大量に発行することで，証券市場からも設備資金を調達しえた。この時期は流通各社が軒並み株価を大幅に上げ，証券市場からも資金調達が容易な環境にあった。このような資金調達をめぐる好条件が重なることにより，1980年代後半以降，GMS各社は潤沢な資金を獲得することができたのである。

　その一方で，1980年代は大店法の運用が強化され，出店調整の長期化や売場面積の大幅な削減が各地で展開された時期でもあった。GMS業態では，直営による新店計画のほぼすべてが第1種大型小売店舗の規制対象に該当したため，自由に店舗を出店することが困難であった。このことは，大店法の運用規制が最も強化された1982年から90年にかけての上位チェーンの出店件数が，各社とも概ね3～5店／年と低い水準であったことからも理解できる。さらに，出店した店舗も出店調整による面積削減の影響で5,000m²を割る店舗が多く，当時のGMS業態としての販売競争力を発揮できる規模としては不十分なものであった。そこで，「高度成長型GMS」の多くはコンビニなどの新業態開発，専門店，サービス業などへの事業多角化による企業グループの拡大，そして海外への店舗展開を行うことで，さらなる資本蓄積を図った。一方，直営店舗への投資については，既存

店の改修や改装が中心となった。

4.3　1990年代前半―バブル崩壊の一方での出店件数増加―

　1990年代に入ると，日米構造協議を背景とした通産省の「運用適正化」通達を契機に，大店法の運用緩和が段階的に行われた。これを契機に，「高度成長型GMS」では出店や増床件数を大幅に増やす計画に着手した。

　とりわけ，この時期に大規模な事業拡大を図ったのがニチイである。ニチイは，1988年に「マイカル宣言」を発表して以降，既存店舗を「サティ」や「ビブレ」と呼ばれる新業態へと転換して大幅増床や大規模改装を行った。また，マイカルタウンと呼ばれる大規模施設の開発も積極的に行った。その結果，1988～90年度のニチイの投資総額は売上実績の10％前後にまで上昇したのである。これらの資金の多くは転換社債や新株引受権付社債の発行によって株式市場から賄われた。たとえば，1988～91年度には2,500億円もの社債発行を行っている。この種の積極的な設備投資計画は，ニチイのみならず他の「高度成長型GMS」でも検討されていた。

　ところが，1990年にバブル経済の崩壊が報道されて以降，その影響が地価を直撃し，91年の地価公示以降は，右肩上がりを続けてきた地価が一転して下落へと転じた。そして，1995年には，90年と比べて東京圏の商業地で50％以上，そして同じく大阪圏では60％以上も下落したのである。このことは，GMSが保有する資産の担保価値を大幅に下落させ，地価上昇を前提とした従来までの店舗網拡大の手法が根底から揺らぐこととなった。加えて，経済不況による個人消費の低迷が追い打ちをかけ，本業である物販の利益率も低下していった。

　このような状況にもかかわらず，「高度成長型GMS」では大店法の運用緩和による出店機会の増大と地価や建設費用の低下を理由に新店投資を増やし，店舗施設の大型化を進めた。たとえば，ニチイは1993～95年にかけて約900億円近い設備資金を社債発行で調達し，「サティ」や「ビブレ」への業態転換資金に供している。そこには，大店法運用緩和による競争の激化で，少しでも他社に先行して大規模施設を大量に出店しようという，経営者の意思が大きく反映されていた。

　このように，バブル絶頂期よりは下落したものの，依然として高い金利水準の中で，長期借入金や社債発行による資金調達が活発に行われた。ただ，1990年代

前半はストックを前提とした店舗開発の手法は崩れたとはいえ，担保資産価値の目減りが企業財務に直接影響を与えるまでには至らなかった。したがって，資産価値目減りの問題よりも大店法運用緩和のメリットの方に注目が集まり，積極的な店舗戦略が行われたものと思われる。

4.4　1990年代後半―有利子負債の増加による店舗投資の減少―

しかし，1990年代後半になると，さらなる個人消費の減退に加え，専門店業態や新業態との競合激化による顧客流出も影響して，「高度成長型GMS」における既存店の多くで売上実績が前年度割れに陥った。これにより，1996年度以降より連結ベースのROAは，ダイエーや西友，マイカル（1996年7月にニチイから社名を変更）で1％未満もしくはマイナスを計上するに至った。

このような「高度成長型GMS」各社の財務状況を受けて，国内外の格付機関は，これらの企業における長期債などの社債格付を相次いで「格下げ」した。格付機関による評価は，とくに普通社債やコマーシャルペーパーなどの発行利率に直接影響を及ぼす。このため，格付機関による長期債の「格下げ」評価は，社債発行による証券市場からの資金調達を困難にした。

また，1990年代後半には，地価下落の一層の進行により，金融機関等に担保として供していた店舗不動産の資産価値がより目減りした。これにともない，「高度成長型GMS」では不動産をめぐる含み損が数多く発生し，企業財務を著しく悪化させる事態を招いた。しかも，担保として供していた市街地内部の既存店は，1990年代後半の段階では，店舗施設も小規模で販売競争力を失っていた。このため，既存店活性化に追加投資を行っても，資産価値の回復が難しい状態であった。

さらに，1990年代前半における店舗の過剰投資が，多くの有利子負債を大量に抱え込む結果を招いた。表5-5は，1990年度以降の総資産に対する有利子負債の割合をGMS上位5社について示したものであり，各社ともその割合が年々増加していることが理解できる。

加えて，1990年代末に至ると，90年代前半に大量発行を行った社債を償還しなければならない時期を迎えた。しかし，キャッシュフローや借入金，また社債の再発行だけでは償還できないほど，「高度成長型GMS」では有利子負債を膨らませていた。「高度成長型GMS」では，不動産や有価証券などの保有資産を流

表 5-5 GMS における総資産に対する有利子負債の割合 (%)

企　業	負債	1990年度	1995年度	2000年度
ダイエー	単体	48.6	50.7	57.2
	連結	54.9	63.6	79.0
イトーヨーカ堂	単体	5.5	1.8	11.5
	連結	10.4	15.5	15.5
ジャスコ	単体	22.6	25.1	23.1
	連結	32.9	33.1	35.6
西　友	単体	53.2	44.4	63.6
	連結	76.4	99.7	74.0
マイカル (ニチイ)	単体	34.0	45.0	62.0
	連結	45.6	60.8	60.9

(資料：有価証券報告書により作成)

動化することで償還資金を調達し，有利子負債の圧縮を図ったが，その額を圧縮することはきわめて困難であった。

　有利子負債の増加は，その後の出店行動にも大きく影響を与えた。これは，図5-1の設備投資の動向にも反映されている。マイカルは投資額の一部を連結会社に移しているために単純な比較は行えないが，有利子負債の多いダイエーや西友でとくに新店投資の割合が減少していることが読み取れる。これらの企業では，1990年代末以降になると基本的にキャッシュフローの範囲内で設備投資を行わざるを得ず，店舗投資の縮小を余儀なくされたからである。

　店舗投資の縮小は，資金調達先として依存してきた金融機関の方針転換とも大きく関係している。国内の各金融機関では，1990年代後半以降，不良債権処理の問題をめぐって株式市場からの信頼が失墜したことを契機に，融資先を選別する姿勢を強めた。バブル崩壊以前，流通産業に対する金融機関による融資は，おもに財務指標の良し悪しよりも売上や資産の規模，すなわちストック面を重視していた。しかし，バブル崩壊以降はそうした融資基準を改め，キャッシュフローの多寡などのフロー面を重視する方針に転換することとなる。加えて，企業内の負債の多寡も金融機関の融資実績を大きく左右した。

　これらの変化により，長い間ストック面を重視してきた「高度成長型 GMS」では，設備目的すなわち店舗投資を目的とした資金の確保が一層困難になった。

そして,「高度成長型GMS」による1990年代後半以降の出店行動は急激に消極化せざるを得なくなったのである。

5 「成熟型GMS」による1990年代以降の出店行動とその背景

その一方で,図5-1および図5-2で示したように,イトーヨーカ堂やジャスコなどの「成熟型GMS」では,1990年代以降,新店投資を活発化させている。とくに,ジャスコによる1990年代半ば以降の出店件数の伸びは著しい。

「成熟型GMS」が1990年代半ば以降に急激な出店戦略を行い得た理由は,バブル景気がピークを迎えた1980年代後半から1990年代初頭にかけて,「高度成長型GMS」のような積極的な設備投資を行わなかったためと考えられる。つまり,イトーヨーカ堂とジャスコはバブル期の過剰投資を避けえたために,1990年代後半における有利子負債が「高度成長型GMS」と比べて圧倒的に少なかったのである。

前節で述べたように,1990年代後半以降,株式市場では景気低迷による各企業の負債増加を背景として,有利子負債の多寡が企業の評価を決める重要な要素となった。そのなかで,イトーヨーカ堂とジャスコは負債総額が比較的少なかったために,株式市場からの評価が高かった。このことが,これら「成熟型GMS」に対する金融機関からの設備資金融資を行いやすくする環境を整えたといえよう。

しかし,「成熟型GMS」が1990年代以降に出店増加を果たした背景には,もう一つの理由が考えられる。1990年代後半以降になると,イトーヨーカ堂やジャスコにおいても消費不況による既存店売上の前年度割れが避けられなくなり,既存店の活性化投資だけではチェーン全体の売上を伸ばすことが困難となった。このため,イトーヨーカ堂とジャスコでは,売上を既存店のみに依存せず,大規模な新店を積極的に開発して,総売場面積の増大による売上拡大を図ったのである。

この時期には,建設コストや不動産取得費用などの固定費がバブル期と比べて著しく安くなったこと,また借入金や社債の金利が低下していたことから,新規出店がより容易な環境になっており,このことが積極的な出店に拍車をかけた。これにより「成熟型GMS」では,2000年度以降も既存店の売上減少を新規出店にともなう売場面積の増加がカバーし,企業全体の利益を確保することができた

のである。

6　21世紀初頭以降におけるGMS業態の成長の方向性

　本章では、財務構造に注目しながら、GMS業態の経営構造および出店行動の分析を行い、高度経済成長期からバブル崩壊前までの成長モデルと、バブル崩壊以降の成長モデルとが異なることを確認してきた。最後に、これまでの議論を整理するとともに、短い将来展望をつけ加えたい。

　バブル崩壊前までの成長経済期においては、「高度成長型GMS」が採用したストックに依存する企業戦略が、GMS業態における理想的な成長モデルであったといえる。この方法を採ることで、「高度成長型GMS」は先行者利得を獲得し、かつ経営規模も拡大することで利益の拡大を図ることができたのである。しかし、この方法が常態化したまま地価下落を迎えたことで、資産価値の下落と有利子負債の増加という悪循環に陥り、企業全体の財務構造を著しく悪化させるに至った。

　やがて、本業および関連事業におけるバブル期の過度投資により、多額の不良資産を抱えた「高度成長型GMS」の中には、1990年代後半から経営破綻に追い込まれるケースが相次いだ。1997年9月のヤオハン・ジャパン、2000年2月の長崎屋、そして2001年9月のマイカルの経営破綻は、その象徴的な事例である。また、経営破綻にまでは追い込まれないまでも、融資元の金融機関による経営管理の下で大幅なリストラに直面しているダイエーのような事例も少なくはない。

　一方で、バブル崩壊以降は、「成熟型GMS」のように、有利子負債が少なくキャッシュフローが多い企業が優良企業とされ、利益率重視の経営手法が理想的な成長モデルと評価された。とはいえ、「成熟型GMS」の将来も決して明るいものとはいえない。たしかに、「高度成長型GMS」と比較すると、現時点での有利子負債額こそ少ないものの、ここ数年の積極的な出店政策によって、その額は年々増加の一途をたどっている。長い間、高い利益率を誇ってきたイトーヨーカ堂においても、深刻な消費低迷の影響によって、1990年代末頃からは利益率が年々減少傾向を示しているのである。

　今後、「GMS」業態がこれまで通り存続するかどうかはもとより、業態として

の「GMS」が21世紀における日本のチェーンストアを代表する小売業態であり得るかどうかについてさえ，議論の余地が多分に残されている。こうした危機感を背景としながら，GMS資本はその存続をかけて，1990年代末頃よりさまざまな試行錯誤を続けている。2001年8月にジャスコより社名を変更した「イオン」のように，従来型の大型店舗にこだわらず，食品スーパーやディスカウントストアをはじめ，スーパーセンターや小規模店舗をも含めた多業態化を積極的に進めている戦略などは，その象徴的な事例である。このような動きと，後述する外資（第11章参照）やローカル資本（第12章参照）の新たな業態戦略を併わせて考慮した場合，わが国における最寄り品流通が，商圏固有のニーズやコスト構造に適応する形で細分化し，既存の業種・業態の枠組みにとどまらない，新たな業態が生まれる可能性は高いと考えられる。

(天野秀彦)

[注]
1) 本章では，企業名称は事象が起こった当時の名称を使用している．ここで示した5社の名称は，それぞれ2001年2月時点での名称である．なお，㈱マイカルは1996年7月に㈱ニチイから社名を変更したものである．ちなみに，マイカルは2001年9月に民事再生法を申請した後，直営店舗の大量閉鎖もしくはイオングループをはじめとした複数の企業に分割譲渡を行った．しかし，本章ではおもな考察対象期間を2000年度（2001年2月期決算）までとしたため，マイカルも考察対象企業として含めた．
2)「ドミナント（地域集中）展開」とは，比較的狭い地域に集中的に立地させる出店の一形態である．ドミナント展開は当該地域内の市場シェアを高めるとともに，商品配送コストを低廉化させる効果もある．
3) 1999年8月に行われた「信州ジャスコ」(長野県に展開) および「扇屋ジャスコ」(千葉県に展開) のジャスコ本体への吸収合併がその象徴的事例である．このような吸収合併が行われた目的としては，1989年にジャスコを核として発足した「イオングループ」のさらなる競争力の強化および経営効率の向上があげられる（ジャスコ株式会社 2000）．すなわち，新しく発足したイオングループでは，1990年代以降，ジャスコを中心とした経営管理体制のさらなるスリム化の確立が図られることとなり，その事業戦略の一環として，地域連結会社の吸収合併が行われたのである．
4) なお，「関西西友」は1989年に本体に統合されている．また，GMS業態の他にも，宮城県に展開する「東北西友」，長野県・愛知県などに展開する「エス・エス・ブイ」など，西友の連結会社による食料品スーパーの店舗展開も全国的に行われている．

5) 「粗利益率」とは，総売上高に対する売上総利益の割合で，企業利益を表す1指標である．そのため，「売上総利益率」とも称される．「売上総利益」は，一般には総売上高から売上原価（商品仕入れなどにかかる費用）を除することで算出される．「粗利益率」によって，小売業では商品販売によってもたらされる利益の状態がわかる．
6) 「株式時価総額」とは，当該時点における株式市場での発行済株式の価値総額である．株式時価総額の算出によって，当該時点における企業全体の市場価値を測ることが可能となる．具体的には，「発行済み株式数」と当該時点の株価を掛け算することによって求められる．よって，株式時価総額は本質的には流動的な評価指標である．第5-3表は，便宜的にGMS上位5社の年度末決算月である2月に記録した最高値を当該年度の株価として，株式時価総額を算出したものである．
7) 企業の資産は，資産入手を行うための資金調達方法から，資本金や資本準備金，積立金などの「自己資本」と，借入金や社債などの「他人資本」の2つに大別される．「自己資本比率」とは，企業の総資産額に占める自己資本の割合を示したものである．「自己資本比率」の高低は，企業財務の健全性を評価する重要な指標となっている．
8) この時期，GMS資本が郊外地域に進出した背景としては，このような投資収益率の高さに加えて，先述した大店法の影響も無視することはできないであろう．

[文　　献]

加藤義忠ほか共著 2000．『わが国流通機構の展開』税務経理協会．
斎藤雅通 2000．経営分析からみた流通産業の特性．『日本のビッグインダストリー⑤流通―流通ビッグバン―「大競争時代」の流通産業』（青木俊昭・斎藤雅通・青山悦子）第6章：192-229．大月書店．
ジャスコ株式会社編 2000．『ジャスコ三十年史』ジャスコ株式会社．
建野堅誠 2003．転換期の総合スーパー．長崎県立大学論集 **36-1**：177-199．
土屋　純 2002．イギリスにおける小売チェーンの発展とコスト構造に関する研究動向．人文地理 **54**：40-56．
中野　安 1978．巨大スーパーにおける資本蓄積．経済学雑誌 **77-3**：47-72．
松岡真宏 1998．『小売業の最適戦略』日本経済新聞社．

第6章　チェーンストアと物流システム

1　チェーンストアの物流システムとは

　本章では，チェーンストアの店舗に商品を供給する物流システムに焦点をあて，その空間的特性を，各業態の経営特性と関連づけながら整理するとともに，1990年代以降の流通革新，とりわけ流通チャネルにおける小売業へのパワーシフトが，物流システムにどのような影響を与えたかを検討する。

　物流の本質的な機能は，財を売り手から買い手へ引き渡す「空間的移動」に他ならない。通常は空間的移動を司る輸送機能に，保管，情報処理，決済などの関連業務が付随した概念を物流と呼んでいる。それゆえ，物流を流通システムの実務に置き換えると，発注から納品に至る一連の業務がこれに相当する。そこでまず，コンビニエンスストア（コンビニ）の，発注から納品までの業務サイクルを追いながら，物流システムの概要を説明することにしたい。

　図6-1は，典型的なチェーンストアであるコンビニチェーンA社の，米飯（弁当類）部門における，発注から納品までの業務サイクルを示したものである（荒井 1989）。コンビニの米飯売場は，3度の食事に対応するため，1日3回の発注～納品サイクルにより維持されている。図中の第1便から第3便は，それぞれ朝食，昼食，夕食に対応した商品の配送を意味している。米飯の物流システムは，店舗からの発注が，チェーン本部（図中では省略）を経由してベンダー（ここでは弁当類の生産者）に伝達されることで始まる。ベンダーは注文された米飯を生産し，納期までに配送センターに納品しなくてはならない。配送センターではベンダーごとに納品された弁当類を，店舗別に仕分け，数店から10店前後を1配送

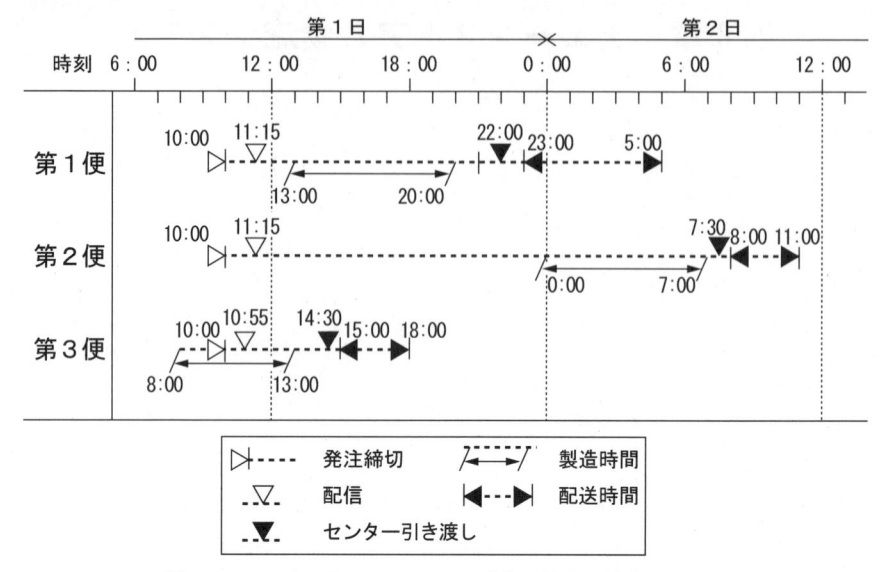

図6-1 コンビニチェーンにおける米飯の発注〜納品サイクル
（資料：荒井 1989により作成）

ルートとするトラックで逐次配送を行う。納品時間の違いを除けば，3つの便の業務概要は大同小異といえる。

さて，図6-1が示す業務サイクルには，コンビニ業態の経営特性が明瞭に反映されている。第1に，3便を通じて店舗からの発注は午前10時に締め切られる。その理由は，店舗の従業員数が1〜2名と極端に少ないコンビニにおいて，来店客が少ない閑散期に発注業務を集中させるとともに，本部から店舗に毎朝配信される「市場情報」[1]を発注に反映させるためである。

第2に，商品の店着時間がすべてに優先され，作業スケジュールは店着時間から逆算する形で決定される。そのため第3便では，ベンダーが受注（10時55分）してから，商品を配送センターに引き渡す（14時30分）までの時間はわずか3時間35分に過ぎず，ベンダーは受注を待たずに，見込み生産（8時〜）を行う必要が生じる。発注から納品までの時間を，流通業界ではリードタイムと呼んでいるが，この第3便の8時間というリードタイムは，世界の流通業界の中でも，おそらく最短の部類に入るであろう。

第3に，生産段階のスケジュールも，コンビニの商品政策上の要求に基づき，

1 チェーンストアの物流システムとは

詳細に管理されている。たとえば，第2便で配送される商品（昼食）の製造日付を販売当日にするため，午前0時まで生産ラインを稼働させない。その一方で，店着時間の限界を午前11時に定めているため，配送センターでの作業時間と配送時間は，第1便よりも大幅に制約される。このように，Aチェーンの物流システムは，小規模・高回転，終日営業，省労働力という，コンビニの業態特性に合致した業務サイクルであると同時に，序章で指摘した「チェーンストアへのパワーシフト」という，流通システム全体のトレンドを明確に示すものといえる。

事実，チェーンストアの物流システムは，小売業における業務の効率化が所与の条件とされ，その目的に合致する形でシステムが再編成されてきた。たとえば，Aチェーンのシステムにおいて，米飯の賞味期限を延ばすために採られる深夜生産体制（第2便）や，短いリードタイムを維持するためにベンダーが負う見込み生産のリスク（第3便）は，買い手であるチェーンストアの「チャネル支配力」を如実に示すものといえる。一方，極限まで合理化された物流システムは，チェーンストア自身の経営上の弾力性をも削ぐことになる。A社の場合，第2便，第3便の短い配送時間がネックとなって，その店舗立地は，米飯の配送センターから半径3時間の範囲に限定されてしまう。そのためチェーンストア各社は，おのおのの業態に最も適した物流システムを構築し，また自社の物流システムに対して最も合理的な店舗立地を模索するのである。

このようなチェーンストアの物流システムを，地理学の観点から考察することは，2つの点で意義深いといえる。第1は，チェーンストアの物流システムが，出荷倉庫，配送センター，店舗など複数の業種にまたがる拠点と，その間を結ぶフロー（財の流れ）の組み合わせから成り立つ，空間的なシステムという点である。第2は，物流拠点が本質的にフットルースであり，チェーンストアへのパワーシフトや情報化を通じて，短期間のうちにその構造を変貌させてきた点である。続く第2節では，まず前者に注目し，主要業態の経営特性と物流システムの空間形態との関係を検討する。後者の物流システムの変容については，第3節で取り扱う。

2 物流システムの空間的パターン

2.1 一括配送かルート配送か

　チェーンストアの物流システムは，概ね「一括配送」と「ルート配送」に大別することができる（図6-2）。一括配送とは，複数の卸売業者（あるいはメーカー）が納入する商品を，配送センターや窓口問屋[2]などの集約点にいったん集め，ここで店舗別に仕分けたうえで，各店舗分を原則的に1台のトラックで配送する方法である。これに対してルート配送は，集約点で店舗別に仕分けた商品を1台のトラックに数店舗分積載し，定められた配送経路を巡回しながら配送する方法である。一般的に店舗面積が大きな大型総合スーパー（GMS），食料品スーパー，ホームセンター（HC）などは一括配送を，また店舗面積が小さいコンビニはルート配送を採用している。

　チェーンストアがいずれの配送方式を採用するかは，1回あたりの平均配送量と密接に関係している。物流コストの中で最も高い比率を占める費目は，トラックの輸送費である。それゆえ，トラックの積載率（可積載量に占める実積載量の比率）を高め，トラックの稼働台数を極力抑制することが，効率的な物流システ

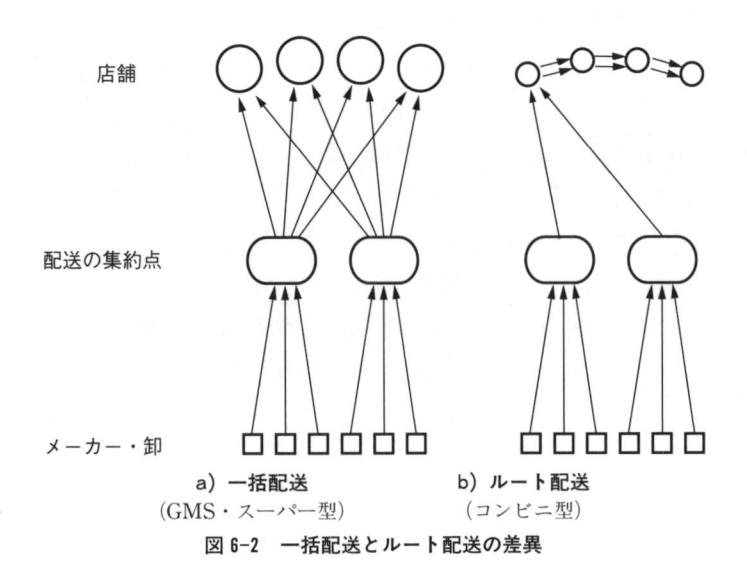

図6-2　一括配送とルート配送の差異
a) 一括配送（GMS・スーパー型）
b) ルート配送（コンビニ型）

表6-1 チェーンストアを代表する業態の商品特性と物流戦略

	コンビニ	GMS・食料品スーパー	ホームセンター・ディスカウントストア
温度帯別配送	必要	必要	不要
温度帯別商品数 (A)	小	大	大
在庫回転率 (B)	高 (店頭在庫・小)	中 (店頭在庫・中)	低 (店頭在庫・大)
平均配送頻度 (A/B)	多頻度	中頻度	少頻度
トラックの積載効率	低	高	高 (混載可)
物流システムの基本戦略	配送圏の拡大を通じた各配送ルートの最低店舗数の維持	定時配送の維持と納品精度の向上による店舗生産性の向上	距離帯別配送と混載を通じた配送システムの生産性向上

ムの前提条件となる。表6-1は，おもな業態の商品特性（品揃えの特徴）と物流システムの基本戦略を比較したものである。この表に示す通り，コンビニは加温配送（米飯など），常温配送（加工品，雑貨品など），冷蔵配送（牛乳など），冷凍配送（冷凍食品など）など，商品の配送条件が温度帯別に細分化されるだけでなく，売場スペースが狭いため1回あたりの発注数が制限される。この2つの条件が重なることで，温度帯別・店舗別の1回あたり配送量がきわめて少なくなるため，複数の店舗を束ねて積載率を上げるルート配送が選択されるのである。一方，GMSや食品スーパーは，コンビニと同様の温度帯別配送は行うものの，売場スペースが広くまた配送頻度もコンビニより低い。このため温度帯別・店舗別の1回あたり配送量が増加し，一括配送が可能となる。

　一括配送は，配送センターから店舗までの距離の制約条件が少ない，納品時間が正確になり店舗の労務管理がしやすい，などの点でルート配送よりも有利である。そのため，食品を取り扱わず，温度帯別配送を必要としないHCでは，徹底した一括配送体制を構築し，ローコスト・オペレーションを追求する（第9章参照）。しかし厳密には，どの業態でも2つの配送システムが併存している。ルート配送を原則とするコンビニでも，新規出店地域のパイロット（先行）店舗などでは，採算を度外視する形で一括配送に近いシステムを採らざるを得ない。逆に，一括配送を原則とするGMSやHCでも，数店舗単位で現地調達を行う品目では，例外的にルート配送が採用される。地場の乳業メーカーが近在のGMS数

店舗に牛乳を供給するケースや，長距離輸送では採算性が低い石材などを HC が調達するケース（兼子 2000）などが，その例に該当する。

2.2 一括配送システムの空間構造

　チェーンストアの一括配送システムを，地理学の視点から捉えた研究として，飯田（1993），土屋（1998）をあげることができる。このうち飯田は，首都圏に店舗網をもつ GMS 大手 3 チェーンについて，配送センターの立地と店舗分布との関係を分析し，配送センターが各店舗に対する時間距離の重心を指向すること，店舗網の拡大につれて補完的な配送センターが新設されることなどを指摘した。前者の指摘は，物流拠点の立地がリードタイムを前提とした時間距離に規定されることを再確認するものである。また後者の指摘は，配送センターのフットルースな性質を示唆するものといえる。また，土屋は中京地方を代表する大手スーパー 2 社の物流システムを，トラックの配送スケジュールに遡って精査した。ここでは土屋の分析に基づき，一括配送システムの地理的特徴を概観したい。

　図 6-3 は，食料品スーパーチェーン B 社の配送ルートの事例を示している。このチェーンでは，鮮度管理が要求される日配品[3]を，1 日に 2 回（開店前と正午過ぎ）各店舗に配送している。一方，鮮度管理が必要とされないグロサリーなどは，一括

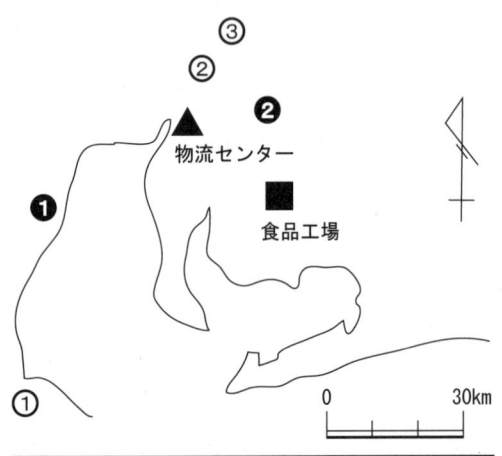

便	場所	時刻
日配便第 1 便	物流センター ①店	5：30 出発 8：00 まで
日配便第 2 便	物流センター ②店	11：30 出発 13：00 まで
グロサリー便	物流センター ③店	15：00 出発 16：00 まで

便	場所	時刻
日配便第 1 便	物流センター ❶店	6：00 出発 8：00 まで
日配便第 2 便 ＋ PB 商品引取	物流センター ❷店 食品工場	11：30 出発 13：00 まで

図 6-3　食料品スーパーにおける一括配送システムの例

して午後3時前後から配送を開始する。食料品スーパーの主力商品である日配品を2度に分けて配送する理由は，鮮度の維持と売場スペースの効率的な利用を図るとともに，第2便の配送量を調整して過剰な店頭在庫を削減し，売れ残りを回避するためである。

図6-3は，1配送ルートを典型例として示したものであるが，実際の運行管理上は，第1便で配送圏の外縁部（遠距離）を担当したトラックが，第2便では配送センターの近隣を担当する（近距離）など，遠距離配送と近距離配送を組み合わせることで走行距離の平準化を図っている。また，この食料品スーパーは食品加工工場を保有しているが，この工場から配送センターまでの商品移動の一部は，店舗配送からの帰路便が担っている。このように，商品配送を一元管理し，トラックの積載率を高めることで，物流コストの削減に努めているのである。

さて，食料品スーパーは1～数県の範囲に店舗展開しており，1カ所の配送センターを通じて，1日2～3回という多頻度一括配送が可能になる。それに対してGMSは，店舗の分布範囲が広く，全店への配送をまかなうためには，複数の配送センターを整備する必要が生じる。その手法には，チェーンストア自らが配送センターを運営する「自社センター方式」と，大手卸にセンター機能を代替させる「窓口問屋方式」とが存在する。前者の代表例はダイエー，後者の代表例はイトーヨーカ堂であろう。

ダイエーは，京阪神大都市圏に店舗を集中させる一方で，全国の主要都市にも積極的な店舗展開を行ってきた。ダイエーでは，広域展開する店舗に均質な品揃えを実現するため，1970年代から全国各地に配送拠点を設置し，全国一律の一括配送システムを維持してきた（鈴木・矢作 1993）。一方のイトーヨーカ堂は，東京大都市圏を出店エリアの中核としており，創業以来一貫して卸売業の配送システムを利用してきた。さらに，店舗数が増加して配送システムの再編成を迫られた1985年には，1都3県にまたがる配送エリアを「千葉・埼玉」と「東京・神奈川」の2エリアに区分したうえで，それぞれに窓口問屋制を導入した。

物流システムの内生化（自社システム化）を追求したダイエーと，その外生化（外部システムの利用）を進めたイトーヨーカ堂との相違は，両社の物流システムへの認識の差によるものではなく，むしろ物流施設がもつ資産価値への評価という経営方針の差に負う部分が大きい（第5章参照）。少なくとも両社の物流シ

ステムは，一括配送を導入することで配送効率を高め，物流コストの圧縮を図るという点では共通しているのである。むしろ注目すべき点は，窓口問屋を認めさせた大手GMSチェーンの販売力と発言力であろう。イトーヨーカ堂の窓口問屋制以降，同様の制度を導入する大手GMSチェーンは年を追って増加の一途をたどった。発注した商品を，メーカーおよびその系列卸の枠を超えて，窓口問屋が一手に配送するシステムが浸透したことは，「メーカー別縦割り」という生産主導の流通体制が，「アソートメント（品揃え）別横割り」という販売主導の体制へと転換したことを印象づけた点で，流通チャネルにおける（川下側への）パワーシフトを象徴する出来事となった。

2.3 ルート配送システムの空間構造

次に，コンビニの配送システムを通じて，ルート配送の地理的特徴を検討する。コンビニは，店舗面積が大きなGMSや食料品スーパーと異なり，大店法など公的規制に基づく立地上の制限は少ない。また，多くのチェーンがフランチャイズ・システム（FC）を採用しているため，出店資金を調達する必要性が低く，短期間に多店舗展開が可能である。その一方で，コンビニの出店地域が大都市圏に集中することも周知の事実である。コンビニが大都市圏を指向する理由の1つは，高い人口密度を背景とする稠密な商圏の存在である。一般論として，コンビニの平均日商は50万円前後である。一方，徒歩によるコンビニの集客範囲は半径500m程度と想定されている。ここから，24時間で50万円前後の日商を確保するためには，1日を通じて通行量が多い都心か，人口密度が高い近郊住宅地が最適な立地点となる。交通量の多い幹線道路沿いにコンビニが集中する理由も同様である（荒木 2001）。そして，コンビニが大都市圏を指向するもう1つの理由が，ルート配送に依存せざるを得ない物流システムの限界である。ここでは，図6-1で示したA社の配送事例を用いつつ，コンビニにおける物流システムのあり方を検討する。

図6-4は，A社の長野県内における米飯の配送ルートを示したものである（荒井 1989）。図中の「ルートⅠ」は，長野市近郊の米飯センター（配送センター）から国道141号線沿いに分布する8店舗への配送ルート（遠距離配送）を，また「ルートⅡ」は，松本市内のセンターから松本市内に分布する10店舗への配送ル

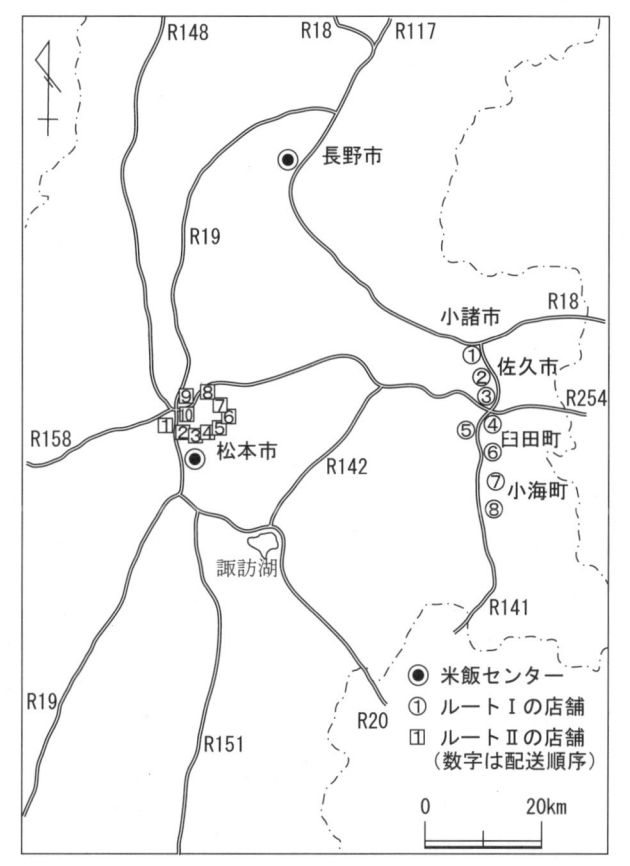

ルートⅠ			ルートⅡ		
店　舗	時　刻	間隔(分)	店　舗	時　刻	間隔(分)
センター発	8：15		センター発	8：50	
①	9：55	100	1	9：00	10
②	10：05	10	2	9：10	10
③	10：15	10	3	9：20	10
④	10：25	10	4	9：30	10
⑤	10：35	10	5	9：40	10
⑥	10：45	10	6	9：50	10
⑦	10：55	10	7	10：00	10
⑧	11：05	10	8	10：10	10
センター着	12：35	90	9	10：20	10
			10	10：30	10
			センター着	10：40	10

図 6-4　コンビニにおけるルート配送の事例

(資料：荒井 1989により作成)

ート（近距離配送）を示したものである。先に述べた通り，A社における米飯の配送時間は上限3時間（第2便・第3便）であるため，店舗は米飯センターから半径3時間という時間距離の範囲内に立地しなければならない。この制約条件にてらした場合，中心性が高く，商圏人口も多い松本市近郊（ルートⅡ）は，「日商50万円」という損益分岐の条件を満たす立地が多く，わずか2時間足らずの配送時間で10店舗への配送が可能となる。

　一方，国道141号線沿線（ルートⅠ）は，配送センターからの距離が遠いだけでなく，人口密度が低いために損益分岐の条件を満たす立地が少ない。しかし，1店舗あたりの配送量が限られるルート配送の場合，ルート上の配送店舗数が少ないと物流システムが赤字要因となり，長期的には配送の維持が困難となる。ルートⅠの場合，小諸市南部の①店にトラックが到着した時点で，すでに1時間40分が経過している。ここから，ほぼ10分ごとに納品を繰り返しつつ，最後の⑧店に到着した時点で，既に理論上の配送時間（11時）を5分過ぎてしまう（図6-1参照）。それでも，あえて⑧店をルート上に組み込む理由は，トラックの積載率を少しでも高めて，物流コストを引き下げるためである。

　このように，コンビニのルート配送システムは，配送センターから片道3時間という時間距離を目安として，その中に最低でも7～8カ所の配送先店舗を配置しなければ，物流システムの維持は困難である。その場合，ルートⅠとルートⅡを比較するまでもなく，数多くの店舗が立地可能な一方，配送センターからの時間距離が短い大都市圏の方が明らかに有利である。長野県の事例に戻れば，2003年秋現在，国道19線（木曽路）沿線に展開するAチェーンの店舗は，塩尻市南部の配送ルートに含まれる木曽平沢が南限となる。これ以南の町村では，仮に店舗自体が損益分岐点を上回ることは可能であっても，配送ルート全体では損益分岐点を上回るだけの店舗数が確保できないのである。

3　変容するチェーンストアの物流システム

　1980年代後半から流通システムの再編成が進む過程で，チェーンストアの物流システムも大きな変化に直面した。この時期の変化をリードした要因として，情報化の浸透，多頻度小ロット配送化，そしてローコスト・オペレーションの追求

をあげることができる。

3.1 情報化の浸透

日本の流通システムでは，1980年代後半から情報化が急激に進行した。流通システムの情報化を現象面から捉えると，①単品バーコードの普及，②POSレジスター，ハンディスキャナー，コンピュータなど，データの収集，管理，分析に必要な機器の普及，③POSやEOSなどのデータをオンラインで授受可能なネットワーク環境の整備，という3つの点に要約することができる。なお，流通システムの情報化については第10章で詳述するため，ここでは物流システムの変化と直接関係する項目に限定して検討する。

情報化は，チェーンストアの物流システムに対して，概ね3つのインパクトを与えてきた。その第1は，物流拠点を中心とする配送圏の拡大である。情報化の浸透は，受発注のオンライン化や仕分け作業のオートメーション化を普及させた。これによって，物流業務における配送外作業（センター内作業）の効率は著しく向上し，リードタイムに占める配送時間の比率が著しく高まった。

第2は，販売情報のデータベース化と，これを用いた意思決定サイクルの短縮である。あらかじめ店頭在庫を必要とする消費財流通では，常に在庫負担のリスクが発生する。そのリスクを軽減するためには，「どの商品がいくつ売れるか」という需要予測の精度を向上させると同時に，発注を可能な限り「後倒し」する必要が生じる。そうした理由から，POSなど販売情報のデータベース化が進むことにより，蓄積された販売情報を分析しながら，補充商品を少量ずつ高頻度で発注する多頻度小ロット配送システムが定着していった。

第3は，システムやプロトコル[4]の標準化を通じた取引関係の再構築である。POSの基盤となるバーコード情報はISOおよびJISによる標準規格である。また，VAN回線の普及やプロトコルの標準化によって，異なるコンピュータ・システム間の情報交換に不可欠とされたプロトコル変換業務の必要性が大幅に低下した。データやプロトコルの標準化は，（受発注など）情報交換のタイムラグを縮小するだけでなく，意思決定のコンピュータ化や取引先間での情報共有を加速させ，取引関係の再構築を促した。情報化を背景とする取引関係の再構築には，2つの方向性が存在する。1つはデータやノウハウの提供を通じて，取引関係の

固定化を図る動き（協業化）であり，残る1つは，情報化への対応能力に基づく取引先の峻別である．とくに後者は，チェーンストアの情報システムが高度化し，その更新が高頻度で行われるにつれて，情報システムへの投資能力が参入障壁となって，変化に対応できない卸売業をチャネルから排除する作用を強めていった（鈴木・矢作 1993）．

3.2 多頻度小ロット配送化

多頻度小ロット配送の定着は，情報化が物流システムに与えた最も顕著な影響の1つといえる．1988年に産業構造審議会流通部会がまとめた「90年代の流通ビジョン」は，1990年代の流通システムの基本的な方向性として，消費者ニーズを背景とした多品種化の進展と，多頻度小ロット配送の定着をあげた．そのうえで，多頻度小ロット配送を定着させるためには，卸売業や運送業の情報化対応が必要であり，これと同時に，物流拠点の立地や規模の見直しが進むと指摘した（通商産業省 1989）．また，1992年に通商産業省（現・経済産業省）は，物流システムに対する情報化の影響として，a. 配送の小口化，b. リードタイムの短縮，c. 配送の多頻度化，d. 緊急配送（定期配送以外の小口輸送）の増加，e. 配送における欠陥率（遅配・誤配など）の低下，の5点を指摘した（通商産業省 1992）．

しかし，多頻度小ロット配送の定着は，単に情報化を通じた配送技術の革新という現象にとどまるものではなく，流通システム全体の構造変化という観点で位置づけるべき変化といわねばならない．まず，取引上のリスクの所在を考えた場合，多頻度小ロット配送では小売業の店頭在庫が極小化され，在庫負担の多くは卸売業が担うことになる．また，短いリードタイム（多頻度）を前提とした小ロット配送を実施すれば，配送圏の縮小と1店あたり配送量の減少が同時に進むため，トラックの積載率は一層の低下を余儀なくされる．これに対して卸売業は，a. 情報システムを活用した配送外作業の時間短縮と省力化，b. 配送拠点の再配置を通じた在庫の縮約，c. 積載率の向上を目的とする取扱商品数の増加，などの対応を採らざるを得ない．

このように，多頻度小ロット配送の本質は，小売業が抱えてきた店頭在庫のリスクを卸売業に転嫁する点にあり，その背景には巨大な販売力と市場情報をもつチェーンストアへのパワーシフトが存在している．それでも，チェーンストアが

卸売業の採算性を度外視して多頻度小ロット配送を要求することは困難である。それゆえ，チェーンストアが多頻度小ロット配送を要求する際には，積載率の確保など，卸売業の採算性を担保する取引条件が設定される。しかし，積載率を確保するためには，取引関係をもつ卸売業の数を絞り込まなければならない。このため，従来までメーカー別に細分化されていた調達先を整理し，ごく少数の卸売業に調達窓口を集中させる傾向が強まる。第2節で述べた窓口問屋制は，メーカーからの調達は各卸売業が従来通り行いつつ，それを店舗に配送する段階で1社（窓口問屋）に集約するシステムであり，メーカーと卸売業の取引関係に一定の配慮を示しながら，店舗配送段階部分に限った効率化を意図した手法といえる。

3.3 ローコスト・オペレーションの追求

セルフサービスや大量仕入・大量販売を通じて，廉価販売を追求してきたGMSやスーパー業態にとって，ローコスト・オペレーションは必ずしも新しい命題とはいえない。しかし，バブル景気が崩壊し，消費の低迷が長期化するにつれて，日本のチェーンストアの多くが，この命題を深刻に受け止めざるを得なくなった。ローコスト・オペレーションの主眼は，おもに固定費である店舗費や人件費（正社員）の削減に置かれたが，全商品に等しくかかる物流費に関しても，その圧縮が急務とされた。

物流コストの削減を実現する試みとして，納品を担当する卸売業との条件交渉，共同配送の促進や帰り荷（配送を終了した帰路便）の活用など積載率の改善のほか，チェーンストア自身が配送センターを運営する自社センター化[5]が進められた。自社センター化は，1990年代前半から2つの理由で急速に拡大した。その1つは，店舗への配送効率の改善である。窓口問屋制では限界がある「品群の壁を越えた総合的な集約点」を設けて，店舗への配送効率を高めるとともに，納入業者（メーカーあるいは卸売業）からセンター使用料（センターフィー）を回収して物流費を相殺しようとしたのである。残る1つは，プライベートブランド商品（PB商品）の在庫管理である。1990年代前半の円高を背景として，多くのチェーンストアがPB商品をアジア諸国で生産し，輸入・販売した。低廉な人件費で生産されたPB商品は，「価格破壊」が流行語となるほど価格競争力が強く，チェーンが手にする粗利益も高かった。その後PB商品は，1990年代後半の消費不

況の中でチェーンストアの主力商品として定着していった。その一方で，PB商品はチェーンストアが「メーカー」の立場に立つため，返品が許されず，大量生産にともなう在庫のリスクをチェーンストア自身で負う必要が生じる。このため，PB商品をもつチェーンストアは，PB商品の在庫を維持・管理する目的から自社センターを設立したのである。

4 中間流通の空間的な再編成

さて，前節で指摘したチェーンストアの物流システムをめぐる3つの変化は，いずれもチェーンストアへのパワーシフトを前提としており，その経営効率の改善が目的であったことは既に述べた。こうした変化は，結果的に中間流通を担う卸売業の上位集中化を進め，下位の卸売業は急速に淘汰されていった（序章参照）。本節ではこうした中間流通の再編成について，空間的な側面に注目しながら検討していく。

4.1 集中する在庫・分散する配送拠点

チェーンストアの物流における一連の変化，とりわけ多頻度小ロット配送化の浸透は，物流業務の中核を担う配送拠点の機能を大きく変化させた。配送拠点の基本的な業務は，在庫を保管し，仕分けを行い，配送を行うトラックに積載することである。しかし，多頻度配送の浸透とともに，情報化で捻出した配送時間が相殺されるため，配送センターの数を減らすことは困難であった。一方，小ロット配送化が進むにつれて，増加する物流コストを吸収するため，物流拠点で保管する在庫の集約が急務となった。

このように，配送拠点が担う2つの基本機能のうち，配送機能は地理的分散を，また保管機能は地理的集中を要したのである。この矛盾するニーズに対する現実的な解決策は，店舗配送を行う末端の配送センターから在庫を引き揚げ，配送センターまで6〜8時間の場所に保管施設を設けて在庫を集約するとともに，小売業への配送を行わない深夜の時間帯に，翌朝分の配送商品を保管施設から配送センターへ引き渡すことである。花王販社における物流システム改革は，この手法の先行事例といえる。

4　中間流通の空間的な再編成　125

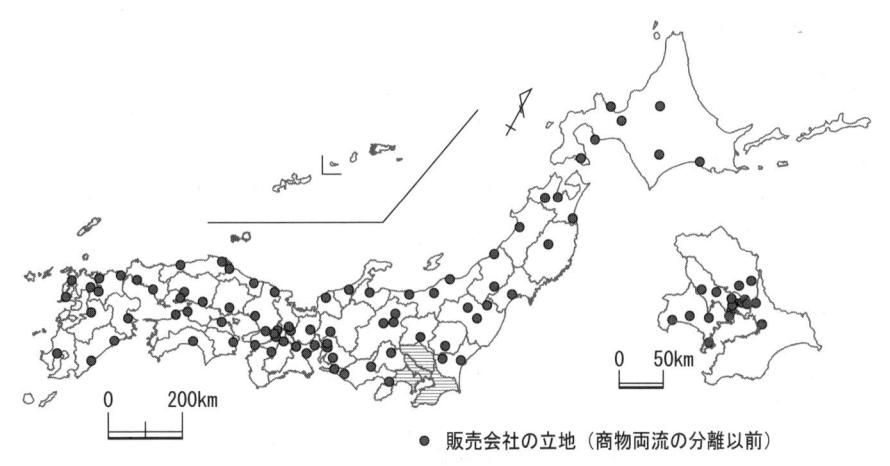

● 販売会社の立地（商物両流の分離以前）

図6-5　花王販社の拠点配置①（1970年）

（資料：聞き取り調査により作成）

　図6-5は，1970年時点における花王販社の拠点配置を示したものである。この時点で花王販社は全国128社に分かれており，各社が管轄範囲内の営業活動と製品配送を担当していた。続く1980年代に入ると，経営の効率化を図るために販社の統合が進み，1981年まで存続していた全国128販社は，12年後の1993年には8社にまで統合が進んだ。これにともない営業活動の拠点は，三大都市および地方中心都市など約20カ所の主要都市に集約された。

　これとは対照的に，物流を担当する配送拠点の数は過去30年間であまり変化をみせていない。2000年上期の時点で，花王販社が直接運営していた配送拠点の数は全国91カ所であり，1970年時点の128カ所に比べて3割程度の減少に過ぎない。花王販社が配送拠点の数を維持せざるを得ない理由は，多頻度小ロット配送にともなう配送圏の縮小である。

　このため花王販社では，流通在庫の集約を通じた物流コストの圧縮を試みた。花王販社は物流拠点を，①全製品の在庫を維持する大規模配送拠点（LC：Logistics Center），②回転率の高い主要製品の在庫のみをもち，低回転製品の在庫をLCに依存する小規模配送拠点（DC：Distribution Center），③在庫をもたず，LCから大型車で一括輸送された製品を仕分け・配送する機能に特化したターミナル（TC：Terminal Center）の3タイプに分類した（図6-6）。このう

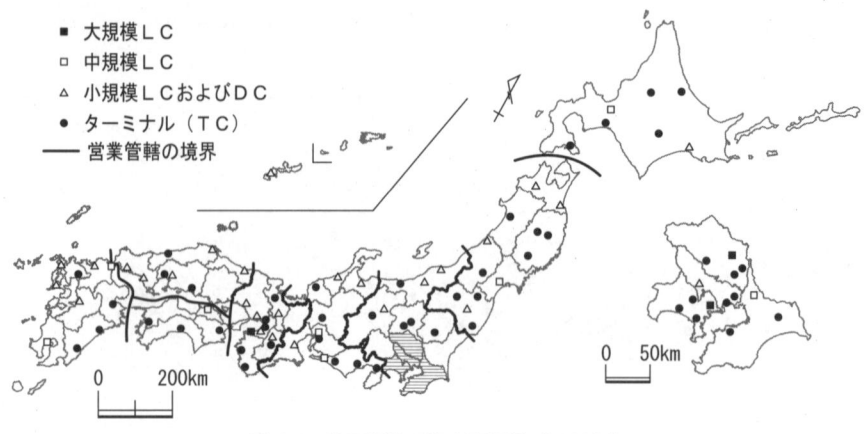

図 6-6　花王販社の拠点配置②（2000年）
（資料：聞き取り調査により作成）

ち，全製品の在庫をもつ LC は，立体倉庫や自動ピッキングシステムを備えた大規模施設であるが，その数は全国で16カ所とされ，在庫の集約が図られた。また，DC や TC に対する LC の供給範囲を，北海道，東北，関東・甲信越，中部・北陸，近畿，中国，四国，九州の各地方のなかとしたうえで，LC の外縁部に店舗の分布密度や配送距離に応じて DC（22カ所）と TC（53カ所）を配置した。

　このシステムでは，在庫をもたない TC は仕分けと店舗配送のみを担当し，そこで必要となる当日分の配送商品は，深夜のうちに LC や DC から大型トラックで供給される。この方式によって，在庫の集約，配送拠点の拡散，トラックの総運行台数の抑制という命題を満たし得たのである。このシステムは，メーカーの販売会社や大手卸売業など，全国的な商品供給ネットワークをもつ企業が相次いで採用した。たとえば，花王販社と同じ日用雑貨品の総合メーカーのライオンでは，工場の出荷倉庫（7カ所）以外に在庫をもつ自社の拠点は，全国14カ所の流通センターと，2カ所の小ロット品専用倉庫に限られている。この両者を合わせた拠点数は16カ所であり，花王販社における LC の数と一致している。

4.2　ひろがる共同配送

　共同配送は，積載効率の向上に直接寄与する反面，協力関係をもつ企業間での高度な情報交換が不可欠となる。共同配送の考え方には，a．同一の配送先に対

する貨物の混載，b. 配送先は異なるが，同一方向へ輸送する貨物の混載，c. 配送後の復路便への積載，の3タイプが存在する。このうち，チェーンストアの物流システムで最も一般的なタイプはa. であり，既に述べた窓口問屋制や自社センター化などがこの範疇に含まれる。これに対してb. は，複数の配送先が介在することで配送量の把握が難しくなる。またc. は，トラックの配車を担当する往路の荷主と，復路便の荷主との間で，トラックの台数に関する調整が必要である。このためb. およびc. の方式は，輸送量の変動が少ない一部の分野で補完的に用いられることが多い[6]。

　チェーンストアによる共同配送化（共配化）の事例として，GMSチェーン・ユニーが導入したハム・ソーセージの共配化を紹介する。ユニーは，2001年8月からハム・ソーセージなど一部のチルド商品を対象とする共配化を実施した。ユニーにおける共配化以前のハム・ソーセージの配送体制は，17社の納入メーカーがそれぞれ店舗まで商品を納入する，メーカー直納方式が採られていた。しかし，このメーカー直納方式は，1社あたりの配送量が少ないため配送頻度が週3回に制限される，頻繁に納品が行われるため店舗が常に検収要員を待機させなければならない，店外に待機する納品車両が渋滞や騒音・排ガス問題を引き起こす，などの問題点が指摘された。さらに，配送費用が納入価格に含まれるため，配送費用の内訳が不明確であった。

　一方，共同配送方式では出店地域を3ブロックに分割し，トーカン（愛知県，岐阜県，三重県，長野県），昭和（静岡県，神奈川県，埼玉県，茨城県，群馬県），カナカン（石川県，富山県，福井県）という大手食料品卸に各ブロックの窓口問屋を依託した。窓口問屋方式の最大のメリットは配送効率の確保であり，配送頻度が週3回から毎日配送に変更され，店頭在庫の圧縮にも大きく貢献した。さらに，配送費用の明細が把握できる，専門業者ゆえの（マーチャンダイジング上の）ノウハウ提供が期待できる，メーカーとの価格交渉を委ねられる，などのメリットも付随し，新たな費用負担を上回るコスト効果が認められた。

　共同配送方式に参加することは，卸売業にとっても大きなメリットとなる。たとえば，中京圏の総合食品卸であった昭和は，ユニーの窓口問屋となり，その配送を請け負うベンダー（配送請負業者）の機能を担うことによって，その営業地域を東海・関東に拡大した。昭和は1990年代以降，ユニーの静岡県東部，神奈川

県，北関東地方への店舗展開と歩調を合わせるように，富士（静岡県），厚木（神奈川県），羽生（埼玉県）に物流センターを新設している。共同配送そのものの運営費は，メーカーから徴収する施設使用料（センターフィー）を充当しており，そこから昭和が得る利潤はほとんどない。しかし，窓口問屋を引き受けることで配送拠点を拡大することができる。また，大手チェーンとの信頼関係が深まり，取引の継続性が強まることは大きなメリットである。近年，中間流通の合理化とともに卸売業の淘汰が顕著であるが（表0-3参照），チェーンストアのベンダーとしての地位を確立することは，厳しい競争環境下における有効な生き残り戦略となっている。

4.3 多機能化する自社センター

　チェーンストア自らが運営する自社センターは，1990年代以降多機能化が進み，その数も急増した。自社センターの本質的な役割は，前述のように店舗配送の効率化である。たとえば，食料品スーパーC社が1985年に川崎市（神奈川県）に設置した自社センターの場合，東京，神奈川，埼玉，千葉，茨城，静岡の1都5県に展開する約80店舗に対して，加工食品，生鮮品，日配品，衣料品および生活関連雑貨などの集約配送を担当している。この場合，取引先から自社センターへの納入車両は1日平均330台を超えるが，同センターから店舗への配送車両は，1店舗1日平均で約3.5台に過ぎない。Cチェーンの試算によれば，川崎市内の主力店舗（売場面積約$10,000m^2$）への納入車両は1日平均9台であるが，同センターがなければ188台の取引先車両が毎日納品を行うことになり，Cチェーンおよび納入業者の負担は大幅に増大する（日本チェーンストア協会 1992）。

　これに加えて，自社センターにはPB商品の保管や流通加工[7]などの機能が加わり，その保有率は1980年代後半から徐々に上昇していった。日本チェーンストア協会が実施した1991年の調査[8]によれば，業者委託分を含めた自社センターの保有率は，この時点で73.8％に達している。業態別では，扱い品目数が多いGMSが87.0％で最も高く，専門スーパー（76.9％），食料品スーパー（66.7％）の順で続いている。図6-7は，首都圏における自社センターの分布（1992年）を機能別に示しており，自社センターの多機能化と外縁部への拡大がうかがえる。自社センターが外縁部へ拡大する背景には，配送圏の広域化にともなう立地条件

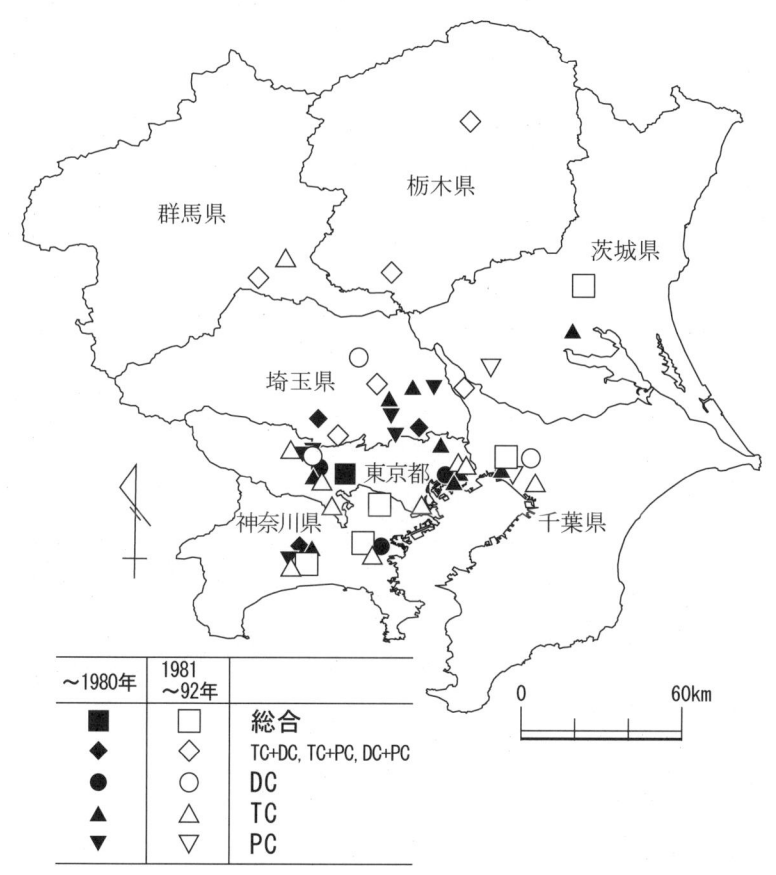

図 6-7 関東地方におけるチェーンストアの自社物流施設の推移（1992年）
（資料：日本チェーンストア協会資料により作成）

の見直し，高い用地取得費用の回避，首都圏外縁部のリージョナルチェーンによる物流センターの開発など，複数の要因が考えられる。

一方，1990年代の後半以降，大手チェーンストアの日用雑貨品配送を中心に，新たな自社センター活用の動きが活発化した。それが「スルー型物流」から「備蓄型物流」への転換である。在庫を可能な限り川上に集約し，中間の流通センターが在庫をもたないスルー型物流は，多頻度小ロット配送を前提とする物流システムの基本パターンと考えられてきた。しかしこのシステムは，取引上はメーカーと卸売業間，卸売業と配送センター間，そして配送センターと店舗間という 3

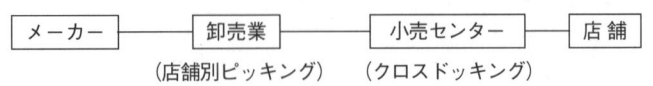

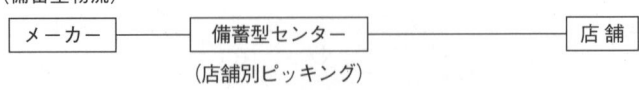

図 6-8　スルー型物流と備蓄型物流
（資料：工藤 2002, p.83 により作成）

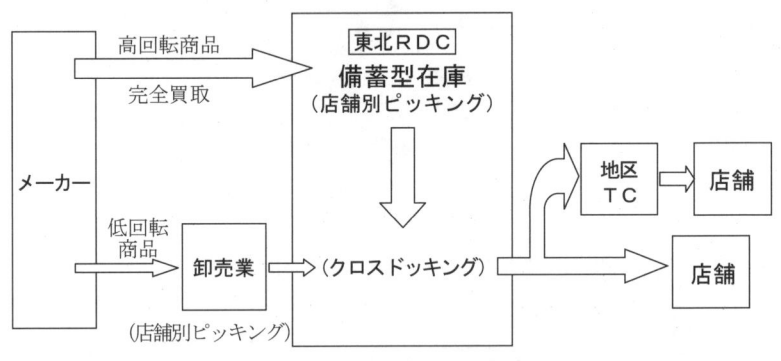

図 6-9　ジャスコ東北 RDC の物流機能
（資料：工藤 2002, p.85 により作成）

段階の配送コストが生じる（工藤 2002）。

これに対して，備蓄型物流は，鮮度管理が要求されない日用雑貨品を中心に，各メーカーの商品をチェーンストアの配送センターに直接納入し，ここで在庫管理を行うとともに，店舗別に仕分けて配送するシステムである。備蓄型システムは，小売業の配送センターが在庫を抱える反面，流通チャネルから卸売業を排除することで中間コストを引き下げ，トータルでの経費削減を図る点に特徴がある（図 6-8）。

ジャスコが構築した RDC（Regional Distribution Center：常温物流センター）は，この備蓄型システムの典型例である。ジャスコは2003年までに全国16カ所に RDC を開発し，それぞれ外部委託で運営されている。図 6-9 は，現在稼働

している東北RDCの機能を示す．本図が示すとおり，ジャスコにおけるRDCの戦略は，日用雑貨品を商品の回転率で区分し，在庫リスクが少ない高回転商品については，メーカーからRDCに直接納入（卸売業を排除）することで中間コストを削減する一方，在庫リスクが高い低回転商品については卸売業をバッファとして利用し，従来通りスルー型物流を行うというものである．このシステムは，チェーンストアの利益率を高める一方で，日用雑貨品卸の上位寡占を加速させ，地方中堅卸売業の存立基盤を脅かすことが懸念されている．

(土屋　純・箸本健二)

[注]
1) 発注の参考データとして各店舗にフィードバックされる情報．各店舗からチェーン本部へ送られたPOSデータなど，市場の販売動向を定量的に把握する情報が中心となる．
2) チェーンストアに商品を納める卸売業を代表して，チェーンストアへの納品を担当する卸売業を意味する．各卸売業は窓口問屋に納品し，ここで店舗別に仕分けて配送される．
3) 牛乳，乳製品など，鮮度管理の必要上，毎日1回以上の配送を必要とする商品群の総称．
4) コンピュータ・ネットワークを介した取引に用いられるコンピュータ言語や手順．
5) 自社センターとは，特定のチェーンストアの配送業務に用いられる物流センターの総称であり，その所有者や運営主体は，子会社，倉庫業，卸売業など多様である．
6) たとえば信州ジャスコ（1997年当時）では，日配品を配送した冷蔵トラックの帰り荷として，各店舗から本社へ向けた書類を搬送した．
7) 値札ラベルの貼付け，生鮮品の加工など，本来は店舗で行う付加的な加工業務．
8) 日本チェーンストア協会では，1991年時点の会員企業135社と，その子会社・関連会社19社の計154社を対象として，自社センターに関するアンケート調査を行い，計107社（69.5％）から回答を得た（日本チェーンストア協会 1992）．

[文　献]
荒井良雄 1989. コンビニエンス・チェーンの物流システム．信州大学経済学論集 **27**：19-43.
荒木俊之 2001. 岡山県におけるコンビニエンスストアの立地展開．地理科学 **56**：88-107.

飯田　太 1993. 大手スーパー自社配送センターの立地と配送構造―関東地方の事例―. 新地理 **41**：12-27.

兼子　純 2000. ホームセンターチェーンにおける出店・配送システムの空間構造. 地理学評論 **73A**：783-801.

工藤正敏 2002. 日用雑貨卸売業の基本戦略と流通VAN. 宮下　淳・箸本健二編著『流通ビジネスモデル』79-100. 中央経済社.

鈴木敏文・矢作敏行 1993. セブン-イレブンの情報戦略. 法政大学産業情報センター・小川孔輔編『POSとマーケティング戦略』91-106. 日本経済新聞社.

通商産業省 1989.『90年代の流通ビジョン』通商産業調査会.

通商産業省 1992.『90年代の物流効率化ビジョン』通商産業調査会.

土屋　純 1998. 中京圏の大手チェーンストアにおける物流集約化とその空間的形態. 地理学評論 **71A**：1-20.

日本チェーンストア協会 1992.『チェーンストア物流の現状と今後の方向―物流センターの役割を中心として―』日本チェーンストア協会.

第7章　食料品スーパーの成長と再編成

1　食料品スーパーの成立と展開

　食料品スーパーは，セルフサービス方式を採用しながら，食料品を中心に，日用品も含む日常生活に不可欠な商品を安く販売する業態である。日本の食料品スーパーは，1953年東京・青山で食料品のセルフサービス販売を始めた「紀ノ国屋」を起源とし，1970年代前半にかけて多くの食料品小売業者がその経営に参入した。1970年代中頃以降になると，食料品スーパーのなかには，チェーンストアとして本格的な多店舗展開を進めるところがあらわれた。現在，食料品スーパーはコンビニと並ぶ日本における食料品小売業の代表的な業態の1つといえる。

　食料品スーパーの業態特性として，各店舗の商圏が徒歩あるいは自動車で10～15分以内と狭いために，そのおもな出店先には住宅地の近くが選ばれる。一方で，厳格な鮮度管理が求められる生鮮食料品や日配品の販売量が多いため，食料品スーパーの店舗網は商品配送時の鮮度維持と輸送コスト削減の両立を目指して，物流センターから一定の時間距離内に高密度な店舗立地を行う「ドミナント出店」を通じて形成される（志村 1987，小本 2000）。日本における食料品スーパーの成長は，おもに人口増加が進む大都市圏の郊外地域への積極的な多店舗展開と，冷凍・冷蔵・常温の各温度帯に即した商品配送体制の確立に代表される物流システムの構築によってもたらされた（折橋 1991）。

　ところで，食料品スーパーの店舗網は，1990年代以降に急速な再編成が進み，その影響は店舗展開と物流システムの双方に及ぶ。第1に，食料品スーパーは近年，幅広い食材調達のニーズに対応するために，売場面積の大きな店舗立地を通

じてさらなる顧客の吸引を目指している（斎藤 2000）。しかし，同時にみられる出店競争の進展は，食料品スーパーの出店地域を人口密度の高い大都市内部にも拡げる一因となっており，大都市圏における食料品スーパーの出店行動は，むしろ多様化している（安倉 1998）。第2に物流システムの再編成は，単なる物流センターの増設による配送圏の分割にとどまらない。食料品スーパーの中には，配送時の鮮度維持を前提条件とする出店地域をあらかじめ定めたうえで，処理能力の大きな物流センターを設け，異なる温度帯の商品を1カ所に集約することで，より効率的な物流システムを構築する場合もある[1]。

本章は，食料品スーパーの成長と再編成について，大都市圏の郊外地域で成長した2社を事例に，1970年代中頃から2001年現在までの店舗展開と物流システムの構築状況の2点から考察する。分析に際しては，1999・2000年に事例チェーンに対して行った聞き取り調査と社史などの内部資料を中心に，『有価証券報告書』，『日本スーパー名鑑』，業界紙の記事も補足的に用いた。

2　食料品を販売するスーパー

2.1　食料品スーパーの成長

表7-1は，スーパーの中でも，食料品を販売する売上高の上位チェーンについて，1972年と2001年で比較したものである。なお，以下で述べる食料品スーパーとは，総売上高に占める食料品の割合が70％以上を占めるチェーンを指す。

1972年の時点で，食料品の売上高が高いスーパーは，ダイエーをはじめ西友ストア（現・西友），ジャスコ（現・イオン）など後にナショナルチェーンとして全国的な店舗展開を指向したものが中心である。このタイプのチェーンでは，総売上高に占める食料品の割合は約30～40％であり，衣料品や耐久消費財など衣食住の全分野にわたる品揃えをもつ総合スーパーといってよい。これに対して，食料品スーパーの売上高は最大でも100億円前後，店舗数もほとんどが10数店から20店前後であり，総合スーパーに比べてその格差が大きい。また，それらの出店地域は，本部が所在する都府県内にとどまり，いわゆるローカルチェーンとしての性格が強い。

1972年当時は，食料品スーパーにおける生鮮食料品の鮮度管理体制は十分では

表 7-1　食料品を販売するスーパーの売上高上位チェーン（1972年）

順位	チェーン名	食料品売上高 （億円）	総売上高 （億円）	食料品売上高 の割合　（％）	店舗数
1	ダイエー	1,224	3,052	40.1	90
2	西友ストア	737	1,860	39.6	96
3	ジャスコ	451	1,555	29.0	93
4	東光ストア	319	650	49.0	56
5	丸食グループ	288	480	60.0	78
6	イトーヨーカ堂	279	849	32.9	34
7	ユニー	256	1,249	20.5	118
8	淵上ユニード	195	750	26.0	31
9	ピーコック	164	260	63.1	25
10	いづみや	146	598	24.4	48
11	サンコー	139	348	40.0	30
12	小田急OX	138	250	55.0	17
13	忠実屋	123	219	56.1	19
14	オーケー	113	140	80.8	28
15	丸悦ストア	110	125	88.2	22
16	青楓チェーン	105	220	47.9	79
17	東武ストア	104	171	60.9	17
18	サカエ	94	205	46.0	18
19	サミットストア	90	120	75.0	24
20	近商ストア	89	150	59.3	24
21	ヤマナカ	84	102	82.0	20
22	エンドーチェーン	83	260	31.9	22
23	平和堂	76	193	39.1	7
24	ベニマル	75	97	77.0	19
25	西友ストア関西	73	172	42.3	15
26	ニチイ	73	1,450	5.0	149
27	清水フードセンター	73	83	87.3	28
28	丸共ストア	72	85	85.0	23
29	ライフ	72	102	70.6	15
30	魚力	70	82	84.8	31
37	いなげや	59	66	89.5	14

・**アミカケ**は食料品スーパー（総売上高の70％以上を食料品で占める）を指す．
　（資料：日本繊維経済研究所『日本のスーパーチェーン1974年度版』により作成）

表7-2 食料品を販売するスーパーの売上高上位チェーン (2001年)

順位	チェーン名	食料品売上高 (億円)	総売上高 (億円)	食料品売上高の割合 (%)	店舗数
1	イオン	8,501	16,701	50.9	364
2	ダイエー	6,302	17,312	36.4	286
3	イトーヨーカ堂	6,255	15,109	41.4	181
4	西友	4,190	7,846	53.4	207
5	ユニー	4,038	7,706	52.4	158
6	ライフ	2,885	3,821	75.5	186
7	マルエツ	2,771	3,142	88.2	191
8	イズミヤ	1,844	3,263	56.5	78
9	平和堂	1,698	3,162	53.7	84
10	東急ストア	1,677	2,731	61.4	91
11	いなげや	1,667	1,832	91.0	126
12	ヨークベニマル	1,627	2,571	63.3	92
13	万代	1,470	1,612	91.2	124
14	オークワ	1,425	2,133	66.8	117
15	サミット	1,325	1,448	91.5	72
16	イズミ	1,313	3,104	42.3	74
17	マックスバリュ西日本	1,255	1,439	87.2	111
18	カスミ	1,252	1,461	85.7	103
19	フジ	1,138	2,710	42.0	75
20	マルナカ	1,133	1,576	71.9	102
21	ユーストア	1,061	1,441	73.6	63
22	ヤマナカ	1,006	1,126	89.3	69
23	関西スーパーマーケット	949	1,039	91.3	49
24	サンリブ	934	1,776	52.6	68
25	大丸ピーコック	926	1,120	82.7	62
26	タイヨー	897	1,281	70.0	85
27	ヤオコー	867	1,030	84.2	56
28	ベイシア	850	1,227	69.3	59
29	相鉄ローゼン	833	1,075	77.5	49
30	バロー	827	1,100	75.2	94

1) 1972～2001年にかけて，社名変更されたチェーンは以下の通りである．
ジャスコ→イオン，西友ストア→西友，ピーコック→大丸ピーコック，いづみや→イズミヤ，丸悦ストア→マルエツ，サミットストア→サミット，ベニマル→ヨークベニマル，東光ストア→東急ストア．
2) **アミカケ**は食料品スーパー（総売上高の70%以上を食料品で占める）を指す．
（資料：『流通経済の手引き』，『流通会社年鑑』，『チェーンストアエイジ 2002年9月1日号』および各社ホームページにより作成）

なく，実際の加工業務を特定の専門技術者に依存していた。加えて，その技術水準は店舗間で大きく異なっていたことが，食料品スーパーの店舗運営を難しくし，チェーンストアとしての成長に結びつかなかったと考えられる（緒方 1984，石原 2000）。

2001年をみると対照的に，食料品売上高の上位5社は総合スーパーで占められるが，総売上高に占める食料品の割合は1972年に比べて高くなっている（表7-2）。かつては総合スーパーの主力商品であった衣料品や耐久消費財の売上高は，近年の消費不況ならびに低価格販売を指向する専門店などの台頭で伸び悩んでいる。配送，保管，加工を含む食料品の鮮度管理体制が整備された現在，総合スーパーは食料品の販売に力を入れることで，従来以上に食料品スーパーとの業態間競争を続けている。

2001年における食料品売上高の上位30社中，食料品スーパーの数は16社に増加しているが，100店以上の店舗数をもつチェーンも7社あり，売上高・店舗数の双方において食料品スーパーの成長が確認できる。

2.2 事例チェーン

こうした食料品スーパーの成長を具体的に検討するために，事例として首都圏で店舗展開している「いなげや」と「ライフ」の2社を比較検討する（図7-1）。両社は独立系[2]のチェーンであり，かつ他チェーンとの吸収・合併を受けることなく，独力で店舗網を形成してきたという特徴がある。

いなげやは，1900年に東京都立川市で開店した鮮魚小売店「稲毛屋」を母体にしている。1956年6月には，東京都内では，紀ノ国屋に次いで2番目となるセルフサービス店を立川市に開店したのを契機に，食料品スーパーの経営に乗り出した。いなげやが本格的な成長を遂げたのは，多店舗展開を進めるうえでの基盤施設となる物流センターの開設（1973年）を契機とする。また，1978年に食料品スーパーでは1977年のマルエツに次ぐ東京証券取引所第二部への上場を行い（1984年に一部上場），資金調達も容易になった。2001年度（2002年2月期）の総売上高は，1,832億円（うち食料品は1,667億円）を占め，出店地域は東京都・神奈川県・千葉県・埼玉県・茨城県・栃木県の1都5県，126店を数える。

ライフは1956年に設立された食料品貿易業者を母体に1961年，大阪府豊中市に

(億円)
2,000
1,500
1,000
500
0

■ 売上高
◆ 店舗数

1971 75 80 85 90 95 2000年

a) いなげや

(億円)
2,000
1,500
1,000
500
0

■ 売上高
◆ 店舗数

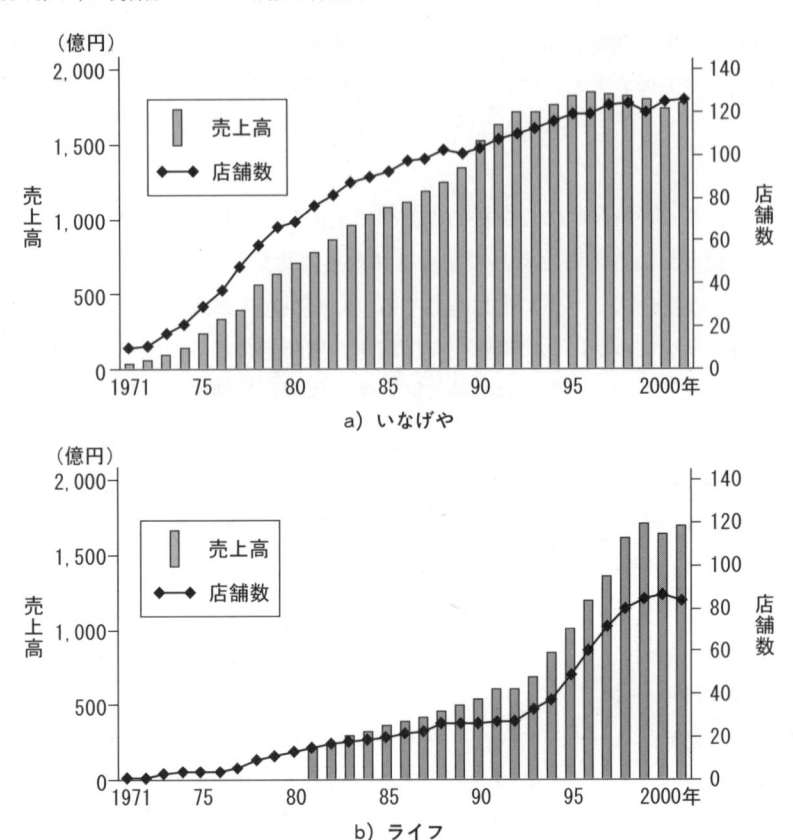

1971 75 80 85 90 95 2000年

b) ライフ

1) ライフの売上高・店舗数は首都圏の店舗のみを記載．
2) ライフの売上高については，資料の制約から1981年以降を記載した．

図7-1　いなげや・ライフの売上高および店舗数の推移（1971〜2001年）
（資料：『日本のスーパーチェーン 1974年度版』および有価証券報告書
により作成）

食料品スーパーの第1号店を出店した．当初の10年間は大阪府と兵庫県で店舗展開を続けたが，1971年の東京都板橋区での出店を契機に，首都圏での店舗展開も進めた．ライフが首都圏での多店舗展開に力を入れたのは，大店法の運用が緩和された1990年代以降である．首都圏におけるライフの出店地域は東京都・神奈川県・千葉県・埼玉県の1都3県に及ぶ．2001年度の総売上高3,821億円（うち食料品は2,885億円）のうち，首都圏の店舗によるものは1,689億円（44.2％），店舗数は全186店中84店（45.2％）である．

3　店舗網の形成とその再編成

いなげやとライフの2社が，1970年代中頃から2001年までどのように店舗網を形成し，かつ再編成されたのか。新規出店ならびに閉鎖店舗の分布から考察してみよう。店舗網の形成と再編成には，大店法の運用緩和の中でも，1992年の大店法改正が大きな影響を与えたと考えられる。したがって，出店年次を大店法改正前（1973～1991年），大店法改正後（1992～2001年）に大別しながら，各時点における店舗の分布状況を明らかにする。

3.1　大店法改正前（1973～91年）における店舗展開

いなげやの1973年当時の店舗数は14店ときわめて少なく，その分布は本部がある立川市をはじめ，武蔵村山市・東大和市・小金井市など立川市の周辺都市に限定されており，ローカルチェーンとしての性格が強かった（図7-2）。しかし，1974年以降は出店件数が急速に増え，発祥の地である東京都の多摩地域はもとより，埼玉県では入間市・所沢市を中心とする南部，神奈川県では横浜市・川崎市，東京都内でも多摩地域に隣接する練馬区を手始めに23区内への出店がそれぞれ始まった。なかでも，1976・1977年に十数店の大量出店を行った点が注目される。また，店舗の売場面積をみると，1973年以前に出店した店舗では，1,000㎡以下の小規模なものが多かったが，1974年以降1970年代末までは，ほぼ1,000～1,499㎡に標準化されている。当時の大店法では，売場面積1,500㎡以上の店舗を対象としていたため，1976・1977年の大量出店は，法的規制を受けることなく自由に行うことができたのである。

1979年に大店法の調整対象となる売場面積は500㎡に引き下げられた。同時に大店法の運用は厳しさを増し，食料品スーパーにおいても地元での出店調整が難しくなった。そのため，いなげやの出店件数は1980年代に入ると減少した。同時期に出店したいなげやの店舗には，「アイマーク」の名称で，大店法の規制対象外である売場面積500㎡以下のミニスーパーと呼ばれる小規模店舗での出店を余儀なくされたものもある。

しかしながら，いなげやはこの時期に東京都や神奈川県に比べて人口密度が低

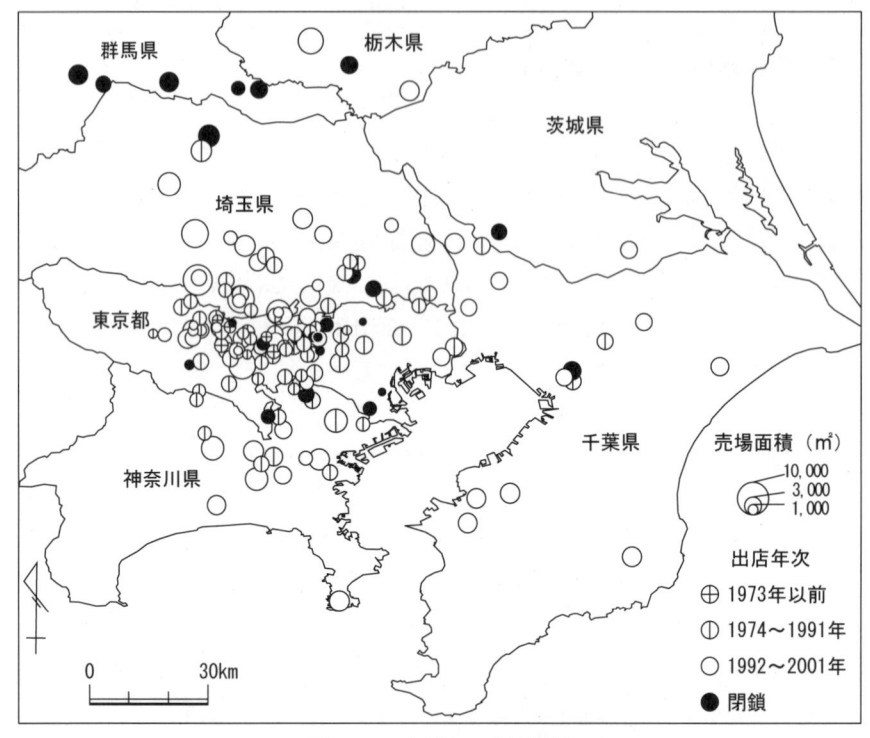

図 7-2　いなげやの店舗展開
（資料：『日本のスーパーチェーン 1974年度版』および『流通会社年鑑 2003年度版』により作成）

い首都圏の外縁部では，広範囲にわたる顧客の吸引を目的に，ワンストップ・ショッピングが可能な大型店の開発にも取り組んだ。その1例として，1988年に埼玉県毛呂山町に出店した店舗の売場面積は4,000m²を超える。同店での取扱商品は食料品・日用品にとどまらず，肌着・靴下に代表される実用衣料品にも及んでいた。また，わずかではあるが出店地域の拡大を続けた点も見逃せない。すなわち，1985年には群馬県内の第1号店を大泉町に出店したのをはじめ，1988年には千葉県（第1号店の所在地は，千葉市若葉区），1989年には茨城県（同・守谷市）にも出店地域を拡げた。

ライフは，1971年に東京都板橋区に第1号店を出店後，1977年までは板橋区の他，渋谷区・目黒区・足立区と東京23区内にのみ店舗展開していた。東京23区以

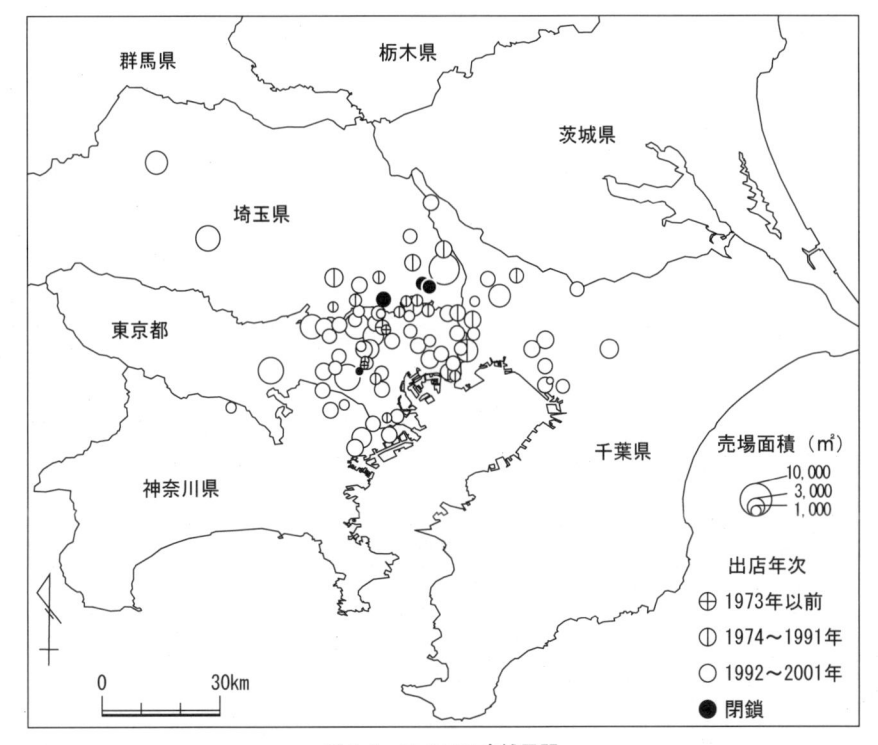

3 店舗網の形成とその再編成 141

図 7-3 ライフの店舗展開
(資料：『日本のスーパーチェーン 1974年度版』および『流通会社年鑑 2003年度版』により作成)

外への出店が始まったのは，1978年のことであり，以後，ライフは埼玉県南部へのドミナント出店を続けながら，1988年には千葉県へも出店地域を拡げた．しかし，1991年までに出店した現存店舗は24店にとどまり，いなげやに比べるとその数はきわめて少ない．また，売場面積では，東京23区内で初期に出店した店舗の場合，売場面積1,000㎡未満の店舗もある反面，1980年代に埼玉・千葉の両県に出店した店舗の中には，2,000～3,000㎡の売場面積をもつものもみられる（図7-3）．

1980年代よりライフでは，「スーパーレット」(売場面積1,000㎡未満)，「スーパーマーケット」(同1,000～1,200㎡)のほか，「スーパー・スーパーマーケット」(同1,300～3,000㎡)，「コンビネーションストア」(同3,000～4,500㎡)

の名称で規模別に4タイプの店舗開発を進めていた（高山・販売革新編集部1989）。ライフの出店地域では，マルエツ，いなげやをはじめとする他の食料品スーパーや，イトーヨーカドー，西友など総合スーパーとの競合が激しかった。大店法の運用強化により出店規制が厳しい中，ライフは顧客の吸引を図る出店戦略の1つとして，出店件数は少ないながらも複数タイプの店舗展開を推し進めたと考えられる。

3.2　大店法改正後（1992～2001年）における店舗展開

　大店法改正後のいなげやは，新たに房総半島を中心とする千葉県東部をはじめ，茨城県，栃木県，群馬県への出店を増やした（図7-2）。しかし，店舗分布を詳細にみると，高密度な出店を続けてきた東京都や神奈川県，埼玉県の店舗に比べて分散している。また，1店舗あたりの平均売場面積も，1,251.4m^{2}から2,092.5m^{2}へ拡大するとともに，平均駐車台数も70.6台から210.3台に増加している。

　現在，いなげやではおもに売場面積1,500m^{2}程度の「スーパーマーケット」と，同2,000m^{2}程度の「スーパー・スーパーマーケット」の2タイプからなる店舗開発を行っている。それぞれの駐車可能台数は，「スーパーマーケット」で100～150台，「スーパー・スーパーマーケット」で200～500台を基本としている。また，用地に余裕があるところでは，単独立地ではなく，衣料品専門店やドラッグストアとともに，近隣型ショッピングセンターのテナントとして入居する動きもある。これらの店舗開発においては，投資額を1店あたり約5～6億円と定め，出店から7～8年以内での投資回収を目指している。

　以上，大店法改正後にいなげやが採った店舗開発では，大型店の出店が容易になる中，食料品を中心に日常生活に欠かせない商品のワンストップ・ショッピングに対する需要の高まりに加えて，大都市圏の郊外地域におけるモータリゼーションのさらなる進展も考慮されていた。その結果，人口密度は小さいものの，安い地価でも収容台数が大きな駐車場の確保が可能で，かつ広範囲にわたる顧客の吸引が見込まれる千葉県東部を中心に，茨城県，栃木県など，首都圏でも外縁部に当たる地域への積極的な出店を促したとみられる。

　1992年以降，ライフは60店もの大量出店を遂げた（図7-3）。そして，1店あ

たりの平均売場面積も 1,898.7m² から 2,703.4m² に拡がった。とりわけ，売場面積 3,000m² 以上の店舗は14店を数えるが，1991年以前にはみられなかった売場面積 5,000m² 以上のものが 7 店ある。しかしその分布は，東京都府中市のほか東京23区（練馬区・世田谷区）や，埼玉県では新座市・吉川市のような東京の近郊都市をはじめ，毛呂山町・寄居町といった外縁部にもみられ，出店先が多岐にわたる。ライフではこれらの店舗を「ゼネラル・マーチャンダイジング・ストア」と位置づけ，品揃えにおいても衣料品の比重を高めるなど総合スーパーとしての性格を強めている。

　ライフの出店地域も，いなげやと同じく大店法改正後，急速に拡大している。しかし，店舗分布をみると，新規出店した60店中，東京23区への出店件数が31店と多い点がいなげやとはきわめて対照的である。さらに，それらの分布を細かく検討すると，墨田・江東・葛飾・練馬・世田谷・中野・杉並の各区など，東京23区でも夜間人口が多い地域に集中する。同時に，神奈川県には1995年に初めて出店して以降，1997年にかけて川崎市内を中心に 8 店が立地した。

　ライフが他地域に比べて東京23区への出店に積極的であった理由の1つとして，当該地域における食料品を取り扱う大型店の少なさが考えられる。従来，大都市の既成市街地では，地価の高さや駐車場取得の難しさから，ダイエーやイトーヨーカドーなど総合スーパーが，おもな出店地域を大都市の既成市街地から近郊地域の主要鉄道駅前を経て，幹線道路沿いへと移動させた（伊東 1978）。その中にあって，ライフは大店法改正後の出店規制緩和を企業規模拡大の好機と捉えて，東京23区内での新規出店に注力し，用地に応じて売場面積 1,000m² 前後から 6,000m² 台に至るさまざまな規模の店舗を続けて出店した。これらの店舗は，人口密度が高く，かつ鉄道駅に近いところに立地するものが多かった。そのため，出店に際して駐車場の収容台数をあまり考慮しなくても一定の顧客が確保できた。実際に，ライフが東京23区内に出店した31店中，駐車場を併設していない店舗は 9 店を数える。また，駐車場をもつ店舗でも最大の収容台数は西大泉店（練馬区）の162台であり，いなげやが大店法改正後に出店した店舗の 1 店舗あたりの平均駐車台数（210台）にも満たない。

　大店法改正後におけるライフの店舗展開の特徴は，店舗規模の拡大と並んで，おもな出店先を東京23区へ移したことであろう。それは，食料品を販売する大型

店が少なく，かつ公共交通機関に恵まれ，店舗周辺の人口密度が高い地域特性を最大限に生かした出店戦略への変化と言い換えることができる。ライフによる大都市の既成市街地への多店舗展開は，大阪市内でも確認されている（安倉 1998）。ライフの店舗展開をめぐる事例は，大都市居住者による潜在的な消費需要を獲得しようとする食料品スーパーの出店戦略を示すものとして興味深い。

3.3 閉鎖店舗の地域的特徴

スーパーの出店行動は，新規出店の面からのみ捉えられるものではない。スクラップ・アンド・ビルドのもう一面，すなわち店舗閉鎖の面と併わせることによって理解される（安倉 1999）。以下，いなげや・ライフの両社による店舗網の再編成をより明確にするために，閉鎖店舗の分布とその地域的特徴，そして出店戦略との関連を述べる。

いなげやの閉鎖店舗は，2001年までに37店確認された（図7-2）。うち26店が大店法改正後の閉鎖である。とくに1990年代後半には，1996年の6店をはじめ，2000年までに年間数店の閉鎖が行われている。以下では，大店法改正後の閉鎖店舗に考察の対象を絞る。

大店法改正後におけるいなげやの閉鎖店舗の地域的特徴と出店戦略との関連は，次のようにまとめられる。まず，既存の出店地域である東京・神奈川・埼玉の各都県では，人口密度が高いために，食料品の販売をめぐる店舗間競争が激しさを増した。大規模店舗の出店を重視するいなげやの場合，既存店舗の多い地域では，競争の激化により集客力が期待できない売場面積500m² 未満の小規模店舗の閉鎖を進める一方で，各店舗の商圏の隙間をつく形で，従来よりも売場面積が大きな店舗の新規出店や，既存店舗の増床・改装を続けることで食料品販売におけるシェアの維持を図ったと考えられる。

一方，大店法改正前からの出店地域であっても，遠隔地の群馬県からは撤退している[3]。群馬県内には，「とりせん」「フレッセイ」などのローカルチェーンが存在する。もとより，いなげやの群馬県内での店舗展開は，物流センターからの商品配送に多大な時間を要するため，これらローカルチェーンとの競争は不利な条件下にあった。いなげやにおける大店法改正後の出店戦略では，①配送時の鮮度維持，②食料品販売の範囲でのワンストップ・ショッピング需要への対応，③

郊外地域におけるモータリゼーションの進展への対応の3点が重視された。そのうえで，いずれかの条件に対応できない店舗を閉鎖した結果，東京・神奈川・千葉・埼玉の各都県を中心とする店舗網へと再編成されたのである。

　いなげやとは対照的に，ライフの閉鎖店舗は5店と少ない（図7-3）。店舗の閉鎖年次が，2000年以降ときわめて新しい点もいなげやとは異なる。大店法改正後に積極的な出店を続けたライフは，店舗開発の段階で出店用地の有無が優先される傾向が強かった。その結果，同時期に出店した店舗のなかには，不採算に陥るものもあらわれ，1993～2000年にかけてライフの首都圏における事業は赤字を計上し続けた。そこでライフは2000年に入ってから，一部の不採算店舗の閉鎖に取り組むようになった。また2001年には，これまで続けてきた新規出店をようやく中止するに至っている。

　ライフにおける店舗の閉鎖は，その実施年次からみてもいなげやとは異なり，大店法改正後の出店規制緩和を背景とした店舗のスクラップ・アンド・ビルドという解釈は難しい。大店法改正後にとったライフの出店戦略では，売上高の増加を見込んだ多店舗展開による急速な企業規模の拡大が重視された。しかし，2000年6月の大店立地法施行後，大型店の出店をめぐる枠組みが変わる過渡的な期間を利用して，従来の売上高から収益を重視する方向へと経営方針を変え，店舗網の再編成に着手したのである。

3.4　店舗展開を可能にする物流システムの空間的特性

　それでは，このようにして形成された店舗網はどのような物流システムによって支えられているのであろうか。その空間的特性を，おもに物流センターの立地・機能と配送圏の分析を通じて明らかにしてみたい。

　食料品スーパーの物流センターは，その機能からプロセスセンターと集配センターの2つに大別される。まずプロセスセンターでは，食肉・鮮魚の加工や惣菜の製造が行われる。食料品スーパーは，チェーンストアとして成長する過程で，生鮮食料品の加工作業をどのように標準化させるかを課題としていた。プロセスセンターの導入はこうした課題をふまえて採られた方策の1つであり，生鮮食料品の一括加工を通じて，店頭段階での従業員の負担軽減ならびに少人数での店舗運営を可能にした[4]。

表 7-3 「いなげや」物流センターの概要（2000年）

物流センター	機能	現在地への立地年	施設面積 (m²)
立　川	常温・青果物（集配）	1976年	23,100
武蔵村山	鮮魚（プロセス）・日配品（集配）	1973年	4,762
	食肉（プロセス）	1978年	2,409
	ベーカリー（プロセス）	1994年	677
千　葉	冷蔵・常温（集配）	1999年	3,878

・**太字**は窓口問屋に運営を委託しているセンターを指す．
（資料：有価証券報告書およびいなげや資料により作成）

　次に集配センターは，メーカー・卸売業者から納品された商品を冷凍・冷蔵・常温の各温度帯を基準に各店舗へ仕分けるための施設である．従来，各店舗への納品はメーカー・卸売業者からの直接配送に依存していたために，店頭段階では従業員による品出し・検品・陳列などの作業負担が大きかった．しかし集配センターの導入後は，複数のメーカー・卸売業者からの商品が温度帯ごとにまとめて納品されるために，当該作業に要する時間は減少した（土屋 1998，箸本 2001，安倉 2003）．こうした物流センターの設置は，商品の配送コストならびに店舗内作業にかかる人件費といったチェーン全体の運営費削減を可能にした．以下，いなげや，ライフの2社を事例として，食料品スーパーにおける物流システムの構築とその再編成を，店舗展開との関連において比較しよう．

　いなげやによる初めての物流センターの設置は，1973年にさかのぼる．当初の物流センターは武蔵村山市に置かれ（武蔵村山センター），プロセスセンターとして鮮魚の加工に取り組んだのをはじめ，すべての温度帯にわたる商品の集配センターとしての機能も併せもっていた．しかし，大量出店にともない取扱商品が増加すると，武蔵村山センターの処理能力にも限界が生じると考えられた．そこで，1976年，加工食料品のような常温商品を取り扱う集配センターは，武蔵村山市から立川市へ移転した（立川センター）．他方，武蔵村山センターは食肉およびパン用生地の加工・製造を手がけると同時に，乳製品や豆腐など冷蔵商品を扱う集配センターとしての機能を併せもつようになった（表7-3）．なお，武蔵村山・立川両センターからの配送圏は，時間距離で2時間以内に設定されていた．そのため当時のいなげやでは，この時間距離内での配送が可能でかつ人口密度が

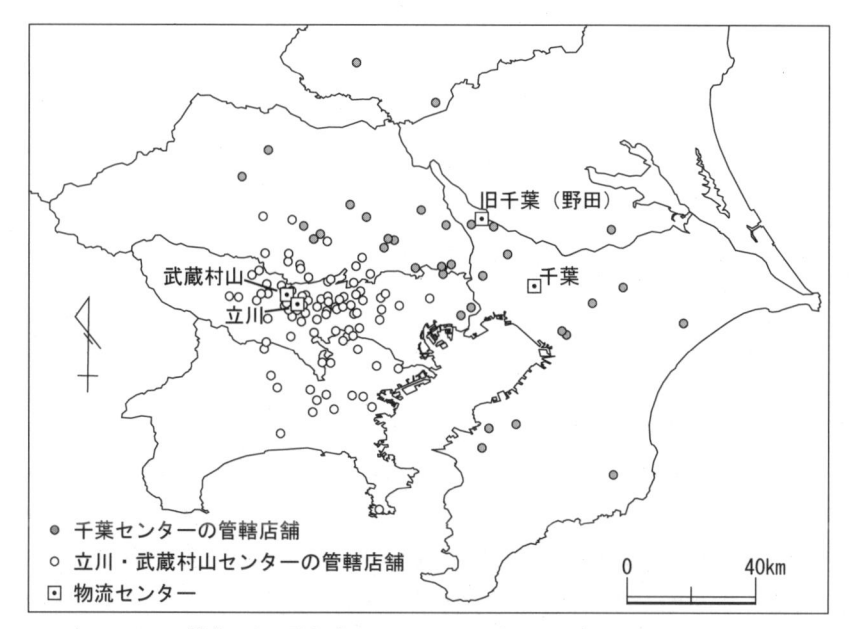

図7-4　いなげやの物流センター立地とその管轄圏（2001年）
（資料：いなげや本社の資料により作成）

・各センターの機能および取扱商品については，表7-3を参照．

凡例：
- 千葉センターの管轄店舗
- 立川・武蔵村山センターの管轄店舗
- 物流センター

高い東京都内，神奈川県東部，埼玉県南部への出店を進めたといえる．

　いなげやが，早くから物流システムの整備に積極的であった理由の1つは，1970年代中頃の時点で，多店舗展開による規模拡大を経営方針に掲げて，首都圏の郊外地域へのドミナント出店を目指したことであろう（高山・販売革新編集部1989）．そのためには基盤施設の1つとして物流センターの立地が不可欠であった[5]。

　大店法改正後，いなげやは千葉県へも出店地域を拡げた．しかし，従来の武蔵村山・立川両センターを起点とした商品配送では，東京中心部での交通渋滞が激しく，配送圏の縮小を余儀なくされるために，新たな物流センターの立地が求められた．そこで1995年，新たな物流センターを野田市に設け（野田センター），荒川沿いで配送圏が分割された（図7-4）．野田センターは開設当初，食肉・鮮魚を含む冷蔵商品と常温商品の集配センターとしての機能を有していた．しかし，千葉県を中心としてさらに店舗数が増加したため，野田センターでも処理能力が

表 7-4 「ライフ」物流センターの概要（1999年）

物流センター	機　　能	現在地への立地年	施設面積 (m^2)
栗　橋	食肉・水産物（プロセス） 冷蔵・常温（集配）	1993年	12,176
川　口	惣菜・弁当（プロセス）	1985年	2,931
川崎扇町	常温（集配）	1998年	5,739
用　賀	冷蔵（集配）	1998年	1,429

（資料：有価証券報告書およびライフコーポレーション資料により作成）

限界に達し，1999年，物流センターは千葉センターの名称で再び船橋市へ移転され，これと同時に青果物の集配業務が加えられた。なお，食肉・鮮魚の加工業務は外部業者に委託されており，それらはすべて千葉センターで仕分けされ，配送される点が，武蔵村山センターとは異なる。

ライフの物流センターは，1982年川口市に東川口物流センターの名称で集配センターが，1985年同市に川口フーズセンターの名称でプロセスセンターがそれぞれ開設された。しかし，大店法改正後の積極的な多店舗展開による首都圏での規模拡大が経営戦略として具体化されるにつれて，既存の両センターのみでは処理能力の限界が予想された。そこで，ライフでは新たな物流センターの立地先として，茨城県との境界に近い埼玉県栗橋町を選び，1993年，栗橋総合物流センター（栗橋センター）の名称で稼働を始めた（表 7-4）。

栗橋センターは敷地面積 16,792m^2・施設面積 12,176m^2 と大規模であり，自社運営で食肉・鮮魚のプロセスセンターと冷蔵・常温の集配センターが併設されている。とくにプロセスセンターは100店舗分の処理が可能であり，処理された食肉・鮮魚は首都圏の全店舗へ配送される[6]。なお，栗橋センターの立地に伴い，東川口物流センターは廃止されたが，川口フーズセンターは惣菜・弁当の製造に特化したプロセスセンターとして今なお稼働を続けており，その配送圏は首都圏の全店舗に及んでいる。

ところで栗橋センターの位置は，地理的な店舗分布に対して北東に偏っている（図 7-5）。一般にチェーンストアにおける物流センターは，各店舗への配送時間が最小になるように店舗網の重心に立地するのが理想とされる（土屋 1998，箸

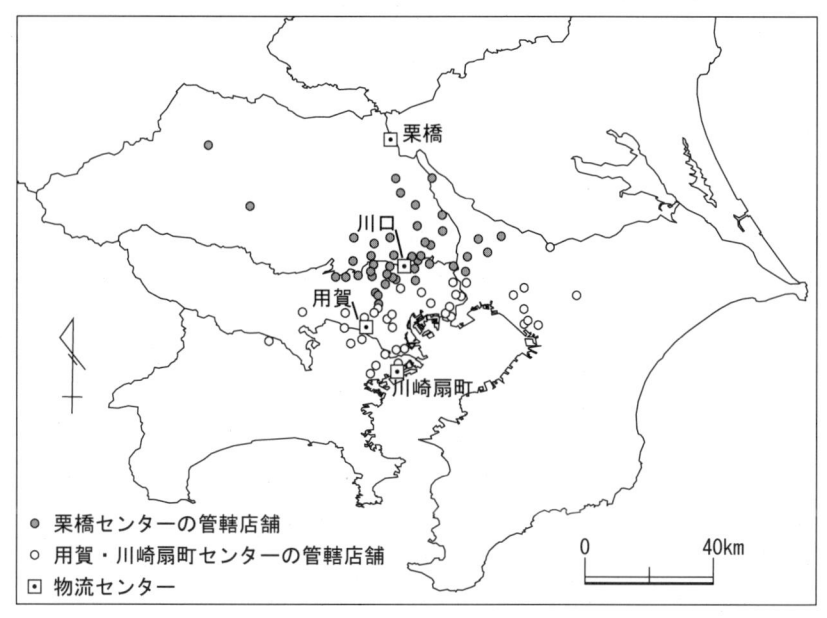

図 7-5　ライフの物流センター立地とその管轄圏（1999年）
　　　　（資料：ライフコーポレーション秘書広報室の資料により作成）

1）各センターの機能および取扱商品については，表 7-4 を参照．
2）資料の制約から，1999年 2 月末時点で出店している店舗のみを記載した．

本 2001)。しかし，実際には，大都市圏のチェーンストアの場合，地価の高さから物流センターの用地確保がきわめて難しく，理想的な立地点を選ぶことは困難である。栗橋センターは東北自動車道の加須インターチェンジから約 12km，トラックで約20分程度の場所に立地するため，栗橋センターが店舗網の地理的重心からずれていても高速道路を利用することで首都圏の全店舗へは 2 時間以内での配送が可能であるとされる。だがその後，ライフは東京23区の南部および千葉県・神奈川県の店舗に対する物流センターからの配送時間をより短縮させるために，1998年，世田谷区用賀と川崎市扇町に冷蔵・常温の各集配センターを増設し，その配送圏は分割された（図 7-5）。

4 1990年代における店舗網の再編成とその空間的影響

このように，1990年代に入るといなげや・ライフは，大店法の運用緩和を契機に出店地域を拡げながら，食料品を中心に最寄品全般を1カ所で幅広く揃えるワンストップ・ショッピングのニーズに即して大規模店舗の出店を増やした。この動きは，物流センターから各店舗までの輸送距離，ならびに取扱商品の数を増やす反面，高い配送コストの負担と物流センターの処理能力の限界をまねき，食料品スーパーの店舗展開および物流システムのあり方を大きく変える要因の1つとなった。しかし，両社による店舗網の再編成に向けた取り組みは大きく異なる。

まず店舗展開をみると，いなげやは首都圏の中でも千葉県を中心とする郊外へ出店地域を拡げ，平均で200台以上の駐車場を併設した大規模店舗を出店する戦略を採った。同時に既存の出店地域のなかでは，駐車場がなくかつ競争力が低下した中小規模店舗や，物流センターから遠い群馬県内にある店舗の閉鎖に取り組むなど，総合スーパーにおける店舗網の再編成に類似した政策を採った（安倉1999，山川 2001）。一方のライフは，大店法改正後，いなげやとは対照的に人口密度が高い東京23区内への出店に力を入れたが，いなげやに比べて駐車場の収容可能台数は少なく，駐車場のない店舗も散見された。ライフの事例は，郊外地域への出店を重視した結果，既成市街地の閉鎖店舗が増加するという総合スーパーに典型的な出店行動上の特徴が，食料品スーパーには必ずしも当てはまらず，より多様な店舗展開の可能性があり得ることを示唆している。

次に物流システムの再編成に対しては，窓口問屋方式をとるか，自社物流方式をとるかという違いが大きく影響している。いなげやは出店地域の拡大に対応して千葉県に集配センターを増設する際に，わずか4年で野田市から船橋市へ移転している。いなげやが，短期間のうちに集配センターを移転することができたのは，特定の卸売業者にすべての物流業務を委託する窓口問屋方式を採用したためである。いなげやは1995年以降，出店地域の拡大と同時に物流業務の外部委託を開始し，千葉センターは野田市への立地時から雪印アクセスによって運営されていた[7]。チェーンストアが窓口問屋方式を採用すると，物流センターの土地・建物の費用負担が不要となり，店舗数の増加などの環境変化にも柔軟に対応ができ

る利点が生じるのである。

　一方，自社物流方式を採用するライフでは，プロセスセンターで製造加工される商品は首都圏の全店舗へ配送されるものの，それ以外の冷蔵・常温商品については集配センターが分散立地しており，その配送圏は細分化されている（図7-5）。このような相違は，プロセスセンターが生産設備をもつために，費用面から新規の増設が集配センターほど容易ではないことに起因している。このようなライフの戦略は，いなげやが出店地域の拡大の際にプロセスセンターの運営を外部委託したこととは対照的である。

　本章で取り上げたいなげやとライフの2社は，鉄道会社系のチェーンなどに比べて，出店地域の選定に関する制約を受けない。両社の店舗分布と店舗を結ぶ物流システムの空間的形態は，高度経済成長期以降，現在までの長年にわたるドミナント出店戦略を通じて形成された企業行動のあり様を空間上に反映したものといえる。しかし，2社の事例を細かく検討すると，店舗網の形成時期が先発か後発か，あるいは物流業務を外部委託するか自社運営にするかなどの違いによって，相当に異なった再編成プロセスを示している。このように，食料品スーパーの企業戦略は決して一様ではなく，チェーンごとに細分化が進んでいるのである。

5　食料品スーパーの方向性

　食料品スーパーは，最寄性の強い商品を取り扱う業態特性を反映して，一定の商圏人口があれば成立し，安定した顧客の確保が期待できる。そのため，売上高上位のチェーンにおける業績は，総合スーパーに比べて安定している。そのなかで，本章で取り上げたいなげや・ライフは，首都圏の郊外地域を中心に多店舗展開による規模の経済性を追求したチェーンの事例と位置づけられる。

　しかし，都市における食料品スーパー間の競争は激しさを増している。食料品に対する消費者ニーズの多様化が進む現在では，単に売場面積を増やすだけではなく，商圏内の所得水準や世帯規模，年齢階層など消費者特性を考慮した店舗の開発が必要である。従来，郊外地域への出店を通じて成長してきたいなげや・ライフのような売上高上位のチェーンにおいてすら，品揃えや店舗運営などできめ細かな対応を迫られることは避けられない。

こうした動きに対して，東京23区への出店にこだわり続けてきたライフでは，「エクストラ」と称した高級食料品スーパーの店舗開発を進め，2002年，練馬区に開店した大泉公園店で本格的な実験を始めている。ここでは，従来までプロセスセンターからの配送に依存してきた生鮮食料品・惣菜を店舗内での加工に切り替え，消費者に商品の鮮度のよさをアピールするとともに，加工食料品の取扱商品数も既存店舗よりも1割多い2,800品目とし，幅広い品揃えを図ることで顧客の購買単価を増やして，近接する既存店舗との差別化を図ろうとしている（日経流通新聞 2002年10月1日）。

また，いなげや・ライフと同じく，首都圏の郊外地域で大量出店を続けたマルエツは，従来，店舗規模や地価の問題から食料品スーパーの出店が少なかった大都市都心部において，「フーデックス」と称する売場面積400m^2前後の小規模店舗を出店し，生鮮食料品はもとより惣菜・弁当の販売に力を入れながら，24時間営業を採用することでコンビニとの競争を進めようとしている。これらは，郊外地域への多店舗展開による量的な成長という側面だけでは説明することができないケースであり，今後の研究が必要な分野であろう。　　　　　　　（安倉良二）

［注］
1）Smith (1999)，矢作 (2000) は，イギリスの大手食料品スーパーの1つであるテスコ社における物流システムの構築について，物流センターの立地と機能の変遷に着目しながら，配送効率の改善と店頭在庫の短縮に向けた取り組みを詳述した．
2）いなげやは2002年6月にイオンが最大の株主になったものの，本稿の調査時点では独立系チェーンであったために独立系チェーンとみなす．
3）群馬県内にあったいなげやの店舗は，ローカルスーパー「フレッセイ」に譲渡された．いなげやの社内資料および本社での聞き取り調査によると，フレッセイの経営者は，いなげやで研修を受けたことがあり，いなげやの経営者と個人的な親交が深い．このことが，いなげやが群馬県内の店舗をフレッセイに譲渡した要因の1つと考えられる．
4）食料品スーパーで採用される生鮮食料品の加工方式は，本章で述べたプロセスセンターでの一括加工（センター加工）と，各店舗のバックヤードで加工作業を行うインストア加工に大別される．インストア加工は，売場での販売動向をみながら生鮮食料品の加工と商品化が行われるために，センター加工に比べて消費者に鮮度のよい商品を供給することができる利点をもつ反面，従業員とりわけ正社員に対する加工技術の

訓練に時間がかかるために，急速な多店舗展開による企業規模の拡大は難しい（石原2000，安倉2003）．
5）物流センターの立地により，多店舗展開の基盤ができたとしても，商品配送時の鮮度維持が問題となる．そこで，いなげやでは，コールドボックスと呼ばれる自冷式の配送機器を1975年に自社開発し，1980年代後半までおもに武蔵村山センターから各店舗までの商品配送に利用された．
6）栗橋センターの立地にともなう店頭負担の軽減を示す例としては，生鮮食料品の売場にかかる人件費が，センターの立地前に比べて約30～40％削減したことがあげられる（日経流通新聞 1994年1月27日）．
7）千葉県内の集配センターを船橋市に移転させた後は，新たに青果物の集配業務についても，伊藤忠商事系のケーアイフレッシュアクセスに委託するようになった．

［文　　献］

石原武政 2000．『商業組織の内部編成』千倉書房．
伊東　理 1978．大都市圏におけるスーパーの立地と展開―京阪神大都市圏の場合―．人文地理 30：481-501．
緒方知行 1984．流通業界の発展とスーパーマーケットの自立．オール日本スーパーマーケット協会・流通産業研究所編『"本物"スーパーマーケットの時代』181-197．ダイヤモンド社．
小本恵照 2000．『小売業店舗戦略の経済分析』NTT出版．
折橋靖介 1991．『スーパー業界』教育社．
斎藤雅通 2000．小売産業の業態戦略と管理システム．青木俊昭・斎藤雅通・青山悦子『日本のビッグ・インダストリー　第5巻：流通―流通ビッグバン「大競争時代」の流通産業』132-156．大月書店．
志村　喬 1987．スーパーマーケットチェーンの多店舗展開に関する企業行動論的考察―茨城県における中規模スーパーを事例として．理論地理学ノート 5：27-42．
高山邦輔・販売革新編集部 1989．『日本チェーンストア物語』商業界．
土屋　純 1998．中京圏の大手チェーンストアにおける物流集約化とその空間的形態．地理学評論 71A：1-20．
箸本健二 2001．『日本の流通システムと情報化―流通空間の構造変容―』古今書院．
安倉良二 1998．近年の大阪市における食料品小売施設の地域的動向―小売市場・スーパーの比較を通じて―．京都地域研究 13：125-146．
安倉良二 1999．大店法の運用緩和に伴う量販チェーンの出店行動の変化―中京圏を事例に―．経済地理学年報 45：196-216．

安倉良二 2003. 食料品スーパーにおける物流システムの再構築―京阪神圏の2社を事例に―. 地理科学 **58**：92-111.

矢作敏行 2000. 小売りサプライチェーンの発展過程―イギリス・スーパーマーケットの場合―. 矢作敏行編『欧州の小売りイノベーション』141-162. 白桃書房.

山川充夫 2001. 改正大店法下での大型店舗網の再構築―ジャスコを事例として―. 小金澤孝昭・笹川耕太郎・青野壽彦・和田明子編『地域研究・地域学習の視点』167-198. 大明堂.

Smith, D. 1999. Logistics in Tesco: past, present and future. Fernie, J. and Sparks, L. (eds.) *Logistics and Retail Management : Insights into Current Practice and Trends from Leading Experts*. 154-183 London: Kogan Page.

第8章　コンビニの農山村地域への展開可能性

1　コンビニの過当競争と郊外への拡散

　コンビニエンスストア（コンビニ）の成長と浸透が，過去四半世紀における日本のチェーンストアの進展を物語るうえで不可欠であることは議論の余地がなかろう。わが国におけるコンビニの担い手は，大店法によって厳しくその出店を規制されてきた量販資本であり，昼夜を問わず需要が発生する大都市圏を中心に店舗網が拡大されてきた。業態としてのコンビニの成功は，消費不況が進んだ1990年代後半以降も2ケタ成長を続けている点が雄弁に物語っている（序章参照）。
　しかし，業態全体の平均値を離れ，個別の企業や商圏に注目すると，利益の低下やフランチャイズシステムを支えてきた加盟店の脱落などが伝えられ，商圏の飽和や過当競争の進行が浮き彫りにされている。コンビニ業態の経営は，明らかに1つの曲がり角を迎えている。そうしたなかで，コンビニ業態の特徴ともいえる都心部をあえて避け，農山村地域に出店する動きが進んでいる。
　本章では，コンビニの農山村地域への展開可能性について検討する。とくにローカルチェーンであるタイミリー（本社所在地：岐阜県高山市）に注目することによって，農山村地域においてコンビニが展開できる場所はどこなのか，そして農山村地域に適したコンビニの営業形態とは何かについて考えてみたい[1]。
　まず，20世紀における日本のコンビニの動向について簡単に整理しよう。日本でコンビニが初めて登場したのは1960年代後半である。その多くは，食料品を中心として総合的な品揃えをする小売業，いわゆる「よろずや」が，卸売業者から支援を受けながらコンビニに改装したものが中心であり，品揃えの充実，長時間

営業を進めていったものである（川辺 1994）。

　1970年代には，ダイエーやイトーヨーカ堂といった大手スーパーが多業態戦略の一貫としてコンビニチェーンを設置するようになり，日本のコンビニは成長期を迎えることとなる。1974年に大店法が施行されると，大手スーパーは規制の対象外であるコンビニに注目するようになり，イトーヨーカ堂の子会社であるセブン-イレブン・ジャパン，ダイエーの子会社であるローソンなどが積極的に店舗展開をおこなった。当時のおもな展開地域は，三大都市の人口密度の高い住宅地域であった（奥野 1977）[2]。

　1980年代には，さまざまな業種（たとえば，卸売業，鉄道会社，石油元売業者など）がコンビニ業界に参入し，さらなる成長を迎えることとなる。このころには三大都市圏の郊外地域へも店舗が広がり，拠点的分布から面的分布へと変化していった。さらに，札幌，福岡など広域中心都市にも積極的に展開し，1990年代に入るとその他の県庁所在都市にも拠点を構築するようになった。このような積極的な店舗展開によって，大手チェーンの店舗網は全国的なものとなった（図8-1）。

　全国的にみるとコンビニは，三大都市圏とくに首都圏で高密度に分布しており，東京都では店舗間の距離が522.9mと（通商産業省 1997），ほぼ飽和状態に達しつつある。1990年代後半にはコンビニの過当競争が進展し，各チェーンはスクラップ・アンド・ビルドを進めるとともに，さまざまな差別化戦略を立てるようになった。たとえばセブン-イレブンやローソンといった大手コンビニは，大都市圏の狭い商圏のなかで顧客争奪戦を有利に進めるため，POSシステムで集めた販売情報を分析し，各店舗の商圏にあわせたマーチャンダイジングを進めている（箸本 1998）[3]。またam/pmは，セブン-イレブンやローソンが積極的に展開していなかった繁華街やビジネス街に展開し，商品販売だけでなく，金融サービス，宅配サービスなどさまざまなサービスを展開している。

　このように日本のコンビニは急激に成長していくなかで全国的な分布を形成してきたが，大都市では過当競争が激しくなるとともに差別化競争も進んでいる。コンビニの過当競争がこのまま進むとすれば，コンビニは都市内部での浸透を図るだけでなく，都市内部以外の地域にも積極的に店舗展開を行う必要が生じてくる。本章では，コンビニが展開する可能性をもつ市場として農山村地域に注目し，

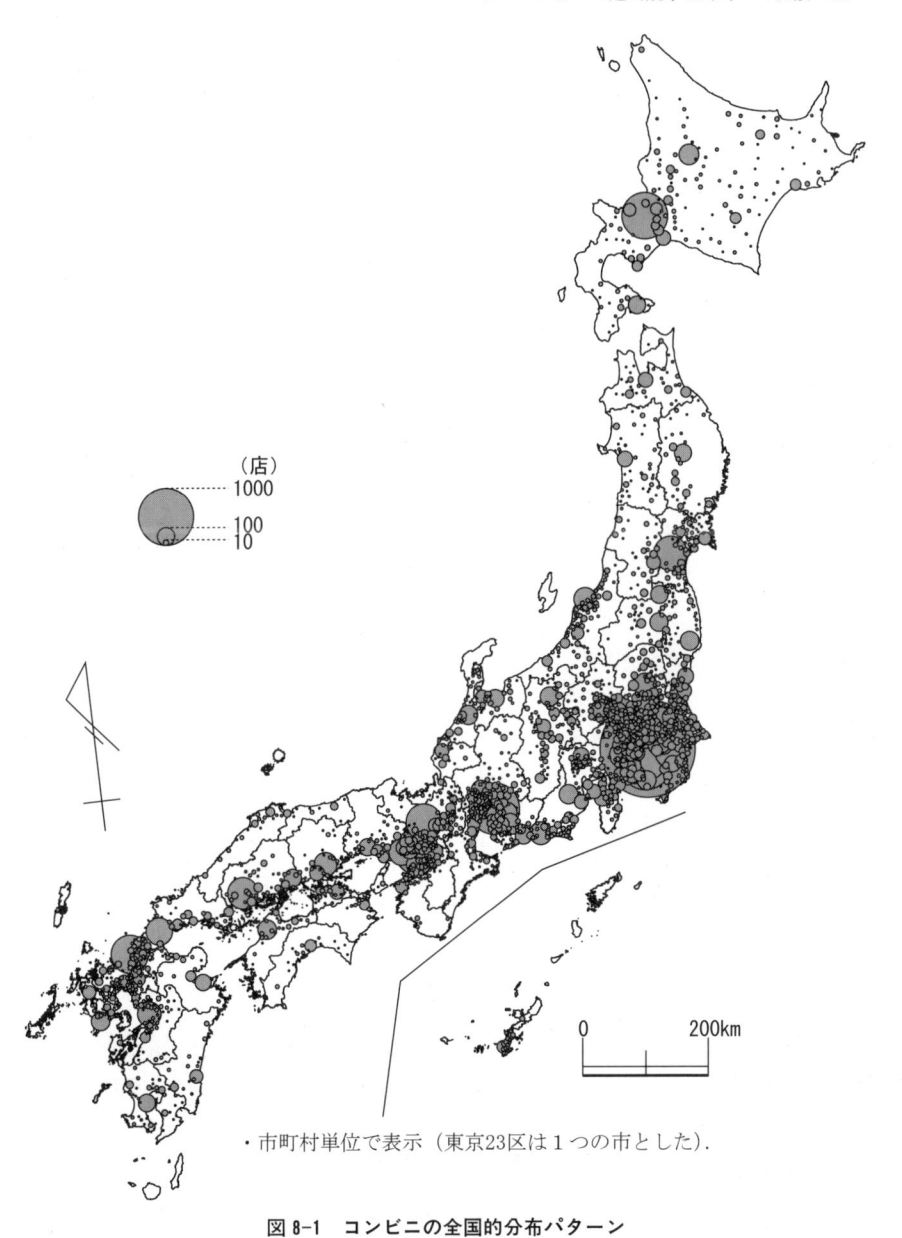

1 コンビニの過当競争と郊外への拡散 157

（店）
1000
100
10

・市町村単位で表示（東京23区は1つの市とした）．

図 8-1　コンビニの全国的分布パターン
　　（資料：『日本の総合小型店チェーン 1997年度版』により作成）

コンビニ展開の可能性と課題について検討したい。

　大手コンビニにおける農山村地域への展開はすでに報告されている例もあるが（荒木 2001)[4]，本章では，1980年代後半から農山村地域に展開していたローカルチェーンに注目し，その発展過程を検討することによって農山村地域独自のコンビニのあり方を模索していきたい。

2　農山村地域におけるコンビニ展開の制約と可能性

　コンビニを農山村地域で運営するうえで克服しなければならないのは，どのような点であろうか。まず，その制約と可能性を整理しておこう。

2.1　農山村地域におけるコンビニ展開の制約

　コンビニが農山村地域に展開するうえで克服しなければならない制約として，「人口密度の低さ」，「配送センターからの距離の遠さ」，「自社配送システムの維持費用の高さ」の3つを指摘できる。

　人口密度　第6章で指摘したように，コンビニチェーンはドミナントエリアという密度高い店舗網を構築することが重要である。人口密度の高い都市部，とくに大都市では数百店舗の店舗網を構築することができる。それに対して農山村地域では，比較的規模の大きい中心集落であれば，十数店舗ほどのルート配送網を構築することは可能であるが，山村などの隔絶地域では単独立地になってしまう。そのため，隔絶地域にコンビニチェーンが展開することは難しい。

　加えて，各店舗が必要とする商圏人口を確保することも農山村地域では難しい。単純に日本の人口をコンビニの数で割ると，約4,500人（1995年）である。都市部，とくに大都市の人口集中地区では，商圏半径500mでその人口数を確保できるが，農山村地域では商圏半径5km以上超える場合が多い。「いつでも近くに」というコンビニの業態コンセプトは，農山村地域で実現することは難しいといわざるをえない。

　配送距離　コンビニチェーンの配送センターは，中心都市の郊外で高速道路のインターチェンジ付近など交通の要所に立地するのが一般的である。そうした配送センターから配送可能な地域が，コンビニチェーンの店舗網の範囲となる。

よって，大都市近郊農村では展開可能であるが，都市部から離れた地域，とくに山村，半島部や離島などの隔絶地域は一般に展開地域とはなり得ない．図8-1をみると，とくに東北北部，近畿南部，中国，四国，九州南部の都市遠隔山村，半島部，離島でコンビニが展開していない地域が明瞭に現れる．

とくに米飯，ファストフードは1日3回のルート配送を実施するのが一般的である（荒井 1989）．1日3往復すなわち6〜7時間で往復が可能でなければ，コンビニチェーンの展開地域とはならない．高速道路のICに近接する農山村地域では展開可能であるが，一般道を使う配送に比べてコストは高くなる．

配送コスト　食料品スーパーなど他の業態が農山村地域へ浸透する際には，中小チェーンや協同組合が大きな役割を果たしてきた．たとえば，農山村地域における食料品スーパーのなかには，農業協同組合によって展開されたものが多い．

表8-1　日本におけるコンビニチェーンの構成

チェーン名	親会社	系列	本社の位置	店舗数 全店舗（店）	店舗数 エリアフランチャイズ	割合（％）	展開都道府県数
セブン-イレブン	イトーヨーカ堂	大手スーパー	東京都港区	6,525		21.4	23
ローソン	ダイエー	大手スーパー	東京都港区	5,778		19.0	41
ファミリーマート	伊藤忠商事（もと西友）	卸売業	東京都豊島区	4,129	616	13.6	30
サンショップヤマザキ	山崎製パン	メーカー	千葉県市川市	2,897	12.2	9.5	36
サークルK	ユニー	大手スーパー	名古屋市中村区	1,975	134	6.5	19
サンクス	ユニー（もと長崎屋）	大手スーパー	東京都港区	1,676	345	5.5	21
セイコーマート	丸ヨ西尾	卸売業	札幌市中央区	887	827	2.9	7
カスミCVS	カスミ	大手スーパー	茨城県つくば市	846		2.8	11
ミニストップ	ジャスコ	大手スーパー	千葉市美浜区	830	75	2.7	11
am/pm	ジャパンエナジー	独立系	東京都中央区	652		2.1	6
その他（131チェーン）				4,257		14.0	
合計				30,452		100.0	

（資料：『日本の総合小売店チェーン 1996年度版』により作成）

それでは，コンビニ業態においても農山村地域への展開を中小チェーンが担うことは可能であろうか。

表8-1は，日本における代表的なコンビニチェーンの構成を示したものである。1996年段階において141社を数えたコンビニチェーンのうち，1,000以上の店舗を所有するのは上位6チェーンにすぎず，その6チェーンでコンビニチェーンの全店舗数の約7割を占めている。

コンビニ業界では，大手チェーンは中小チェーンに比べて出店スピードが速く，寡占化が顕著に進行している。大手チェーンは配送システム，情報システムを積極的に構築し，急激な店舗展開を行ったからである。中小チェーンが大手チェーンと同等のシステムを確保することは，資金面，ノウハウの蓄積面できわめて難しく，たとえ構築できたとしてもシステムを維持するためのコストは割高となる。寡占化が進行していることが中小チェーンの成長を抑制し，その結果，コンビニが農山村地域に展開しづらくなるのである。

2.2　農山村地域におけるコンビニの可能性

その一方で，コンビニは農山村地域に適合する面も持ち合わせている。表8-2は，区部，市部，郡部それぞれについて，規模別，業種別，業態別に年間販売額の割合を示したものである。郡部で中心となる小売業は，売場面積が30m^{2}から500m^{2}未満で，食料品など日常生活品を品揃えし，専門店や中心店といったセルフサービス方式を用いないものである。こうした小売業は，戦前ないし戦後すぐに創業したものが多く，専門スーパーやコンビニのようにチェーン化されていないものである。郡部では生活圏が小規模で独立している場合が多く，「よろずや」に象徴される小規模な小売業が，地域住民に生活必需品を供給する重要な役割を果たしてきた。

農山村地域における小売業は，その機能維持の面で問題を抱えている。第1の問題点は，多くの経営者が高齢化し，かつほとんどの店舗で跡継ぎが存在しないことであり，今後，その多くが廃業に追い込まれると予想される。第2は，商品の調達先である2次・3次卸が淘汰されつつあり，商品仕入先を喪失していることで，農山村地域の多くの小売店では十分な品揃えが困難になりつつある。

そうしたなか，コンビニは今後の農山村地域の小売業を担う1つの存在として

表 8-2 規模別，業種別，業態別の年間販売額の割合（1997年） (%)

		区　部	市　部	郡　部
規模別	30m² 未満	6.91	5.43	5.97
	30m² 以上 50m² 未満	7.39	6.66	7.72
	50m² 以上 100m² 未満	11.75	11.05	13.34
	100m² 以上 250m² 未満	11.20	11.51	14.92
	250m² 以上 500m² 未満	7.93	11.15	12.92
	500m² 以上 1,000m² 未満	3.78	4.63	5.41
	1,000m² 以上 1,500m² 未満	2.48	3.83	3.77
	1,500m² 以上 3,000m² 未満	4.08	4.05	3.86
	3,000m² 以上 6,000m² 未満	3.05	3.58	2.47
	6,000m² 以上	20.14	12.02	2.65
	不　詳	21.31	26.07	26.97
業種別	各種商品小売業	20.60	13.58	4.74
	織物・衣服・身回り品小売業	11.26	8.86	5.54
	飲食料品小売業	25.17	28.77	36.81
	自動車・自転車小売業	11.19	15.02	10.41
	家具・じゅう器・家庭用機械類小売業	9.26	8.54	6.98
	その他小売業	22.51	25.23	35.54
業態別	百貨店	15.38	4.98	0.49
	総合スーパー	5.08	8.31	3.85
	専門スーパー	9.69	14.97	17.28
	コンビニエンスストア	3.74	3.34	3.89
	その他のスーパー	6.32	6.34	9.16
	専門店	41.41	40.78	37.04
	中心店	18.27	21.08	28.11
	その他の小売店	0.11	0.20	0.19
	年間販売額合計（100万円）	41,386,280	84,222,686	22,134,150

1) 規模別とは，売場面積を基準として区分されるもの．
2) 業種別とは，販売している商品によって区分されるもの．
3) 業態別とは，おもにセルフサービス方式の採用や営業時間など，おもに販売方法によって区分されるもの．
（資料：商業統計表により作成）

注目できる。その理由として第1に，コンビニは食料品を中心とした品揃えで，売場面積も30m²から250m²未満であり，農山村地域という小規模な商圏に適合すること，第2に，2次・3次卸が淘汰されているなかで，しっかりとした調達システムを構築しているコンビニならば，一通りの品揃えが可能であり，地域に大いに歓迎される存在になりうるであろうことがあげられる。

表 8-3　コンビニの全国的普及状況

	コンビニのある市町村の割合		
	1989年	1997年	97—89年
100万人以上	**100.0**	**100.0**	0.0
30〜100万人	**100.0**	**100.0**	0.0
10〜30万人	**95.5**	**100.0**	4.5
3〜10万人	**79.4**	**99.0**	19.6
1〜3万人	**43.0**	**87.8**	**44.8**
5,000〜1万人	11.4	55.9	**44.5**
5,000人未満	2.1	15.5	13.5
平　　均	35.3	66.8	31.5

・図中の**太字**は平均以上を示している．
（資料：『日本の総合小売店チェーン　1996年度版』により作成）

　このようにコンビニは，前述したチェーン運営上の３つの制約を克服すれば，農山村地域で展開が可能であると考えられる．実際，1990年代には農山村地域へのコンビニの展開がみられるようになっている．コンビニの展開している市町村の割合を都市階層別にみてみると，1989年は全市町村の32％程度しか普及していなかったが，1997年になると66％までに上昇している（表8-3）．とくにこの８年間で，人口規模5,000〜３万人の市町村への普及が進んでいることがわかる．依然として，人口5,000人未満の町村には普及が進んでいないが，それ以上の人口規模をもつ町村においてコンビニがみられるようになっているのである．
　それでは，このように農山村での展開を進めたコンビニチェーンは，どのようにして上記の制約を克服したのであろうか．具体的な事例をもとに検討してみたい．

3　農山村型コンビニの展開とシステム―タイムリーの事例を中心に―

　1990年代に進んでいったコンビニの農山村地域への展開をより詳しくみるために，東海３県（愛知県，岐阜県，三重県）を対象地域とし，大手チェーンだけでなくタイムリーというローカルチェーンに注目して，農山村地域におけるコンビニ展開の可能性を検討する．

3 農山村型コンビニの展開とシステム―タイムリーの事例を中心に― 163

3.1 東海3県におけるコンビニの分布

図8-2aは，サークルKの店舗分布，図8-2bはローソンの店舗分布を示したものである。東海地方では，全体のコンビニのうち，約3割をサークルK，約1割強をローソンが占めている（2000年）。最大手チェーンのサークルKは，農山村地域への展開を進めており，おもに幹線道路沿いで地域の上位集落に近接する地点に立地展開している。それに対してローソンは，名古屋大都市圏や岐阜市や豊橋市といった地方中核都市を中心として拠点的に展開しており，都市近郊の農村地域までの展開となっている。

サークルKは，愛知県に総合スーパーを高密度で展開しているユニーの子会社であることから，ユニーと取引のある卸売業者と提携して配送システムを構築している。すでに，そうした配送請負業者の配送網が東海3県の隅々まで張り巡らされており，その結果，広い範囲でサークルKの店舗網が形成されている。

2002年の愛知県において注目すべき出来事があった。それは，セブン-イレブンが愛知県に進出したことである。セブン-イレブンの愛知県への参入により，東海地方ではコンビニ業界の競争が激化することは必至である。その結果，不採算店舗のスクラップが進み，その一方で，出店余地のある地域への展開が急激に進んでいくと予想される。そうしたなかで既存の大手チェーンは，新たな出店地域として農山村地域に注目しはじめており，幹線道路を中心とした店舗展開が今後急激に進んでいくと考えられる。

3.2 タイムリーの店舗展開と営業状況

タイムリーは，岐阜県高山市という地方都市に本社が立地している。コンビニチェーンのほとんどは大都市に本社を置き，大都市を拠点として店舗網を広げてきた。その意味においてタイムリーは，日本のコンビニ業界の中で特殊な位置を占めている。

3.2.1 タイムリーの店舗展開と配送システムの構築

図8-3は，東海3県におけるタイムリーの分布を示したものである。タイムリーは岐阜県北部地域に中心的に展開し，その他には愛知県北部，長野県南部，和歌山県南部地域にも展開している。東海3県においてサークルKの店舗網が空白になっている地域は，タイムリーによってカバーされている。

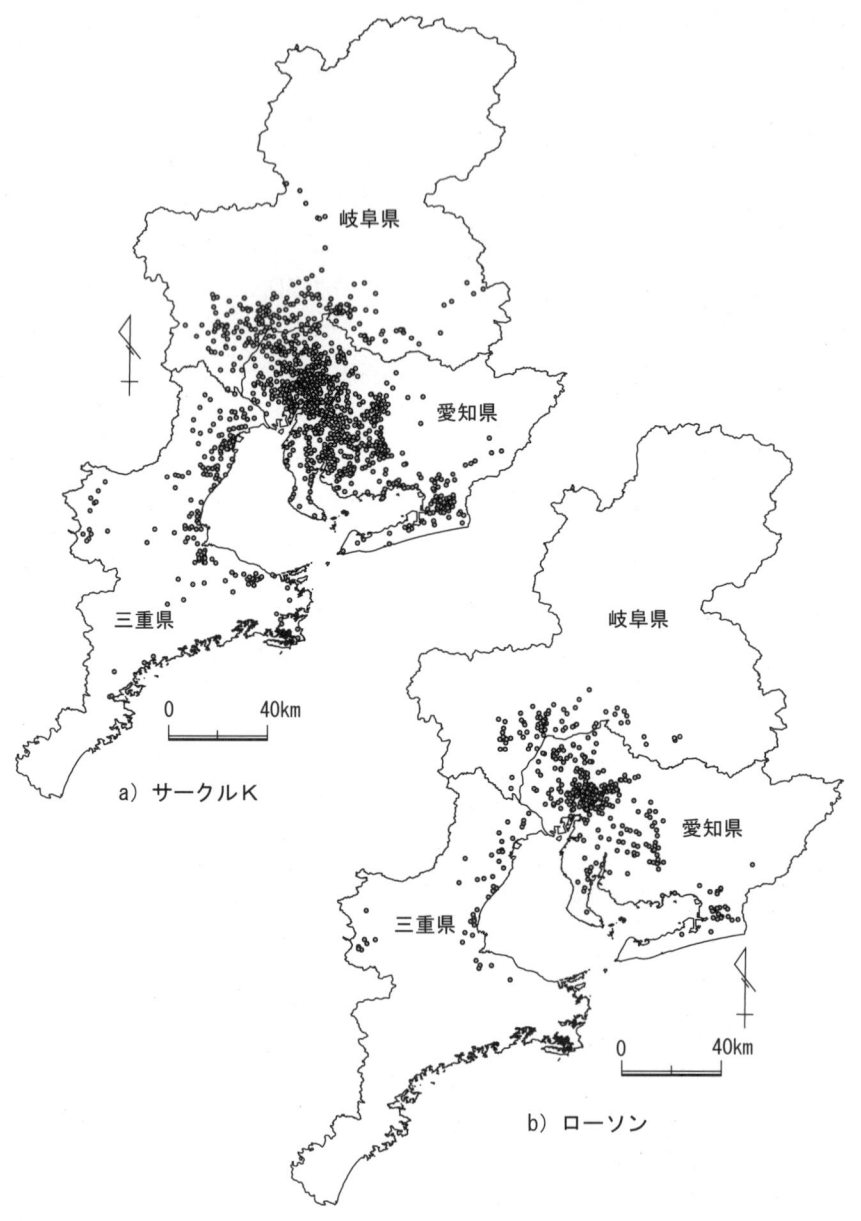

164 第8章 コンビニの農山村地域への展開可能性

図8-2 東海3県におけるサークルK，ローソンの分布（2000年）
（資料：『DRAMS』により作成）

タイムリーの創業は1984年8月であり，第1号店である高山岡本店を開店したのは同年の9月である。創業者は高山市内の酒販売店であり，当時，都市部の大手チェーンの店舗をまねて開店した。当時の高山市では約4,000アイテムの幅広い品揃えがあり，24時間営業をおこなうコンビニが展開することだけで非常に大きなインパクトがあった。1980年代中頃には，岐阜県北部地域には大手チェーンの進出がなく，1980年代後半から1990年代中頃にかけても進出が進む見込みもなかった。タイムリーは岐阜県北部地域を自社のドミナントエリア（第7章参照）と考え，フランチャイズ方式を採用して店舗展開を積極的に進めていった。チェーンに加盟している小売業はおもに酒販店であり，タイムリー本部は店舗改装とともに広い駐車場を設置するよう指導した。

図8-3　東海3県におけるタイムリーの分布（2000年）
（資料：『DRAMS』により作成）

　図8-4は，タイムリーの店舗数の推移を示したものである。タイムリーは，1997年までは順調に店舗数を増やしてきたが，1998年以降は減少に転じ，とくに岐阜県内での地盤沈下が顕著であった。タイムリーは，1990年代前半には岐阜県北部地域に点在する各集落に立地していたが，1990年代後半になると集落から離れた幹線道路沿いにも出店エリアを拡大した。そうした店舗では，駐車場を広く確保して商圏を広げるとともに，幹線道路の通過車両を顧客として見込んでいた。しかし，そうした店舗では近隣住民による安定的な需要が見込めないため，日ごとの売上の変動が激しく，十分な収益を確保することが困難であった。その結果タイムリーは，1990年代末に収益性の低い店舗のスクラップを余儀なくされたのである。

　タイムリーにとって重要な戦略転換は，1999年に山崎製パンのグループ企業と

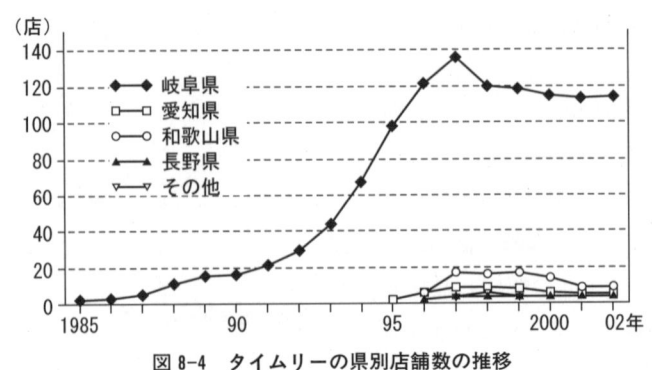

図 8-4　**タイムリーの県別店舗数の推移**
（資料：タイムリーの社内資料により作成）

なったことである。その理由は配送システムの確保である。それまでは，およそ300もの取引先から直接タイムリーの各店舗に商品を納入させていたが，配送が定時におこなわれず，欠品も多かった。このためタイムリーは，山崎製パングループに加入することで，コンビニチェーンであるデイリーヤマザキの配送システムに自社商品の配送を委託しようと考えたのである。その結果，たとえば米飯で1日3回の配送回数を確保するなど，大手チェーンと同水準の配送頻度の実現に成功した。さらに，デイリーヤマザキが岐阜県へ出店しない約束も取り付け，商圏の占有を獲得しようと試みた。

このようにタイムリーは，大手チェーンが進出していない地域で店舗展開を始め，急激に店舗数を増やしたうえで配送システムを構築し，チェーン運営の効率化を図ろうとした。しかし，コンビニが必要とする高度な配送システムを中小チェーンが独自に構築する際には，ノウハウの蓄積や資金調達の面で多くの困難に直面せざるをえない。そこでタイムリーは，大手チェーンの系列下に入ることを決断したのである。

3.2.2　タイムリーの営業状況

次に，タイムリーの営業状況を，都市部を中心に展開するセブン-イレブンと比較しながら詳しくみていきたい（表8-4）。

両者の相違として第1に注目すべき点は，品揃えの違いである。タイムリーはセブン-イレブンと比較すると米飯やファストフードの販売率が低く，一方で加工食品の比率が高くなっている。その理由としては，①都市部と比べて若年層の

表8-4　タイムリーとセブン-イレブンの比較

対象チェーン		タイムリー	セブン-イレブン
店舗数		132	8,661
主な出店地域		岐阜県，愛知県，長野県，和歌山県	首都圏，南東北，西中国，北九州，関西
系列		食品メーカー（山崎製パン）	大手スーパー（イトーヨーカ堂）
商品構成	加工食品	49.74%	31.61%
	ファストフード・日配品	13.17%	30.18%（ファストフード）12.45%（日配食品）
	非食品	37.09%	25.75%
アイテム数		2,800（かつて4,000）	2,800
配送頻度	ファストフード	3／日	3／日
	日配	2／日	3／日
	飲料	6／週	3／週
	加工食品	3／週	3／週
	雑貨	3／週	3／週
	酒類	5／週	6／週
酒有店率		56.82%	63.10%
備考		聞き取り調査より	『有価証券報告書』2001年2月，各種パンフレットより

1) 各商品カテゴリーは以下の通りである．
   加工食品：ソフトドリンク，菓子類，レトルトなど．
   ファストフード：米飯，調理パン，惣菜，おでんなど．
   日配食品：牛乳・乳飲料，パン，ペストリーなど．
   非食品：雑誌，日用品，ゲームソフトなど．

単身者が少ないため，弁当類を充実させる必要性が低いこと，②タイムリーは幅広くファストフード類を品揃えできるシステムが未だ構築されていないことの2点があげられる．

　第2に注目すべき点は，かつてタイムリーが1店舗あたり4,000アイテムもの商品を品揃えしていたことである．これは，1980年代後半から1990年代にかけての岐阜県北部地域において，4,000アイテムもの品揃えを実現している小売店舗が新鮮であり，多くの顧客の支持を得たからである．実際に専門スーパーの進出が進んでいない農山村地域では，幅広い品揃えを実現することが大きな集客効果をもつ．しかし，品揃えの幅広さは，多頻度小ロット配送を前提とするコンビニ

の物流コストを引き上げる要因ともなる。このためタイムリーは，1999年に山崎製パングループに加入して配送システムを確保するとともに，品揃えを売れ筋商品に絞り込んだ。その結果，現在のアイテム数は2,800程度にまで削減された。

さらに近年では，大手チェーンと同様にさまざまなサービス商品を販売しようとしている。たとえば，クリーニングサービスは多くの地域住民に利用されている。このサービスは，クリーニングを利用するために来店した主婦も買い物するようになるなど，タイムリーの来店客を増加させる効果がある。今後は公共料金の支払いなど，サービス商品メニューの拡大も視野に入れている。このように，タイムリーはさまざまなサービスを供給することによって，「現代のよろずや」としての機能を充実させようとしている。

タイムリーの顧客は，約65％が30～40代の男性であり，土木作業員，幹線道路を通過する営業マンやトラック運送員などがその多くを占めている。彼らはソフトドリンク（とくに缶コーヒー）や米飯類を購入するという。近年では店舗周辺に住む高齢者による利用も増加傾向にあり，生活必需品の買い物先として認知されつつある。タイムリーが展開している農山村地域では若者の流出が激しいので，コンビニ経営を考える場合，高齢者をどのように顧客として取り込むかが重要なのである。

このように，都市部にドミナントエリアをもたないコンビニチェーンでは，商品の品揃えや提供するサービスの独自性が強まる。基本的にタイムリーは，大手チェーンのマーチャンダイジングを参考にして品揃え，サービスの水準を決定しているが，上記のように店舗展開している商圏の地域事情も考慮しているのである。

3.3 コンビニが展開可能な農山村地域とは？

それでは，このタイムリーの場合には，農山村地域へのコンビニ展開に対する3つの制約をどのように克服したのであろうか。

第1の制約である「人口密度の低さ」に関しては，幹線道路沿いに立地することで緩和することが可能である。幹線道路沿いであれば，自家用車利用の地域住民だけでなく，幹線道路を通過する営業マンやトラック運転手，観光地へ向かう人々などを顧客に取り込むことが可能となる。しかし，若者の流出とともに人口

の高齢化が進んでおり，地域需要の縮小は回避できない。そのため今後は，都市部のコンビニで実施されている宅配サービスの展開など，高齢者への対応を積極的に行う必要がある。

　第2の制約である「配送センターからの距離の遠さ」については，現実には隔絶地域ほど克服が難しくなる。大手チェーンにおける米飯，ファストフードの配送は1日3回の配送頻度が一般的である。隔絶地域でこの水準をクリアすることは困難であるが，幹線道路沿いに店舗を配置できれば，多少とも多頻度配送を実現しやすくなる。タイムリーの例をみても，幹線道路に沿って帯状に店舗を立地することにより，多頻度のルート配送を維持している。

　第3の制約である「自社配送システムの維持費用の高さ」に関するタイムリーの戦略は，示唆に富んでいる。ローカルチェーンが，大手チェーンとマーチャンダイジングの面で共通化を図ることは難しいが，大手チェーンの物流システムに商品配送を委託できれば，物流コストは著しく軽減できる。一方で，大手チェーン側にも，配送トラックの積載効率が高まり，配送センターの規模拡大を通じた運営コストの削減が可能になるなどの利点が生じるのである。

　いずれにせよ，農山村地域におけるコンビニの展開は，幹線道路沿いであることが必須条件であると考えられる。商圏内に一定の人口をもつ集落があり，交通量が多ければさらによい。さらに商品配送で高速道路を活用できれば，都市からの遠隔地でも店舗展開が可能となる。タイムリーは，交通条件がよく，競合する大手チェーンが存在しないという好条件ゆえに成長が可能であった。しかし，自前の配送システムを構築するという前提に立つと，タイムリーのようなローカルチェーンによるコンビニの展開が可能な地域は非常に限られる。今後は，農山村地域にも大手チェーンによるコンビニが進出し，幹線道路沿いでローカルチェーンとの熾烈な顧客の争奪が始まると思われる。

4　21世紀における農山村地域でのコンビニの役割

　本章では，コンビニの農山村地域への展開可能性について検討してきた。まず，農山村地域においてコンビニを運営するうえで克服しなければならない課題として，「人口密度の低さ」，「配送センターからの時間距離の遠さ」，「自社配送シス

テムの維持費用の高さ」の3点を指摘することができる。タイムリーの事例をみればわかるように，この3つの制約は，基本的に幹線道路沿いに立地することによってある程度まで克服することができる。農山村地域においてコンビニが立地できる場所は限られているとはいえ，道路整備が進んでいる日本では，今後，農山村地域に大手チェーンが店舗展開していく可能性も十分あるであろう。

4.1　日常生活必需品の供給

　最後に，農山村地域にコンビニが普及していくという前提のもと，21世紀の農山村地域におけるコンビニの機能について展望したい。前述のように，農山村地域では独立経営の零細小売業が重要な役割を果たしてきた。しかし，経営者の高齢化，2次・3次卸の淘汰による調達先の喪失といった問題を抱えている。今後そうした地域において，どのような小売業態が展開し，その中でコンビニはどのような役割を果たすのであろうか。

　概して農山村地域では，役場が立地しているような規模の大きい集落に，ホームセンターや衣料品店など専門スーパーの進出がみられる。また現在では，自動車による買い物が一般化しており，駐車場を整備した専門スーパーは広い商圏を形成している。加えて上位の集落ではコンビニの立地も進み，中学生や高校生あるいは公共施設などで働く人々などに利用されている。このように比較的規模の大きい集落では，いくつもの小売業態が立地可能であり，商業機能が充実していくだろう。

　しかし，中小規模の集落においても，基本的な生活必需品を供給できる小売業，かつての「よろずや」に代わりうる小売業態が必要である。そうした中でコンビニは，タイムリーの例を見ればわかるように，幹線道路が通る集落であれば立地することができる小売業態であり，「よろずや」を代替しうる1つの存在である。

　中小規模の集落においては，コンビニの他にミニスーパーも立地可能な小売業態である。農業協同組合が展開してきた生活必需品を提供するミニスーパーであるA-coopがその典型となろう。さらに生協の共同購入，農業協同組合の商品宅配システム，移動スーパーなどの無店舗販売も，山村部，離島など隔絶地域への商品供給を実施している。無店舗販売は，ミニスーパーやコンビニの展開が進んでいない隔絶地域にとって貴重な商品供給システムである。

このように，農山村地域においてもさまざまな小売業態が存在するようになっており，なかでもコンビニが果たしうる役割はきわめて広い。コンビニは，多頻度小口配送システムを活用することによって，地域住民が望む品揃えを実現できよう。そして今後は，ミニスーパーや無店舗販売との棲み分けが進み，農山村地域におけるコンビニの役割がより明確になるであろうと予想される。

4.2 さまざまなサービス供給の代行

　コンビニは，情報システムを最大限に活用している小売業態である。情報システムは，農山村地域の住民の生活を支えるインフラとして機能する可能性がある。たとえば公共料金の支払いなどは，すでに都市部のコンビニでは一般化しているが，本来は金融機関の分布密度が低い農山村地域でこそ住民生活の利便性を高めるサービスとして普及が望まれる。

　また今後，郵政3事業の民営化によって農山村地域に置かれている郵便局の閉鎖が進むことが懸念されているが，郵政3事業のうち，郵便（宅配便サービスの代行）と貯金業務についてはコンビニによる代替が可能である。さらに，現在進められている市町村合併によって公共施設の統廃合が起こる可能性があるが，その場合コンビニなどの民間業者に公共サービスの提供を委託する動きがみられるかもしれない。一方，銀行業界においてリストラが進んでいくなかで，農山村地域に置かれていた営業所の統廃合が進んでいる。このように，人口密度が低い農山村地域において，公的性格が強いサービス業務のリストラが予想されるなかで，これらのサービス機能を代替し，農山村地域の生活基盤を維持する役割がコンビニに期待されているのである。

　もちろん，金融サービスなど情報システムを駆使したサービスだけでなく，より生活に密着したサービス商品の供給も必要であろう。タイムリーにおけるクリーニングサービスはその典型である。今後，コンビニはさまざまなサービスの供給を代行する店舗としての役割を果たしていく可能性がある。　　　　（土屋　純）

[注]
1) 本章は，土屋（2000），土屋（2003）をもとに執筆したものである．
2) 奥野（1977）は，東京都練馬区におけるCVSの立地条件の解明と立地評価につい

て，500mのメッシュデータを用いて分析している．若者単身者が多い地域，若夫婦の多い地域などを好んでコンビニが立地していったことを指摘している．
3) 箸本 (1998) は，首都圏に展開するコンビニチェーンを事例として，POSデータを分析することでコンビニの立地類型を明らかにした．箸本が指摘した立地類型は，近隣多目的型，酒販売型，オフィス街立地型，他業態代替型，ロードサイド立地型，時間帯別対応型，若者層対応型である．
4) 荒木 (2001) では，ここ数年，大都市圏以上に競争が激しくなっている地方都市圏の大手コンビニが，新しい顧客を獲得するために農山村地域へ展開していく様子を検討している．

［文　献］

荒井良雄 1989．コンビニエンス・チェーンの物流システム．信州大学経済学論集 **27**：19-43．

荒木俊之 2001．岡山県におけるコンビニエンスストアの立地展開．地理科学 **56**：88-107．

奥野隆史 1977．コンビニエンスストアの立地条件と立地評価―東京都練馬区を事例として―．人文地理学研究 **1**：43-72．

川辺信雄 1994．『セブン-イレブンの経営史―日米企業・経営力の逆転―』有斐閣．

通商産業省編 1997．『1997わが国の商業―転換期におる商業―』通産統計協会．

土屋　純 2000．コンビニ・チェーンの全国的普及過程に関する一考察．経済地理学年報 **46**：22-42．

土屋　純 2003．農山村地域におけるコンビニエンスストアの展開．石原　潤編『農村空間の研究（下）』195-213．大明堂．

箸本健二 1998．首都圏におけるコンビニエンスストアの店舗類型化とその空間的展開―POSデータによる売上分析を通じて―．地理学評論 **71A**：239-253．

第9章 ホームセンター・家電量販店の展開と競合

1 1990年代における専門店チェーンの成長

1.1 専門店チェーンの台頭

近年,小売チェーンの拡大が「流通戦国時代」,または流通外資の出店が「黒船来襲」などという刺激的なタイトルで表現され,新聞紙上を賑わせている。ユニクロが衣料品業界を席巻したことは記憶に新しく,家電業界ではYKK戦争などのローカルな競合が全国へと拡大し,熾烈な価格競争を続けている。また,1991年に進出したトイザらスは日本の玩具小売業の中でも大きな位置を占めるに至るなど,外国資本の日本進出も顕著である。これらの競争に象徴される業態が専門店チェーン[1]であり,郊外の幹線道路沿いにいわゆるロードサイド型の商業集積を形成して,既存の商業集積である中心市街地の商店街に大きな影響を与えている。

本章では,食料品スーパーやコンビニなどよりも後発の業態であり,これらとは異なるチェーンオペレーションの特徴をもつ専門店チェーン,とくにホームセンターと家電量販店に注目する。まず日本の専門店チェーンの全体的動向を把握し,1990年代における急成長の過程で発生した企業間競合を,両業態の上位チェーンによる店舗展開から明らかにしたい。

従来の研究では,コンビニ,食料品スーパー,GMSといった業態がおもに取り上げられてきた(荒井 1989,飯田 1993,土屋 1998,箸本 1998)。これらの業態で取り扱う商品は,鮮度が重視される食品が中心であるため,商品の回転率が総じて高く(表9-1),多頻度での商品配送が必要とされる。つまりこれらの

表 9-1　小売業の業態別推移，1店舗あたりの売場面積および商品回転率

業　態	商店数増減率 （％） （1991～99年）	年間販売額 増減率（％） （1991～99年）	1商店あたり 売場面積（m²） （1999年）	商品回転率 （回／年） （1997年）
大型百貨店	−7.6	−13.4	19,897	13.1
大型総合スーパー	26.8	17.5	8,729	13.2
中型総合スーパー	−60.6	−60.0	3,060	15.8
衣料品スーパー	113.7	61.5	683	5.5
食料品スーパー	26.7	48.3	832	29.5
住関連スーパー	214.5	188.3	913	5.4
コンビニエンスストア	167.2	193.2	110	33.3

・コンビニエンスストアは終日営業店のみを示す．　　　　　　（資料：商業統計表により作成）

　業態の物流システムは，リードタイムの遵守にその重点がおかれており，物流センターから店舗までの配送圏が同一県内もしくは隣接県を含めた狭いスケールに制約されるのである．このように既存の研究では，商品鮮度を重視する回転率の高い商品を扱う業態が注目され，逆に商品の回転率が低く，鮮度が劣化しにくい商品流通の空間特性が看過されてきたといえるだろう（兼子 2000）．

　ここで専門店チェーンが食料品スーパーやコンビニ，GMSと比較して，どのような特徴をもつのか整理してみたい．専門店チェーンは1980年代以降急成長した．とくに1990年代に入り，大店法の緩和などの環境変化に対応した業態開発を行い，その出店範囲を急速に拡大させて，1990年代後半に小売業の中で大きな位置を占めるようになった．成長段階でみると，スーパーやコンビニに続く業態であると同時に，モータリゼーションに密接に関連した業態でもある．都市空間とのかかわりでいえば，モータリゼーションの進行している地方都市の郊外地域において成熟した後は，大都市圏へ進出し，全国展開してきた業態である．こうした動きは本章で取り上げるホームセンターや家電量販店をはじめとして，カジュアル衣料，ディスカウントストアやドラッグストアなどの成長企業で同様の拡大パターンがみられ，きわめて今日的な業態であるといえる．

　加えて専門店チェーンの特徴として重要なのは，商品の回転率が低いこと，そして商品配送時に温度管理をする必要がない，言い換えるなら食品を扱う業態と比べて商品の鮮度管理が厳密でないことである．このために専門店チェーンでは物流コストを圧縮することが可能となり，物流センターから店舗までの配送圏が

広く設定されるのである。この物流コストの圧縮は，地代負担の少ない郊外地域・農村部への出店，パートタイム労働者を積極的に採用することによる人件費の低減と並んで，専門店チェーンのローコスト・オペレーションを支える重要な鍵である。

　ここで本章の結論を先取りすれば，専門店チェーンの各企業が，それぞれの地域においてローカルな寡占的ドミナントを形成していた状態から急成長する過程で，他地域に積極的に進出し，競合状態を生起するようになった事実が認められる。そうした現象の原因として，先に述べたように専門店チェーンの特性上，広域な配送圏の設定が可能であり，自社物流システムの構築に積極的な企業が，自社物流センターの設置と店舗展開を並行して実施してきたことがあげられる。小売による物流システムの構築は，それまでメーカーや卸売業者に物流を依存していたことによる配送圏の制約から脱却し，店舗展開にチェーンの独自性を出すことを可能にするであろう。このような小売業自身による物流システムの構築は，県レベルの店舗数では過剰投資となるものの，店舗網を広域化し店舗数を増加させることで投資効果を発揮するのである。また，上位チェーンが多店舗化による集中仕入れを実現して，仕入費を削減し価格競争力を高めた結果，新規地域に店舗展開を進め，進出先の企業と競合することを可能にしている。こうした結果，ローカルな地盤をもつ企業の中には，このような先駆的な企業と資本提携することなどにより連携することで，仕入費を削減するとともに市場地域を拡大しようとする動きが認められる。

　以下，日本の専門店チェーンの全体的動向を把握し，1990年代における急成長の過程で発生した企業間競合を，ホームセンターと家電量販店の店舗展開から明らかにする。なお本章で用いる企業間競合とは，特定の地域の市場において店舗を集中的に出店させていた企業が，他地域もしくは全国へ進出する際に発生する競合を意味する。ホームセンターと家電量販店の上位企業は多店舗化を進めてきたものの，いまだ完全な全国展開を果たした企業は存在しない。また専門店チェーンの本部所在地は，三大都市圏のみならず全国に分散しており，その立地は必ずしも大都市とは限らない。

1.2 業態特性とチェーンオペレーションの特徴

　専門店とは多様なタイプを擁する小売形態の総称であるが，基本的に何らかの専門領域に特化した品揃えを基盤として，小売機能・サービスの提供に関して高水準の専門性を発揮する店舗である。専門店が伝統的に発達しているのは，いわゆる婦人服・服飾，靴，薬局，眼鏡・貴金属，家具など買回り品，専門品分野の業種であった。

　しかし近年，とくに1990年代以降，日常衣料，靴，薬局，家庭用品，DIY用品，家電，家具，スポーツなどの商品を，特定の生活領域において幅広い品揃えをする業態が台頭してきている。これらの中ではホームセンター，家電量販店，紳士服やカジュアル・日常衣料などの衣料品チェーン，靴，スポーツ，ドラッグストアなど多店舗展開を指向し，セルフサービス販売方式を採用する業態が代表的である。

　では，専門店チェーンはどのような経営上の特徴をもつのであろうか（表9-1）。1991年から1999年における商店数および年間販売額の増減率をみると，これまで代表的な業態であった大型百貨店と中型GMSの減少率が高い一方で，コンビニおよび専門店チェーンを含む衣料品スーパー・住関連スーパーの増加率が著しく高いことがわかる。1999年における衣料品スーパーと住関連スーパーの1商店あたりの売場面積は，それぞれ683㎡，913㎡であり，大店法下で500㎡未満に抑制されていた店舗が，同法の緩和後，大型化する傾向が顕著である。また，両業態はコンビニや食料品スーパーといった鮮度を重視する商品を扱う業態と比較して，商品回転率がきわめて低いことを特徴としている。

　ここで専門店チェーンの業態特性と，チェーンオペレーションの特徴を整理する。1990年代に専門店チェーンは急成長を遂げたが，この成長要因の1つとして，規制緩和の影響が指摘できる。先述のように1990年以降，大店法の段階的な運用緩和にともない，小売チェーン各社は店舗規模を拡大したうえで出店数を増加させ，出店地域を広域化させてきた（安倉 1999）。専門店チェーンの多くも店舗面積が500㎡未満に抑制されていたが，店舗面積1,000㎡未満の出店の原則自由化（1994年）にともない，積極的な出店や既存店舗の増床などの動きがみられた。こうした専門店チェーンの店舗規模の大型化は商品構成の充実に連動し，結果として専門店チェーンの業態としての魅力を高めたと評価できる。

一方，その立地に着目すると，専門店チェーンは地代負担が少なく，広大な敷地を比較的容易に確保できる郊外地域，とくに新規に開通した幹線道路沿いに自然発生的な商業集積を形成してきた。その出店形態は単独開発によるものと，計画的ショッピングセンターの核店舗，もしくはそれに付随する店舗として出店するものとがあるが，いずれにせよモータリゼーションに対応してワンストップ・ショッピングを可能にする業態であり，低価格で充実した商品構成によって消費者需要の変化に応じてきた。

では，専門店チェーンのチェーンオペレーションの共通点はどこにあるのだろうか。専門店チェーンは，自らの高い成長率に起因する各地域市場での競合激化にともない，価格訴求力を向上するためにチェーン運営費の低減を強く求められている。そのコストダウンの要は，多店舗化に対応する物流費の低減にある。専門店チェーンにおける物流は，食品を扱わないために可能となる，より単純で高度に集約された配送システムに特徴がある。また，非食品に特化した商品構成は，広域な配送圏や混載による配送車両の積載効率の向上という，特徴的な空間特性を生み出している。

以下では，ホームセンターと家電量販店を事例として，専門店の上位チェーンによる店舗展開の状況を検討してみたい。しかし，流通企業に関するデータはきわめて少ないのが実情である。本章では，おもに以下の資料を利用した。ホームセンターに関しては，業態としてまとめられた資料として，株式会社日本ホームセンター研究所発行の『ホームセンター名鑑』を用いる。家電量販店に関しては，日本電気大型店協会（以下，NEBA）に加盟する企業に対して，その会員名簿から店舗展開を把握する。また，NEBAに加盟していない企業については，個別の企業から店舗資料に関するデータを直接入手した。また個別企業の状況について，有価証券報告書により補足した。

2　ホームセンターの展開と競合

2.1　ホームセンターの動向

日本のホームセンターは，1970年代より展開を開始し，以降一貫して成長を続けている。図9-1に示すように，多くのホームセンターチェーンが加盟する社団

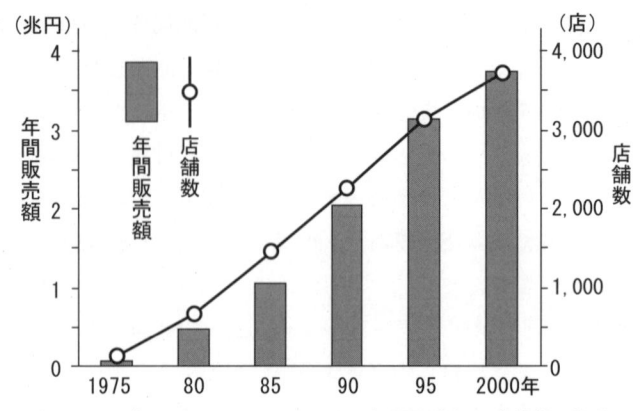

図 9-1　日本におけるホームセンター年間販売額と店舗数の推移
（資料：日本DIY協会資料により作成）

　法人日本DIY協会の推計では，日本のホームセンターの店舗数および総年間販売額は，一貫して増加を続けてきた。ホームセンターはレジャー志向の高まりや，余暇の過ごし方の多様化に対応した業態として成長が見込まれてきた（通商産業省 1995）。ホームセンターという業態の成長・発達は，GMSでは不十分であった商品分野に注目したこと，DIYという新しいライフスタイルの普及を図ったこと，そして広い駐車場を整備した郊外立地戦略を採用したこと，その結果，低コスト運営が実現できたことが大きな要因である（鷲尾 1999）。

　表9-1に示すように，ホームセンターが含まれる住関連スーパー1店舗あたりの売場面積は913m^2と中規模であるが，近年のホームセンターは規模と品揃えに関して二極化の傾向にある。一方は，売場面積が500m^2前後と小規模であるが，工具・金物，自転車・自動車関連用品，ペット用品・園芸関連用品など，いくつかの主力商品部門に特化する動向であり，他方は，上記の商品構成に加えて，家電やスポーツ用品，加工食品など幅広い商品を取り揃え，売場面積も3,000m^2以上とGMSに類似した店舗である。

　ホームセンターの販売割合[2]を都道府県別に求めてみると，東日本で高く西日本で低い傾向を読み取ることができる（図9-2）。北関東，甲信越はとくに高い販売割合を示す。これらの地域は，販売額の上位を占める企業の本部が立地しており，それらの企業の多店舗化が進行している地域である。逆に低い値を示すの

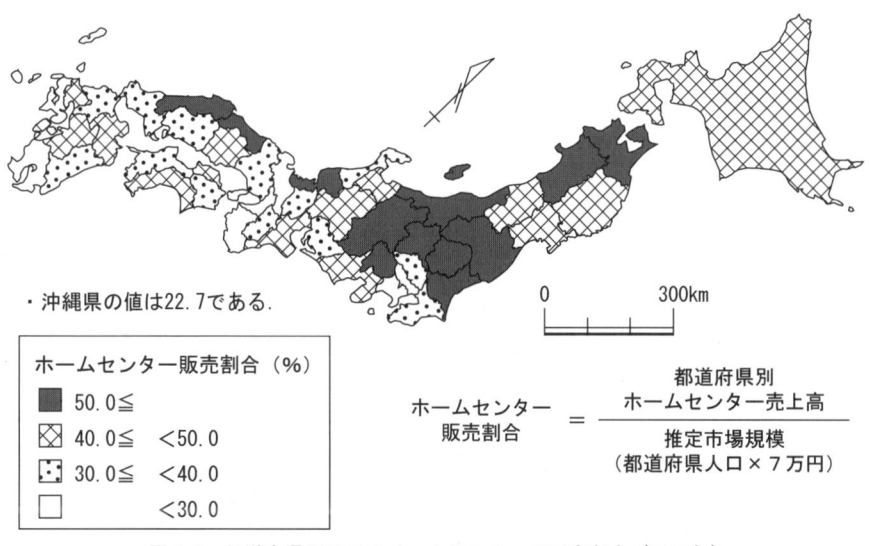

図 9-2　都道府県別にみたホームセンターの販売割合（1999年）
（資料：『ホームセンター経営統計 2000年版』により作成）

は東京・大阪の大都市圏であり，地価が高く駐車場の確保が困難で，GMS などの競合する業態の進出が進んでいる地域である。

このように日本のホームセンター業態の地域的な展開は，明確な地域差が存在する。本来，小売業の分布は基本的に人口の分布に対応して分散的なものになり，巨視的にみると地域的に偏在することの少ない産業である（根田 1999）。逆にいえば，人口規模に対応した分布を示す産業であるといえる。しかしホームセンターの場合，人口規模と販売額に明瞭な関係を見出すことはできない。それではホームセンターの店舗分布の特徴は何であろうか。それを明らかにするため，次に販売額上位の企業を対象にその店舗展開を分析する。

2.2　主要企業の店舗展開

ここでは，1999年におけるホームセンター年間販売額上位7社[3]の店舗展開を分析する。1999年における7社の年間販売額の合計は8,164.4億円であり，ホームセンター全体の26.0%を占める。7社の本部所在地は大都市だけでなく中規模都市に置かれるものもあり，とくに東日本に分布している。

図9-3は、7社の店舗展開の状況を示したものである。まず千葉県千葉市に本部を置くケーヨーは、1980年代まで千葉県と埼玉県に店舗を集中させていた。1999年には110店舗を出店しているが、その地域的範囲は長野、山梨、静岡の各県および、宮城県へと拡大している。長野、山梨、静岡の各県に対する店舗分布をみると、単独出店ではなく高速道路や国道沿いに複数の店舗を集中させている。

群馬県高崎市に本部を置くカインズは、北関東に店舗が集中している。先述のケーヨーが関東南部に出店が多いため、両社の出店範囲は重複していない。北関東以外では、長野県北部、静岡県、そして宮城、福島両県の東北自動車道沿いへの出店が顕著である。

ホーマックは、1995年に札幌市の石黒ホーマと岩手県のメイクが合併して誕生した企業である。同社は北海道と東北に店舗網を拡大しているが、北海道と東北北部は、他の上位チェーンが進出していないため、同社の店舗のみが卓越している。また同社は、2000年に茨城県のホームセンターの株式を取得して連結子会社化した。このように同社は、企業合併により出店地域を南下させている。

続いて、愛知県刈谷市に本部を置くカーマと、大阪府堺市のコーナン商事をみると、両社はそれぞれ本部所在地を中心として、隣接府県に対して高密度に出店を集中させている。カーマは北陸へも多店舗化を進めており、後述するコメリの店舗網と重複している。また、コーナン商事もカーマが地盤とする愛知県や三重県に6店舗出店しており、両社が競合する状況が確認される。

ホームセンターの中で最多の店舗を展開するのが、新潟県白根市に本部を置くコメリである。1999年の店舗数は369、新潟県を中心に20都府県に出店している。同社は、1990年代初頭に新潟県とその隣接県の範囲に店舗網を形成していたが、1990年代後半以降、東北南部、関東、北陸へ出店を進めてきた。その結果、同社の店舗網は、宮城県でホーマックと、関東ではカインズやケーヨーと、北陸でカーマと重複している。なお同社の1店舗あたりの平均売場面積は1,027.1m^2であり、他の上位チェーンと比較して小規模である[4]。同社は、他の上位チェーンの店舗と立地が競合しない小商圏市場に対して、小規模店舗を多店舗化し、市場シェアを高める出店戦略を採用している。

茨城県土浦市に本部を置くジョイフル本田は、店舗数こそ10ときわめて少ないが、平均売場面積は10,448.5m^2であり、1店舗あたりの販売力は他社と比較し

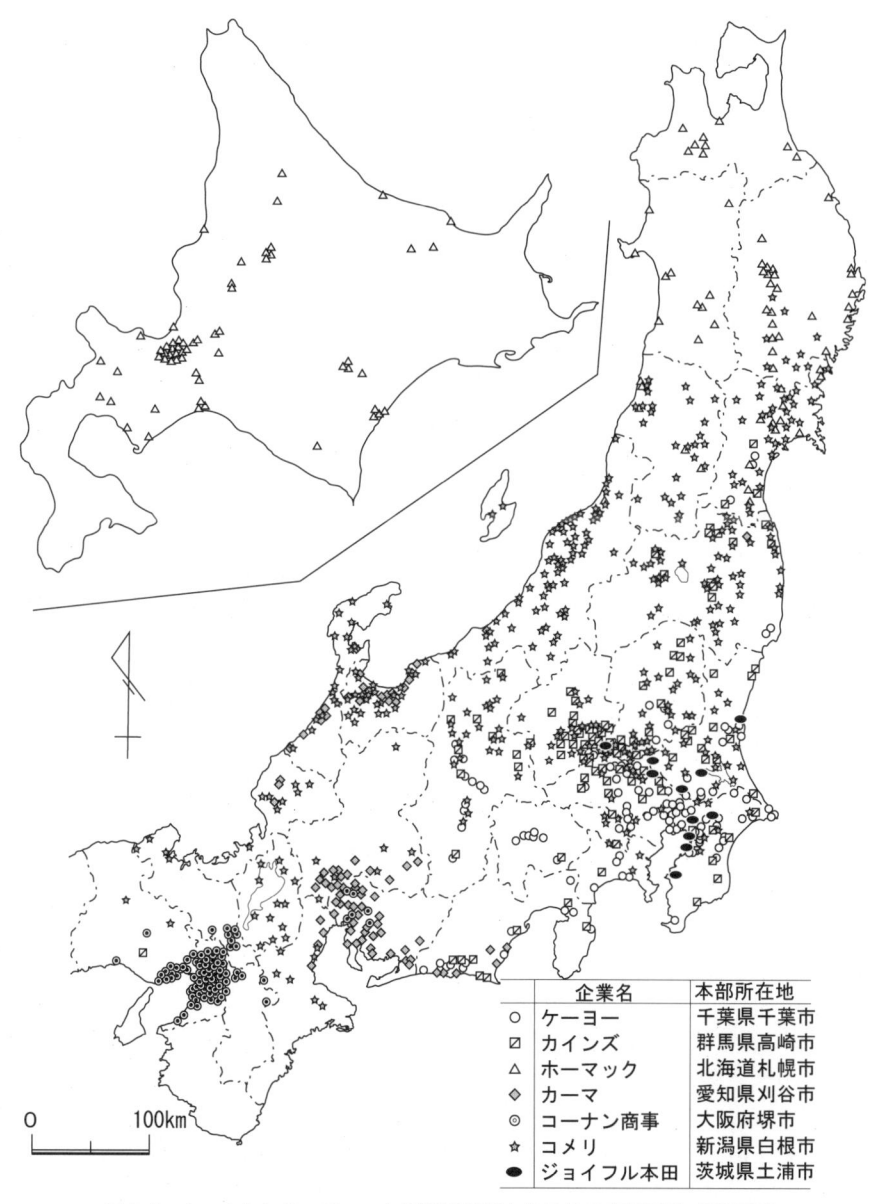

2 ホームセンターの展開と競合　181

企業名	本部所在地
○ ケーヨー	千葉県千葉市
◨ カインズ	群馬県高崎市
△ ホーマック	北海道札幌市
◇ カーマ	愛知県刈谷市
⊙ コーナン商事	大阪府堺市
☆ コメリ	新潟県白根市
● ジョイフル本田	茨城県土浦市

図 9-3　ホームセンターチェーン年間販売額上位7社の店舗展開（2000年）
(資料：『ホームセンター名鑑』により作成)

て非常に大きい。同社は，コメリのように小規模店を多店舗化して，市場でのシェアを獲得する戦略とは対照的に，1店舗あたりの規模を大型化することで，立地する商圏での優位性を高めている。

これら7社の店舗展開は，1990年代初頭に本部を中心とする県域もしくは隣接県を含めた範囲に，店舗を集中立地させていた。この時期には各社が基盤とする地域外の企業との競合関係はあまり認められない。しかし1990年代後半以降，7社は本部を中心とする既存の出店地域への出店を継続してドミナントを形成する一方で，他地域へ進出してきた。他地域への出店は，本部を中心とするドミナントから主要幹線道路に沿って，放射線状に拡大する形状をみせる。その際に各企業とも単独の店舗を出店せずに，主要道路沿いに複数の店舗を近接して立地させている。

上記のような店舗網の広域化，多店舗化の結果，上位7社において出店範囲が重複する企業間競合が発生した。ケーヨー，カインズ，コメリ，ジョイフル本田の出店する関東北部で，店舗がとくに集中している。また東北南部や北陸においても，7社の店舗が主要道路沿いに展開しており，複数の企業間での競合が生じている。一方，西日本においては中小企業との競合はみられるものの，東日本のように大企業間での競合は確認されない。ホームセンターの販売割合が高い地域においては，このように大企業同士の競合が発生している。

3 家電量販店の展開と競合

3.1 家電量販店の動向

家電小売業は，まず地域小売店と量販店に分類される。地域小売店はメーカーの系列店が代表的であるが，近年，販売シェアを急減させている。量販店は非家電専門店と家電専門店に二分され，非家電専門店はいくつかの商品部門の1つとして家電も販売する店舗であり，GMSやホームセンターが代表的である。その中でも都市中心部の立地を志向する大規模カメラ量販店の販売シェアが近年高まっている。本章ではとくに家電専門店を対象とするが，家電専門店はNEBAに加盟している量販店と，NEBAに非加盟で近年急成長している量販店に分かれる。NEBAは近年販売額を増加させているものの，会員数は減少している（図

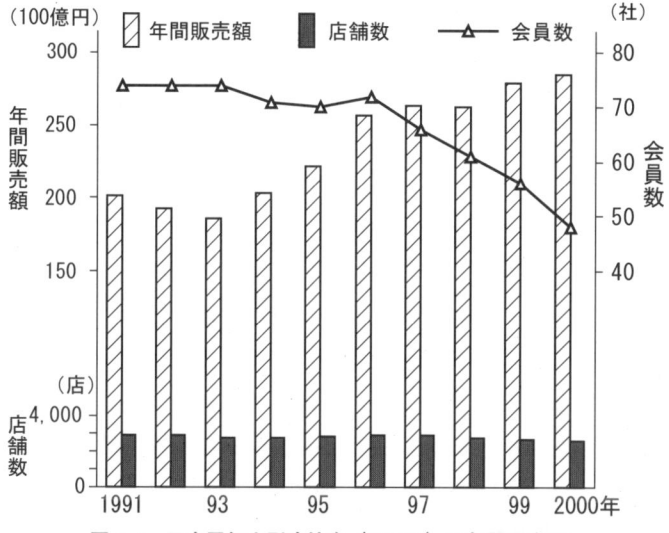

図 9-4 日本電気大型店協会 (NEBA) の年間販売額, 店舗数, 会員数の推移
（資料：日本電気大型店協会資料により作成）

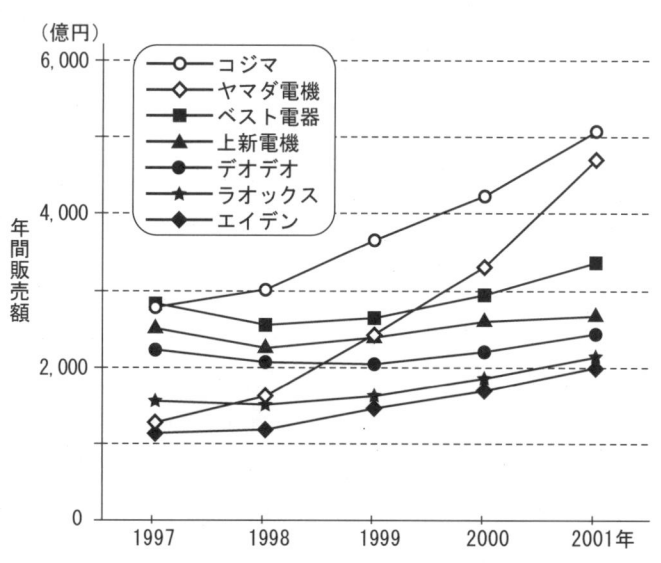

図 9-5 日本の家電量販店における年間販売額の推移
（資料：有価証券報告書により作成）

9-4)。

　NEBAの主要企業およびコジマ，ヤマダ電機の年間販売額の推移をみてみよう（図9-5）。3位以下の企業はすべてNEBA加盟企業であるが，その年間販売額に，各社とも大きな変化はみられない。一方，NEBAに非加盟のコジマは，1997年に家電量販店の中で首位になって以降，その地位を保っている。とくに注目されるのは，同じく非加盟のヤマダ電機である。同社は1997年に年間販売額が約1,200億円の第6位であったが，2001年には約4,700億円とわずか5年間で約3.9倍の増加を達成し，全家電量販店で第2位へと急伸した。主要な家電量販店の本部は，三大都市圏および広域中心都市に置かれるものが多いが，北関東に本部を置く両社は，多店舗化による大量仕入れを背景に，低価格販売や独自開発製品の展開で差別化を図り，成長してきた経緯がある。

3.2　主要企業の店舗展開

　次に主要各社の店舗展開をみてみよう。まずNEBA加盟企業のベスト電器は，本部を福岡県福岡市に置き，1996年までは家電量販店の中で販売額が最大であった。その出店範囲は福岡県を中心に九州全域に及んでいる（図9-6）。九州以外の地域には，中・四国へ出店範囲が広がるが，近畿への出店は少ない。しかし東海，関東に対する出店には積極的であり，東北，北海道へも出店範囲が分散的に拡大している。これら九州以外の店舗の多くはフランチャイズ店であり，新宿高島屋や長崎屋など大型百貨店やスーパーの家電部門として出店する場合もある。

　同じくNEBA加盟企業のデオデオ，エイデン，上新電機，ミドリ電化の4社は，2001年にデオデオとエイデン，上新電機が資本提携，ミドリ電化が業務提携することで合意しており，その後2002年3月にデオデオとエイデンが共同持株会社エディオンを設立した[5]。このうち，デオデオ，エイデン，上新電機の店舗分布をみると（図9-6），広島市に本部を置くデオデオの店舗は，東海，関東に数店出店している以外，中・四国および九州に集中的に立地する一方で，近畿にはほとんど出店がみられない。次に名古屋市に本部を置くエイデンの出店範囲はさらに限定されており，愛知，岐阜，三重の東海3県と，長野，静岡の両県一部に数店出店しているのみであり，出店範囲が集中している。大阪市に本部を置く上新電機の出店範囲は，大阪府，和歌山県，京都府，滋賀県などの近畿が中心であ

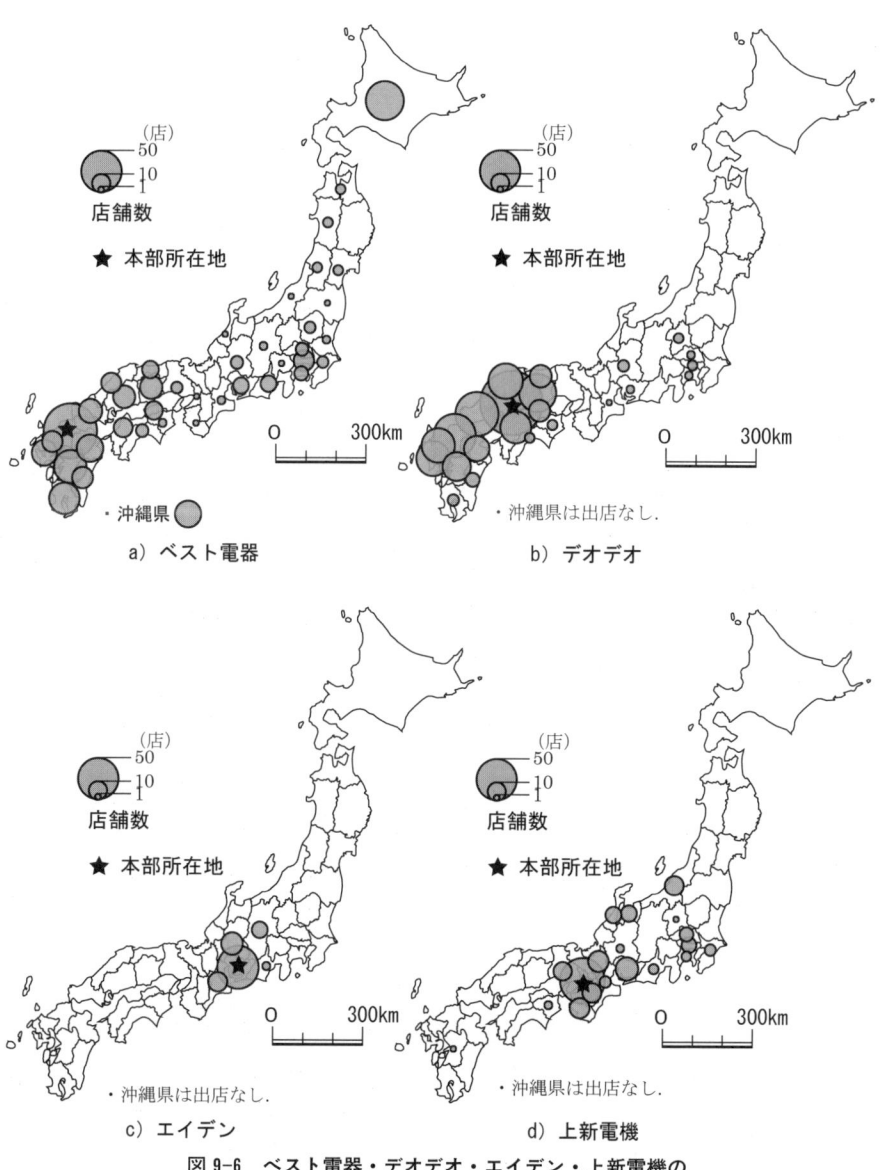

3 家電量販店の展開と競合 185

図9-6 ベスト電器・デオデオ・エイデン・上新電機の
都道府県別出店数（2001年）
（資料：日本電気大型店協会会員名簿により作成）

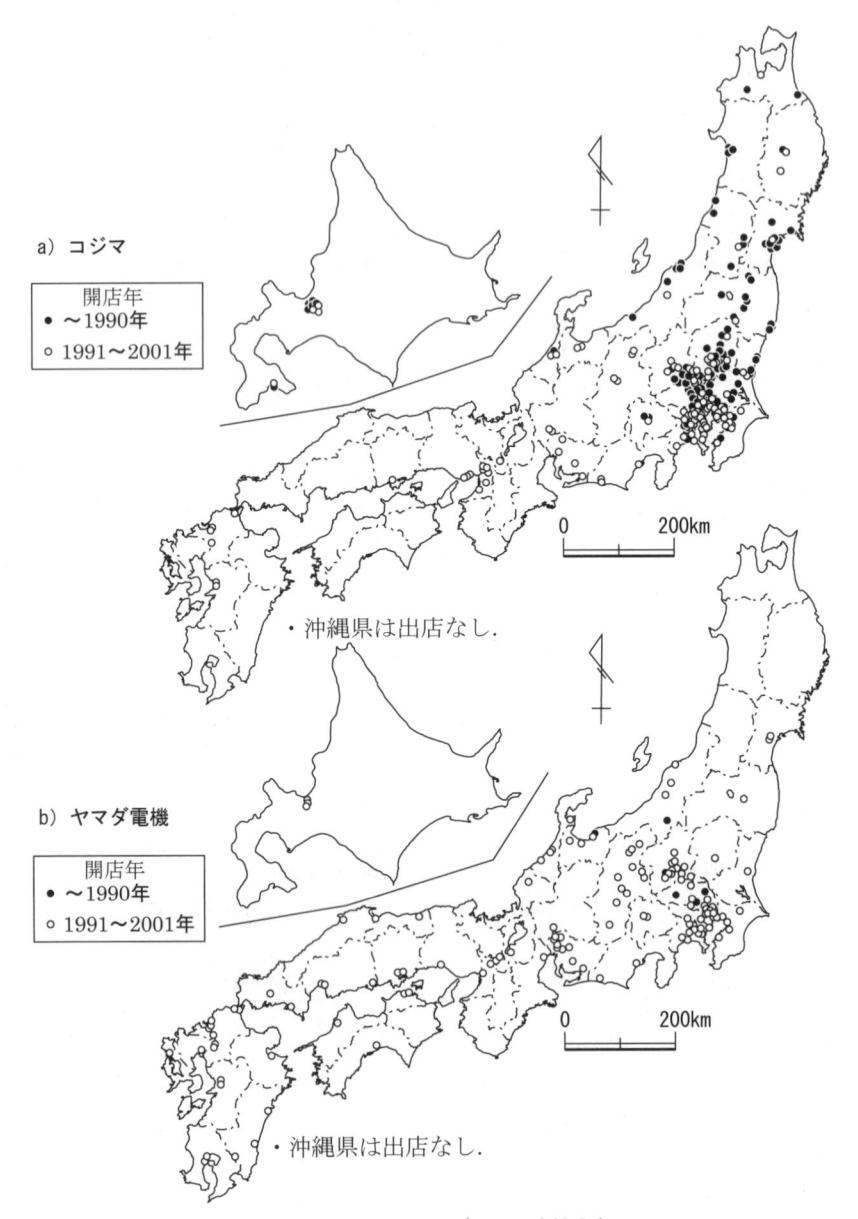

186　第9章　ホームセンター・家電量販店の展開と競合

a) コジマ

開店年
● 〜1990年
○ 1991〜2001年

・沖縄県は出店なし．

b) ヤマダ電機

開店年
● 〜1990年
○ 1991〜2001年

・沖縄県は出店なし．

図9-7　コジマ・ヤマダ電機の店舗分布
（資料：各社資料により作成）

るが兵庫県には少ない。東海，関東への出店もみられるが，上記4社の中で同社のみが北陸に出店している。兵庫県に本部を置くミドリ電化は，近畿に大部分の店舗を集中出店させている。このように上記4社は，出店範囲が大きくは重複しないため，提携することで店舗網を広域に拡大し，取引における規模の利益獲得を追求している。

　図9-7には，栃木県と群馬県に本部を置くコジマとヤマダ電機の店舗分布を示した。両社の店舗はすべて直営店である。両社とも本部所在地を中心に多店舗化を進めているが，近年，関東南部への出店をとくに加速させている。両社は関東を中心に出店地域が重複しており，40の市区町で両社の店舗が競合している。関東以外では，コジマが東北，ヤマダ電機は長野県と北陸で多店舗化を進めてきた。また，コジマは1990年以前に開店した500m^2未満の小規模店が多く残存しているのに対して，ヤマダ電機では，同様な店舗はわずか5店舗のみである。このように出店戦略が異なる中で，両社は企業の成長とともに西日本へ店舗網を拡大し，その結果，先行してドミナントを形成していた企業との企業間競合が生じている。

　このように家電量販店の上位チェーンにおける店舗展開をみると，1990年代前半までは，各社とも各地域で集中的に多店舗化し，企業間の競合はあまり認められなかった。しかし1990年代後半以降，家電量販店の上位チェーンでは，全国展開への傾向が急速に進行している。それは市場規模を拡大することにより，取引量を増大させることを目的としたものであるが，その店舗展開にはベスト電器にみられたフランチャイズ化による分散的な拡大，デオデオ，エイデン，上新電機，ミドリ電化の資本提携による拡大，そしてコジマとヤマダ電機における自社開発による店舗網の拡大といったパターンがあることを指摘できる。

4　店舗網の拡大要因

　このようにホームセンターと家電量販店の上位チェーンは，1990年代初頭まで本部を中心とする数県レベルの範囲に寡占的なドミナントを形成していた。ところが，1990年代後半になるとさらに店舗網を広域化させ，進出先で先行する企業との競合が発生した。1980年代まで，専門店チェーンの各業態はGMSと比較して後発の業態であり，各企業の経営基盤は十分に確立されていなかった。また大

店法の規制下において，大規模店を設置することが困難な状況にあり，分散的に店舗を配置するよりも店舗密度を増すように多店舗化したほうが，店舗管理や商品配送の面で効率的であった。

　日本におけるホームセンターは，1970年代に導入された新しい業態であり，1980年代までは参入した各企業が経営基盤の確立を模索する段階にあった。こうした中で有力な上位チェーンの間に，業態全体の発展を目指す経営交流が起き（矢作 1997），他社と競合することなく，各社が地盤とする地域の市場獲得に注力していた。しかし1990年代以降，ホームセンターという業態が認知され始め各企業が成長するにつれて，既存の市場地域は飽和状態になりつつある。大店法の緩和はホームセンターの多店舗化をより容易にし，店舗の大型化は1店舗あたりの商圏を拡大した。1990年代後半以降におけるホームセンターの店舗網の拡大は，既存のドミナント以外に店舗網を拡大する必要に迫られた結果である。

　ホームセンターの取扱商品は多種多様であるが，回転率の低い商品が中心である。これら商品の納入業者には，チェーンストアとの取引経験をもたない地方の中小製造卸売業者が数多く含まれる。こうした業者は，ホームセンターの多店舗化や店舗網の広域化に対応した配送が困難である場合が多いため，ホームセンターの上位チェーンにおいては，自社物流センターを設置し，集約された配送を実施している。この自社による集約配送は，チェーン全体の物流費削減に貢献するものであり，ホームセンターの店舗網を広域化する際に，効率的な配送システムを構築することで，新たに進出した市場に対しても企業間競合で優位に立つことを可能にするのである（兼子 2000）。

　家電量販店もホームセンターと同様に，全国的にみると1990年代前半までは主要な家電量販店が地域市場を分割している状態にあり，企業間の競合はあまりみられない。このような地域的に競合がない状態は，日野（1979）が明らかにしたように家電メーカーの販売会社が，主要都市を基点として，地域市場を分割していることに起因している[6]。つまり主要な家電量販店は，各地域を管轄する販売会社のテリトリー内で多店舗化することで，販売会社から最も有利な条件を享受できたのである。言い換えれば，従来，店舗展開している地域外に新規出店する企業は，その出店地域で先行して店舗展開を進めている企業より不利な条件しか得られないことを意味している。

しかし1990年代後半以降，家電量販店の上位チェーンはその販売力を活かし，家電メーカーと直接取引することを通じて，仕入価格を引き下げ，競合する企業に対する価格競争力を高めようとしている。そのためにも各社は，多店舗化し市場シェアを拡大する必要がある。こうした背景の下での1990年代後半における店舗展開は，本章でみたように，自社開発，フランチャイズ化，資本提携などの形態をとるが，ホームセンターと同様に家電量販店の店舗網拡大は，進出先の店舗への商品供給システムをいかに空間的に構築していくのかが重要になっている。ホームセンターも家電量販店も，商品鮮度を重視しない商品を中心に扱うため，商品の配送圏は広域に設定されうるという共通の空間的特性をもつのである。

本章では，ホームセンターと家電量販店の販売額上位チェーンを対象として，その店舗展開と企業間競合が発生している状況を明らかにした。いうまでもなく，両業態とも全国各地で中小のチェーンが存在し，それぞれ店舗網を形成している。ローコストなチェーン運営を指向し，競争力をもつ上位チェーンが全国展開をさらに進めるなら，これら中小チェーンが淘汰・再編されるか，もしくは地域市場で独自に展開をするなかで，大資本との提携を進めていくことが予想される。また大企業同士では，とくに物流システムなど，成功した企業のチェーンオペレーションを模倣する形で他社が参入し，新たな競合が生じるであろう。同時に全国展開を完成させつつある企業は，さらに企業を成長させるために，成功したチェーンオペレーションの方法を，新規業態への参入や海外進出に際して適用しようとするであろう。当該業態は「成長」から「競合」，そして「発展」もしくは「淘汰」への段階へ移行しつつあり，その空間的な動向には今後とも注目していく必要がある。

（兼子　純）

［注］
1) 同一部門の商品群を扱う小売業に対して，圧倒的な集客力をもち強い影響力を与えることから，カテゴリーキラーとも呼称される．
2) ホームセンターの販売割合とは，ホームセンターで扱う商品の推定市場規模に占める，ホームセンター企業の総年間販売額の割合を示す．なお，都道府県別の推定市場規模は1人あたりの年間支出額7万円に各都道府県人口を乗じて算出した（日本ホームセンター研究所 2000）．同割合が高いほど，ホームセンター企業が各都道府県の購

買力を獲得しており，逆に低位地域は今後ともホームセンターの出店余地があるか，他業態にシェアを奪われていると考えることができる．
3) 年間販売額第7位の東急ハンズは，大都市中心部に展開しており，他の企業と対象市場が異なると判断されたため分析から除外した．また同8位のナフコは，福岡県北九州市に本部を置き，九州および中国を中心に店舗を展開しているが，大阪府と兵庫県の各1店舗を除くと，出店地域が他の企業と競合していないため対象外とした．
4) 他の上位チェーンにおける1店舗あたりの平均売場面積は，ケーヨー2,178.7m^2，カインズ3,631.7m^2，ホーマック2,589.7m^2，カーマ2,893.2m^2，コーナン商事2,830.6m^{2}である．
5) 本部は東京都品川区に置かれている．2001年における両社の年間販売額の合計は，4,470億円に達し，家電量販店の第3位に位置する（第13章参照）．
6) 日野（1979）は，家電メーカーまたは販社の支店配置は，全国を北海道・東北・関東・東海・北陸・近畿・中国・四国・九州の9ブロックに分割し，札幌・仙台・東京・名古屋・金沢・大阪・広島・高松・福岡を拠点とする形態が基本であることを明らかにした．

[文　　献]

荒井良雄 1989．コンビニエンス・チェーンの物流システム．信州大学経済学論集 **27**：19-43．

飯田　太 1993．大手スーパー自社配送センターの立地と配送構造－関東地方の事例－．新地理 **41**：12-27．

兼子　純 2000．ホームセンターチェーンにおける出店・配送システムの空間構造．地理学評論 **73A**：783-801．

通商産業省 1995．『21世紀に向けた流通ビジョン―我が国流通の現状と課題―』通商産業調査会．

土屋　純 1998．中京圏の大手チェーンストアにおける物流集約化とその空間的形態．地理学評論 **71A**：1-20．

日本ホームセンター研究所 2000．『ホームセンター経営統計2000年版』日本ホームセンター研究所．

根田克彦 1999．商業地域．奥野隆史・高橋重雄・根田克彦『商業地理学入門』63-96．東洋書林．

箸本健二 1998．量販チェーンにおける情報化と物流システムの変容―信州ジャスコを事例として―．経済地理学年報 **44**：187-207．

日野正輝 1979．大手家電メーカーの販売網の空間的形態の分析．経済地理学年報 **25**：

83-100.

安倉良二 1999. 大店法の運用緩和に伴う量販チェーンの出店行動の変化―中京圏を事例に―. 経済地理学年報 **45**：196-216.

矢作敏行 1997.『小売りイノベーションの源泉』日本経済新聞社.

鷲尾紀吉 1999.『現代流通の潮流』同友館.

第10章　情報化と流通システムの再編成

　情報化が産業活動全般に与えた影響の大きさは計り知れない。その影響と無縁の場所にある産業活動はおそらく皆無であろう。情報化の一般的な定義は，コンピュータの社会的浸透とネットワーク化，データのデジタル化，そして通信回線の高度化が融合した概念とされている。

　しかし，個別産業に踏み込んで議論を行う場合，「情報化」の定義や影響は必然的に多様化する。本書がテーマとする消費財流通の分野もまた，1980年代に遡るPOS化から昨今の電子商取引まで，情報化の影響が幅広く指摘されている。とりわけ，1980年代後半から急速に浸透したPOSシステムは，流通情報化の端緒となっただけでなく，流通チャネルにおけるチェーンストアへのパワーシフトを加速させ，1990年代の「第2次流通革命」をリードした。このことは，日本の流通システムの大きな転換を意味するものであり，その空間的考察を行ううえでもきわめて重要といえる（序章参照）。

　また，情報化を通じた情報伝達における時間短縮や距離の克服が，リードタイムに規定された取引の中で大きな空間的効果を発揮し，とりわけ物流システムの再編成を進めた点も忘れることはできない（第6章参照）。そこで，本章では流通チャネルの再編成という視点に注目しつつ，日本の流通システムにおける情報化の進展とその空間的影響について検討していく。

1　流通情報化の推移

1.1　POSの導入

　冒頭で述べたように，流通情報化の起点は，POS（Point Of Sales）システム

の導入に象徴される単品情報のデジタル化と，これを用いた単品管理の実現であった。POSはおもにバーコードで表示された商品コードを光学式スキャナーで読み取ることにより，販売情報（POSデータ）を自動的に記録するシステムの総称であり，1970年代の半ばに米国で実用化された。POSデータの特徴は，単品ごとの販売数量を，実売価格とともに販売時点で補足・蓄積する点にあり，その名の由来ともなってきた。

　日本は，1978年に国際EAN（European Article Number）協会に加盟し，世界標準規格（ISO）および日本工業規格（JIS）を満たしたJAN（Japan Article Number）を制定した。JANは通常13桁の数字で生産国，メーカー，商品コードを示し，その読み取り方式にバーコードを採用した。日本でJANが急速に普及したのは，大手コンビニエンスストア（コンビニ）のセブン-イレブン・ジャパンが全店にPOSレジスターを導入した1982年以降のこととされるが，1985年にはすでに加工食品の90％以上，日用雑貨品の80％以上にJANがマーキングされていた[1]。JANの普及にともない，小売業と卸売業がJANを利用して発注のオンライン化を図るEOS（Electronic Ordering System）も，1980年代後半には浸透するようになった。このように，流通情報化の技術的基盤は1980年代の半ばまでに一通りの構築を終えたとみてよかろう。

　しかし，日本の流通システムにPOSシステムが急激に浸透するのは1980年代の末であり，1989年4月の消費税導入がその契機となった。内税商品と外税商品が混在する中で，大手チェーンストアがレジ作業の効率化を図るためにPOSレジスターの全店導入を急ぎ，この動きに中小チェーンが追随したためである（図10-1）。

　その結果，1990年代前半には日本のチェーンストアの大部分にPOSシステムが導入された。POSデータが浸透する以前に，最も販売時点に近いとされた単品情報は発注情報を集計したEOSデータであり，メーカーや小売業の担当者は，EOSデータを実績値とみなして販売計画を立案してきた。しかし，返品が半ば慣行化している日本の消費財流通において，EOSデータが示す発注量はあくまで仮の需要にすぎず，返品を待って確定する実需との乖離が少なからず発生した。その意味において，国際標準であるJANコードの採用とこれを利用したPOSは，真にリアルタイムな販売情報を捕捉可能なシステムであり，その浸透は日本

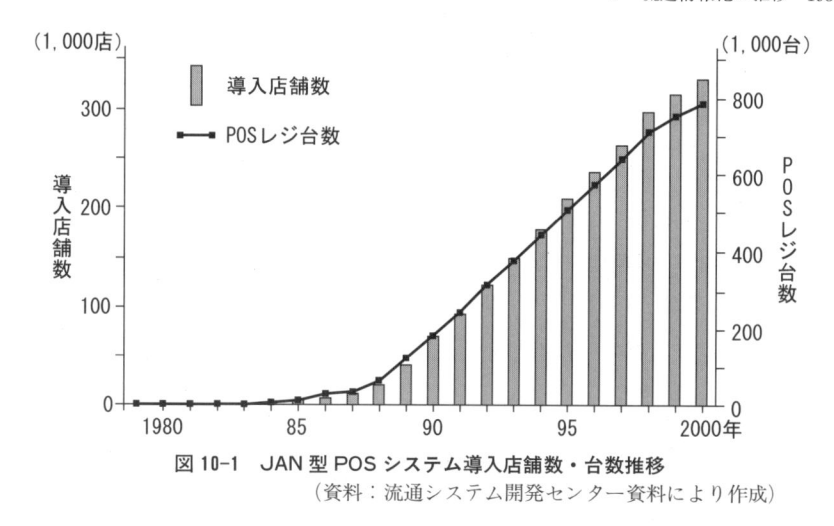

図 10-1　JAN 型 POS システム導入店舗数・台数推移
（資料：流通システム開発センター資料により作成）

の流通業界に大きな変化をもたらすイノベーションであったと評価できる。

1.2　情報化のメリット

　JAN・POS を軸とする流通情報化のメリットは，概ね2つのタイプに大別できる。その1つは，コンピュータ化にともなう日常業務の効率化である。たとえば流通業が POS システムを導入した場合，レジ効率の向上，入力ミスの低下，取引のペーパーレス化（手書き伝票の廃止），店員の不正防止など，ルーティンワーク部分の大幅な効率改善が期待できる。このように，情報機器の導入によって直接実現可能な利点を情報化のハードメリットと称する。これに対して，蓄積されたデータに基づく各種のイノベーションを情報化のソフトメリットと称する。POS の販売実績に基づく需要予測や商品計画の立案，EOS の確定発注量に基づく配車・納品計画の合理化などがこれにあたる。

　両者を比較した場合，ハードメリットが既存の業務体系の中で効率化を追求するのに対して，ソフトメリットは市場の不確実性を軽減し，新たな市場機会を開拓することに重点が置かれる。またハードメリットが，情報機器の導入を通じて短期間のうちに実現可能であるのに対して，ソフトメリットは統計学的に有意なサンプルデータを確保し，分析要員を育成することが実現の前提条件となる。それゆえ，流通業の情報化においては，まず店舗や物流拠点におけるオートメーシ

ョン化などのハードメリットを先行させ，次いで高度なデータ分析や意思決定を必要とするソフトメリットを追求する傾向が強い。

1.3 通信ネットワークの高度化

　流通情報化の空間的影響を検討する場合，空間的なインフラである通信ネットワークの高度化が重要な意味をもつ。消費財流通の商談や物流業務では，担当者，受発注情報，商品の移動が日常的に発生している。また，取引条件であるリードタイムが短いため，配送の効率化を図るうえで物流拠点の立地がきわめて重視される。たとえば前出の図6-1は，コンビニチェーンの米飯（弁当類）における典型的な発注・配送サイクルを示している。この図は，最短でわずか8時間（第3便）のリードタイムという制約条件の下で，発注のオンライン化が，店舗―CVSの地区本部―米飯ベンダー間の情報伝達を1時間弱に短縮しなければ，片道3時間という配送圏が維持できない状況を示している（荒井 1989）。通信ネットワークの高度化は，こうした空間的・時間的な制約条件を緩和し，商取引における空間的な自由度を高める効果をもっている。

　通信ネットワークの高度化を議論する際の指標は，一般に通信速度と通信コストである。表10-1は，流通システムで利用されている通信回線の種類と特性を整理したものである。このうち，今日の流通情報システムでおもに使用されているのが専用回線とインターネット回線である。

　専用回線は専用の高規格回線を拠点間に常設するもので，セキュリティや通信速度の面で公衆回線の性能を大きく凌いでいる。また，回線使用料が固定費用化する点も大きな特徴である。回線使用料の固定化は，情報量が増大するほど1情報あたりの通信費用が低下するため，大手企業の基幹回線やおもな取引先間の受

表10-1　通信回線の特性と取引形態・コストの比較

	公衆回線	専用回線	インターネット
伝達可能な情報	音声	音声＋データ	音声＋データ＋画像
データ通信の前提	―	プロトコル変換が必要	標準化されたフォーマット
取引形態	1対1（オープン）	1対N（クローズ）	N対N（オープン）
イニシャルコスト	low	high	low
ランニングコスト	high	low	low

発注システムなど，閉じたネットワークの中で大量の情報交換が発生する場合に合理的である。ただし導入費用が高く，ネットワークが固定的・閉鎖的になる欠点を抱えている。

またインターネット回線は，既存のLANを利用して世界規模のネットワークを構築する新しい通信インフラであり，専用回線に比べて導入費用やランニングコストが格段に安いだけでなく，ネットワークの自由度や開放度もきわめて高い。また，wwwやhtml言語のような国際標準化されたフォーマットが普及しているため，プロトコル変換[2]など情報交換に付随する手間もほとんど発生しない。その反面，セキュリティの面では専用回線に劣るため，社内システムとインターネット回線との接点部分で機密保持やウイルス防止などの対策を講じる必要がある。しかし，その優れた費用対効果と汎用性ゆえに，ネットワークの基盤は徐々に専用回線からインターネットへとシフトしている。

2　情報化の直接効果：空間的分業と商物分離

流通情報化の影響を「空間」という側面から評価する場合，大きく2つの切り口を考えることができる。1つは，情報伝達における距離の克服や移動の代替など，情報化がもたらす直接的な空間効果（直接的効果）の評価である。もう1つは，業態開発や取引関係の再編成など，情報化を通じた経営革新やパワーシフトを媒介とする間接的な空間効果（間接的効果）の評価である。このうち本節では，業務の集約化と商物分離の2点から情報化の直接的効果を検討する。また，次節では情報化の間接的効果を検討する。

2.1　業務の集約化

流通産業は，その成長過程において拠点の広域展開が不可欠となる。ナショナルメーカーや全国卸の支店網，大手チェーンストアの店舗網などはその典型である。一方，消費財流通は他の産業分野に比べて取扱品目数が圧倒的に多く，各商品の平均的なライフサイクルはきわめて短い。また，季節ごとの陳列変更など定期的な商品管理も不可欠である。このように，商品の改廃，新製品の導入，陳列計画など，商品管理に関係する日常業務がきわめて多く，その処理に要する人件

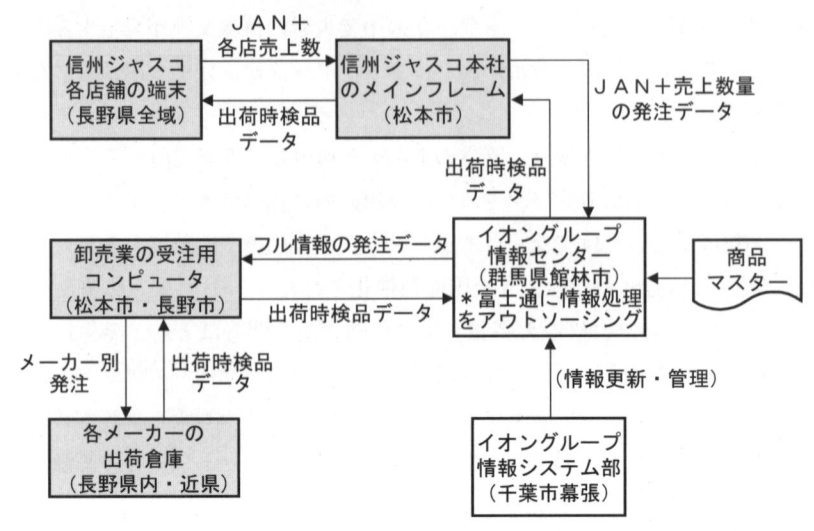

図10-2 信州ジャスコにおける発注情報の流れ（1997年）
（資料：聞き取り調査により作成）

費が経営を圧迫してきた。一方，情報化は定型的な情報伝達に適するとともに，データのデジタル化を進めてその複製を容易にする。このため，従来まで各拠点単位で分散処理されてきた定型的業務を集約化し，通信ネットワークを通じて瞬時に配布するシステムが普及している。

通信ネットワークの高度化にともなう空間的効果を業務集約化に結びつけた事例として，信州ジャスコ[3]による発注情報システムの革新をあげることができる。図10-2は，信州ジャスコが1995年に導入した発注情報システムの流れを示している。このシステムでは，長野県内に展開する店舗から発信される発注情報はJANコードと発注数の2情報にすぎない。このシンプルな情報は，長野県松本市にある同社の情報センターを経由して，群馬県館林市にあるイオングループの情報センターへ転送される。この館林で，はじめてJANコードは商品マスター（商品台帳）と照合され，商品名，仕入価格，荷姿，流通加工[4]などの情報が付加され，完全な発注情報の形で長野県内の卸売業に送信される。逆に，それぞれの卸売業から信州ジャスコに発信される出荷情報も，発注情報の配信経路を遡上する形で館林に送られ，発注情報と突き合わせて卸売業の欠品状況を把握する。そのうえで，各店舗には配送予定が，また信州ジャスコ本社には決済伝票が返信

される仕組みになっている。

　イオングループが，全国の店舗を視野に含んだ広域ネットワークシステムを導入した理由は，商品マスターの一括管理を通じて得られるコスト効果に注目したからである。大手チェーンストアは，年間数万点にのぼる新製品を導入しており，必然的にほぼ同数のカット商品が発生する。これらの改廃情報を商品マスターに登録する更新作業は日々発生するが，オンライン網が整備される以前は，本部からFAXなどで配信される更新情報を各店舗でコンピュータに入力していたため，店舗人件費が高騰する一因とされてきた。イオングループのシステムは，発注情報に不可欠な商品マスターを店舗から切り離して更新コストを削減するとともに，ネットワーク上で発注情報と商品マスターとのマッチングを図った点に特徴がある。

　こうしたシステムが実現するためには，通信回線の高規格化や専用回線契約の普及など通信ネットワークの高度化が不可欠である。なぜなら，高規格専用回線の普及は，大量のデータを日々送受信する大手チェーンストアに対して，従量制料金よりも格段に安い通信費用を保証するためである。また，信州ジャスコの情報システムは，システムの管理・更新を担当するイオングループ本部（系列本部），店舗を直接経営する信州ジャスコ（系列の傘下企業），情報センターを委託運営する富士通（情報サービス業者）の3社によって運営されている。このことは，流通業の情報化が製造業と同じく，アウトソーシングや空間的分業に支えられていることを示すものといえる。

2.2　商物分離

　商物分離とは，おもに営業活動を担当する商流拠点と，保管・仕分け・配送を担当する物流拠点が切り離され，異なる立地を指向する現象である。もともと，高頻度で商談を行う営業活動と，短いリードタイムのなかで少しでも配送圏の拡大を図りたい物流業務では，拠点の立地指向性が大きく異なる。前者は対面接触（face to face）に有利な大都市中心部を指向し，後者は時間距離の拡大が見込める郊外の幹線道路沿いを指向する。しかし，情報化以前には両者が同一拠点に立地するケースが一般的であり，多くの場合，都心の商流拠点に物流機能が付随していた。なぜなら，商談を通じて確定した取引をただちに物流に反映させるため

に，両者の空間的近接が不可欠であったためである。しかし情報化の進展は，こうした制約条件を急速に風化させた。前述のように，CVSの発注情報がCVS本部を経てベンダーに到達するまでの時間は1時間にも満たないのである。このことは，商流拠点と物流拠点が情報伝達上の制約条件から解放され，おのおのの立地指向性に最も合致した場所に再配置されることを意味している。

商物分離の典型例として，第6章で取り上げた花王販社における拠点配置をあげることができる。図6-5は，1970年における花王販社の立地を示したものである。この時点の花王販社は全国128社に分かれ，各社は県庁所在地および主要都市に置かれて商流・物流の双方を担当しており，それぞれ小規模な商圏を維持していた。しかし，情報化の進展やチェーンストアによる本部商談の浸透とともに，営業機能は物流機能から切り離されて急激に統合を進めた。1981年に北海道の8販社が北海道花王販売に統合されたのを皮切りに，1993年までには札幌・仙台・東京・名古屋・大阪・広島・高松・福岡に本所を置く8販社体制への統合が完了し，支所を含めた商流拠点数も全国約20カ所に集約した。これらの商流拠点は，管轄範囲内の移動や取引先などとの対面接触に適した広域中心都市や県庁所在地に配置された。

一方，第6章で述べたように，花王販社の物流拠点数は2000年時点で全国91カ所であり，数のうえでは過去30年間で3割程度が圧縮されたにすぎない（図6-6）。花王販社では，短縮されるリードタイムに対応するため末端配送拠点の高い分布密度を維持しつつ，在庫の集約を通じたコストダウンを図ったのである。それゆえ花王販社の物流拠点の多くは，地価が安く交通渋滞の懸念が少ない郊外の幹線道路沿いに再配置された。三大都市圏を例にとれば，在庫をもつ大・中規模のロジスティックス・センター（LC）は，岩槻，沼南，川崎（以上首都圏），豊橋，稲沢（以上中京圏），堺（近畿圏）に置かれているが，これらはいずれも以前の販社所在地や今日の商流拠点とは異なる立地である。

3　情報化の間接効果：パワーシフトと再編成

3.1　3つの間接効果とパワーシフト

次に，流通情報化の間接的な空間効果（間接効果）を検討する。情報化が流通

システムに与えた間接効果，とくに流通チャネルの取引関係に与えた影響は，概ね以下の3点に要約することができる。第1は，発注タイミングの"後倒し（延期化）"である。従来の消費財流通においては，市場のニーズが不確定な時点で商品調達を行う投機的取引を余儀なくされてきた。これに対して情報化は，調達から消費までのタイムラグを縮小することで需要予測の精度を高め，不確実な需要にともなう欠品や過剰在庫のリスクを軽減させた。第2は，受注処理やピッキング作業などのオートメーション化を通じたハードメリットの拡大である。とりわけ個別業務における省力化，省スペース化，そして業務時間の短縮は，人件費とスペースコストの比率が高い流通産業の経費構造を改善させた。そして第3は，データベースに蓄積された取引情報[5]の統計的分析を通じたソフトメリットの創出である。市場機会の発見，需要予測，生産調整などがその代表例であり，こうした情報活用を通じて，単なる取引記録に過ぎなかったPOSデータの戦略的価値が著しく高められた。

これらの効果は，いずれも販売情報や発注情報に多くを依存することから，その起点となるチェーンストアへのパワーシフトが加速した。一方，流通チャネルの中で主導権を得たチェーンストアは，「情報」を自社の経営効率の改善に活用するとともに，卸売業やメーカーとの取引条件を有利に導くための交換条件として利用した。たとえば多頻度小ロット配送の要求，製品評価の短期化，製品開発・売場提案の要請などがその典型例である。このように，流通システムにおける情報化は，チェーンストアへのパワーシフトをふまえて，取引の延期化や多頻度小ロット配送化など"川上へのリスク転嫁"を定着させた。また，製品評価の短期化を反映したライフサイクルの短縮は，メーカーの多品種生産化を促すとともに，大量消費を前提とした大量生産・大量流通という高度成長時代以来の枠組みそのものを変化させていった。

3.2 取引システムの再編成

オンライン上のデータ授受を原則とする取引システムの定着と，チェーンストアへのパワーシフトは，卸売業が担ってきた保管・配送システムや，メーカーによる生産・営業システムの再編成を促すなど，流通システムそのもののあり方を変化させている。その方向性は概ね中間流通の統合，生産体制の広域化，取引先

別営業システムへの移行という3点に要約することができる。

3.2.1 中間流通の統合

チェーンストアへのパワーシフトがもたらす影響は，直接的な取引関係をもつ卸売業に最も明瞭な形で現れる。チェーンストアが卸売業に求めるサービスは，EOS発注などオンライン取引への対応，定時・多品種を前提とする多頻度小量配送の実行，そしてデータ分析や市場情報の提供を含む知的貢献など，自らの生産性向上に直結する要素が中心であり，これらは1990年代半ばに事実上の取引条件として定着した。

一方，こうした条件を満たしうる卸売業は一部の大手企業に限定される。なぜなら，高度なオンライン取引に対応するためには高い情報投資能力が必要となる。また，リテールサポートと総称される各種の知的貢献を行うためには，分析・提案能力に長じた人材の育成が不可欠である。加えて，最大のネックは多頻度小ロット配送への対応である。短いリードタイムと厳密な納品時刻はトラックの配送範囲を著しく制限し，その積載効率を低下させる。そのなかで小ロット配送を行うためには，取扱品目数を増やし，積載効率を維持することが必須条件となるためである。

たとえば図10-3は，信州ジャスコに牛乳を配送する大手卸・雪印アクセスの配送パターンを示したものである[6]。本図に示した記号A〜Vは，長野県内に展開する信州ジャスコ各店舗に牛乳を輸送するトラックの識別記号であり，34店舗への牛乳配送に22台もの冷蔵トラックが必要であることを示している。その理由は，各店舗におけるパートタイマーの作業スケジュールを重視し，店舗における商品の納品時間を午前7〜8時の1時間に限定したためである。その代替条件として雪印アクセスは，それまで9社で分担していた信州ジャスコへの冷蔵品配送をほぼ独占するとともに，薬，化粧品，デリカ素材（店頭で加工販売する総菜・弁当類の原料となる食材）の配送にも進出した。

この事例は，広い取扱品目（フルライン）をもつ大手卸売業が，多頻度小量配送の厳密な実行と引き換えに，チェーンストアから幅広い品群の帳合を獲得しうることを示している。この集約化は1996年に実施され，雪印アクセスと対信州ジャスコとの取引額は，1995年度の約5億円から一気に約30億円へと拡大した。一方，残る8社は信州ジャスコとの取引から撤退を余儀なくされたのである。こう

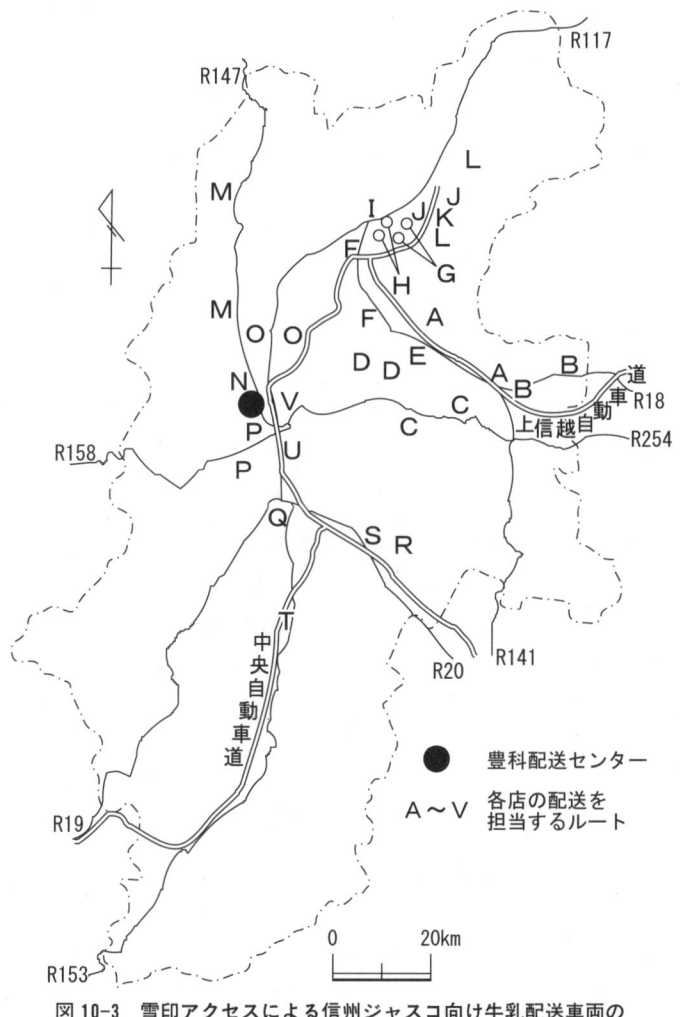

図10-3 雪印アクセスによる信州ジャスコ向け牛乳配送車両の
配車状況（1997年）

（資料：聞き取り調査により作成）

した動きは，卸売業の上位集中化を加速させ，中長期的には中間流通の統合を加速させる。たとえば，単独ではチェーンストアとの取引に参加できない地方中堅卸が全国卸の傘下に合流する，あるいはベンダーやサービスマーチャンダイザー[7]に転換するなどの動きが全国的に進んでいる。序章で指摘した中規模〜大規

模卸売業の減少傾向は，このような現象を反映したものである。

3.2.2 生産体制の広域化

　流通情報化は，消費財メーカーの生産体制にも影響を及ぼしている。メーカーにとって最大の関心事は，チェーンストアの情報化を通じた厳密な商品評価と，これにともなう自社ブランドの"短命化"（ライフサイクルの短縮）である。メーカーは，個別ブランドの改廃が自社製品の陳列スペースの削減に直結しないよう，製品の多品種化に踏み切らざるをえない。しかし，多品種生産は生産コストのみならず，在庫保管コストや輸送コストの上昇をも招きかねない。それゆえ，メーカーは多品種生産を進める一方で，生産設備への投資や流通段階での費用負担を極力抑制するため，生産体制の抜本的な見直しを進めている。その方向性は，販売実績によって製品を峻別し，在庫回転率が低い製品の生産・保管拠点を集約することである。大量生産を原則とする消費財の分野で，多品種生産とスケールメリットを両立させるためには，少数の生産拠点で集中的に生産した製品を全国展開するシステム以外に手段はない。

　こうした生産体制の導入は，これまで典型的な消費地立地型製品とされてきたビールや清涼飲料の分野にも及んでいる。表10-2は，キリンビールにおけるブランド別生産数の推移をまとめたものである。本表は，いわゆる1980年代後半の"ドライビール戦争"を契機に急速な多品種化が進んだことを示している。この

表10-2　キリンビールにおける販売実績の推移（1970〜92年）

	年　次	1970年	1975年	1980年	1985年	1990年	1992年
生産・販売実績の推移（実数）	合計生産量（1,000kl）	1,471	2,277	2,842	2,873	2,934	3,409
	販売数量（1,000kl）	1,466	2,286	2,854	2,878	2,926	3,409
	金　額（100万円）	271,171	431,258	750,516	1,079,186	1,074,975	1,284,351
	ブランド数	4	4	5	7	12	12
	アイテム数	7	7	9	32	56	141
	売上高（100万円）	279,514	468,241	830,535	1,151,762	1,199,804	1,315,742
70年を100とした時の指数	合計生産量（kl）	1.00	1.55	1.93	1.95	2.00	2.32
	数　量	1.00	1.56	1.95	1.96	2.00	2.33
	金　額（100万円）	1.00	1.59	2.77	3.98	3.96	4.74
	ブランド数	1.00	1.00	1.25	1.75	3.00	3.00
	アイテム数	1.00	1.00	1.29	4.57	8.00	20.14
	売上高	1.00	1.68	2.97	4.12	4.29	4.71

（資料：有価証券報告書各年次により作成）

ためキリンビールでは，消費地立地型の工場で全製品を生産し，大消費地ごとに独立した供給体制をもつ方式が限界を迎え，「ラガー」や「一番搾り」など一部の高回転製品を除いて，生産拠点が特定の工場に集約されていった。

生産体制の集約化が進むと，各工場で集中生産した製品を出荷倉庫の間で相互に交換し，在庫の全国展開を行う配送システムが必要となる。こうした出荷倉庫間の在庫調整は，メーカーと卸の間で行われる取引（垂直的な取引）と区別するため，「横持ち」と呼ばれている。横持ちによる在庫調整は，在庫回転率が低い製品ほど多発しやすい。なぜなら，販売量が多く在庫回転率が高い製品ほど，生産拠点を分散できるからである。しかし，横持ちはあくまでも自社内における地域間の在庫調整に過ぎず，そのコストを取引先に転嫁することは難しい。このため，販売価格が安く粗利に占める物流費比率の高い製品ほど，横持ちコストが利益率を圧迫することになる。これに対して各メーカーでは，他社との共同配送や復路便（帰り荷）の活用を模索しており，こうした試みが企業の枠を超えた情報ネットワーク化を進める契機ともなっている。

3.2.3 取引先別営業システムの構築

流通情報化が消費財メーカーに与える影響は，生産体制だけでなく支店機能を含む営業体制にも及んでいる。1980年代まで，消費財メーカーの多くは各県庁所在地に支店を置くとともに，地方中心都市に中間管理拠点である支社[8]を設けて，本社を頂点とする全国的な営業拠点のヒエラルヒーを形成してきた。こうした営業体制のもとでは，営業活動の拠点はあくまでも支店であり，管轄範囲（おもに都道府県）のチェーンストアから中小小売業・卸売業に至る商談全般を担当してきた。一方，支社は本社と支店との意思疎通を図り，管轄支店のサポートを行うなど，おもに統括的・補助的な役割を担っていた。しかし今日的な営業システムでは，旧来は補助的・統括的な役割を果たしてきた支社に営業機能が集中し，その一方で支店のリストラクチャリングが進んでいる。

たとえば図10-4は，大手日用品メーカー・サンスターの支店・営業所[9]配置の推移を示したものである。1990年時点には47都道府県の全県庁所在地に配置されていた営業所のうち，2000年時点で残ったものは本図が示すように，わずか11カ所に過ぎない。残る36県のうち15県は，経理・事務部門を廃した事務所（2県），営業担当社員の自宅に最低限の事務機器を配置した分室（13県）に，そし

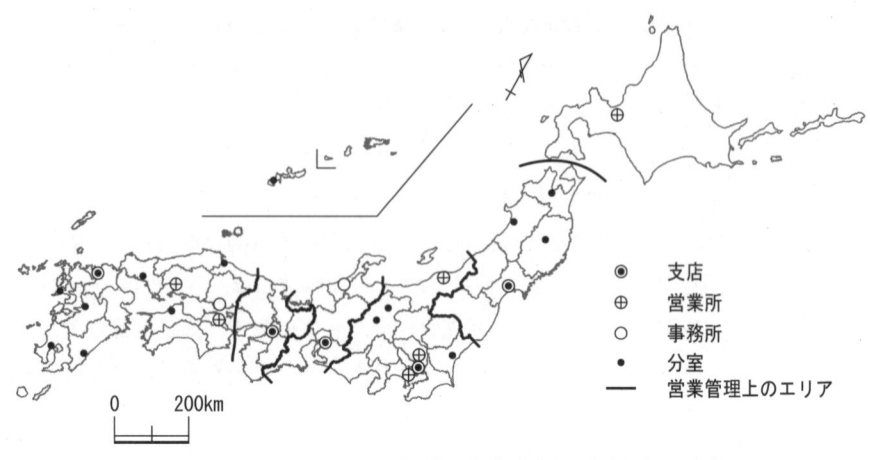

図10-4 サンスターにおける営業拠点の立地と機能（2000年）
（資料：聞き取り調査により作成）

て21府県は近接する営業所からの出張範囲に置き換えられた。また，地方を統括する支店も札幌，高松，広島の3カ所が営業所に降格されるなど，地域拠点の劇的な削減が進行した。

　こうした再編成は，他の消費財メーカーでも多かれ少なかれ行われている。その背景として，1) 都道府県の範囲を超えた店舗網をもつチェーンストアに対して，支店の管轄範囲が狭小すぎること，2) データ分析や戦略提案などチェーンストアの要求水準が高度化して，支店の対応能力が限界をきたしたこと，3) 本社に営業活動が集中すると，本社の負担が過大になることなどが指摘されており（表10-3），再編成の目的が，高度化する取引先のニーズへの対応と営業活動の本社集中回避という，2つの命題の両立にあることを示している（箸本 2001）。

　企業の支所機能は，これまで県庁所在地や地方中心都市に集積する都市機能の代表例とされ，その集積状況や支店間ネットワークのあり方が，都市の階次や都市間ネットワークを説明する重要な要素とみなされてきた（阿部 1991，日野 1996）。しかし今日，支店を軸とした地域完結型の営業システムは，取引先に応じて異なる拠点が対応する重層的な営業システムへと転換しつつある。その結果，企業の支所機能が集中する地方中心都市と，その縮小や廃止に直面している他の県庁所在地との格差が拡大し，都市の階層構造にも変化を与えると予想される。

表10-3 対チェーンストア営業機能が支社に集中する理由

対チェーンストア営業機能を支店から支社に集約する理由（N=17）	全社的な販売指標を統一する必要性が高い	13
	取引先のニーズが高度化し，支店での対応が困難	12
	同種のニーズが多発し，集約処理した方が効率的	12
	ルーチン業務の多い支店では，データ分析の時間がない	7
	量販営業対応が上位組織に新設された結果	6
対チェーンストア営業機能を本社から支社に分散させる理由（N=11）	通信の高度化で，本社のDBを支店でアクセス可能	5
	現地に詳しい支店担当者の提案の方が営業に有利	5
	量販営業部署を本社から統括支店・支店に分離	4
	情報化教育が進み，支店に十分なスキルがある	2
	本社の負荷の軽減	2

1) 大手消費財メーカー28社へのアンケート調査に基づく．
2) 重複回答あり． （資料：箸本 2001, p.168 をもとに一部改変）

4 競争から同盟へ：垂直的協業の進展

　情報化を背景とする企業間競争が激化し，流通システムにおける取引関係が流動化する一方で，情報化を通じて「勝ち組」となった上位企業が，流通チャネルの中で固定的な取引関係を構築する"垂直的協業"も徐々に拡大している。この動きもまた，情報化を通じた流通システムの変容の一端を示すものである。

　卸売業やメーカーの情報化投資は，チェーンストアとの取引を維持するうえで不可欠であるが，損益計算上は回収不可能なサンクコストとなる。このため卸売業やメーカーは，情報化を前提とした高度な業務サービスをチェーンストアに提供する見返りとして，長期的・継続的な取引の保証を要求する。一方，チェーンストア側も，情報化への対応能力に優れた取引先と固定的な関係を構築することで，売上の拡大や費用の削減を図ることが可能になる。

　このような取引関係の固定化が，「共通の利益」を見据えた協業体制に発展したものが垂直的協業である。たとえば，メーカー（あるいは卸売業）とチェーンストアが，「より売れる売場作り」を軸に品揃えや売場構成などの販売政策を共有するカテゴリーマネジメント（category management）や，チェーンストア

の流通在庫を最小限に抑えることを目的とする ECR（Efficiency Consumer Response）などは，こうした協業体制の典型例といえる。

　カテゴリーマネジメントや ECR は，1980年代後半に米国の消費財流通でスタートし，1990年代前半には日本でも先行事例がみられるようになった。たとえば花王とジャスコ（現・イオン）は，1992年の末に受発注から代金決済に至る2社間取引のオンライン化を開始し，事実上のペーパーレス取引に踏み切った。また1994年には，ジャスコの POS データに基づく需要予測を花王が提供する形で，自動発注システムの共同運用を開始した。これら一連の協業化は，ジャスコに年間7,000万円程度の経費削減をもたらしたとされる（箸本 1995）。この数値は，ジャスコの純利益率を3％とした場合，約23億円もの売上増に匹敵する。一方の花王も，年間36万枚といわれるジャスコ向け納品伝票の廃止によるコスト削減を実現しただけでなく，日本有数の大手 GMS チェーン・ジャスコとの信頼関係をより強固なものとした。

　他方，メーカーとチェーンストアとの結合に危機感を抱いた卸売業の中からも，チェーンストアとの協業化を積極的に模索する動きがみられるようになった。その代表例が大手食品卸の菱食である。情報化への対応能力と小売支援に長けた菱食は，POS データ分析，売場提案，高度な物流サービスなどを提供する見返りに，中堅食品スーパーの帳合を菱食が一括して獲得する協業体制を1993年から展開した。菱食の提案・配送能力がとくに優れた冷凍食品部門に限れば，1993年末段階で既に首都圏の中堅食品スーパーの3分の1に相当する約650店舗が菱食の一括配送を導入していた（箸本 1995）。また，「かわぐち」（広島）や「相鉄ローゼン」（神奈川）のように，加工食品全体の一括配送に発展した中堅スーパーも着実に増加していった。

　ところで，多くのチェーンストアは，協業体制を通じて構造的な高コスト構造の是正を目指しており，新業態の開発や業務の省力化に主眼が置かれている。このため，カテゴリーマネジメントや ECR などの取り組みは，単なる店頭活性化や物流効率化の枠内にとどまらず，組織や人事を含む総合的な組織再編へと発展しやすい。たとえば売上高あたり人件費の抑制は，品揃えの改善だけで実現されるわけでなく，正社員のパート化や店舗別での厳密な損益計算など，労務管理や財務管理にまで踏み込んだ経営体質の変革が要求されるからである。

チェーンストアによるこの種の期待は，必然的に卸売業やメーカーの営業活動にも影響を及ぼす。卸売業やメーカーによる従来型の営業活動は，すべての情報や提案を営業担当者が代表してバイヤーに伝える，いわば1対1の折衝に依存するケースが多かった。しかし，営業担当者の属人的な能力に依存した従来型の営業活動は，2つの点で限界を迎えている。
　1つは，膨大なデータ分析業務への対応能力の限界である。チェーンストアが，高度でアドホックな情報処理をメーカーに持ち込む今日の営業環境において，個々の営業担当者がすべての要求に応じることは不可能であり，上述のように本社あるいは広域拠点に配置された専属部署が対応するシステムへの移行が進んでいる。

＜旧来型営業組織＞

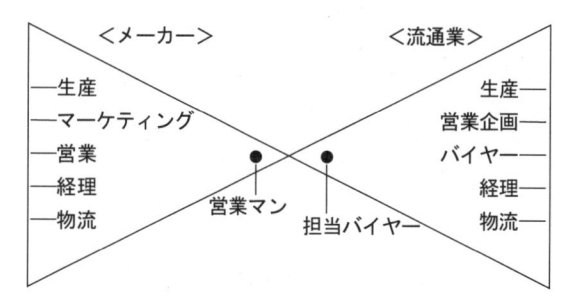

```
＜メーカー＞              ＜流通業＞
―生産                    生産―
―マーケティング          営業企画―
―営業          ●  ●    バイヤー―
―経理                    経理―
―物流                    物流―
     営業マン  担当バイヤー
```

メーカーと流通業，とくに小売業との接点は，メーカーセールスとバイヤーである．

＜協業型営業組織＞

カテゴリーマネジメント組織

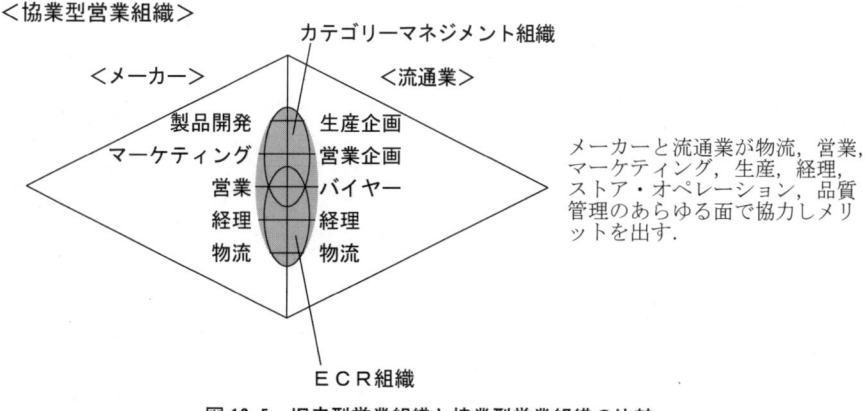

```
＜メーカー＞              ＜流通業＞
 製品開発     生産企画
 マーケティング 営業企画
 営業          バイヤー
 経理          経理
 物流          物流
```

ECR組織

メーカーと流通業が物流，営業，マーケティング，生産，経理，ストア・オペレーション，品質管理のあらゆる面で協力しメリットを出す．

図10-5　旧来型営業組織と協業型営業組織の比較

残る1つは，交渉分野の拡がりにともなう内容の専門化である。たとえば，カテゴリーマネジメントやECRの一環として，メーカーとチェーンストアがPB製品の開発や配送システムの改変を行う場合，技術的な折衝を営業部門が担当することは困難であり，製品開発部門あるいは物流部門を交えた意見交換が不可欠となる。このため，協業体制の進展によってメーカーとチェーンストアとの間に複数の専門的接点をもつ組織が新たに構築され，ここにデータベースを中心とするコンピュータシステムが配置されることにより，対チェーンストア営業組織の「装置産業」化が進むと考えられる（図10-5）。こうした動きは，第3.2項で説明した取引拠点の地理的集中をさらに加速させるであろう。

5　情報化と消費財の流通空間

情報化を背景とする1980年代後半から今日に至る日本の流通システムの変容を一言で要約するならば，POS化を通じたリアルタイムかつ単品単位での商品管理，生産・配送・販売という業務サイクルの短期化，そしてチェーンストアへのパワーシフトを背景とする流通システムの再編成が進んだ時期であったといえる。とりわけ，チェーンストアへのパワーシフトは，メーカーが流通の主導権を握っていた時代に形成された，メーカー別縦割りという卸売体制や価格競争の回避につながる建値制などの商慣行を崩し，中間流通段階の再編成をもたらした。

この過程で日本の卸売業は，品揃えのフルライン化を進めて全国あるいは地方全体を配送圏に収めた広域卸（全国卸）と，旧来型の地方中小卸とに分化する傾向を強めた。一方消費財メーカーも，情報化を通じた多品種生産と製品ライフサイクルの短縮化に対応するため，高回転商品（売れ筋商品）とそれ以外の商品とで生産拠点を分離するなど，生産体制の見直しを迫られた。また，末端の支所がチェーンストアから専業店に至る営業活動を一括して行う体制にも限界が生じ，前者に対応する広域型営業拠点と後者に対応する従来型拠点との分離を余儀なくされた。このように，流通情報化を背景とした流通システムの再編成は，従来型のシステムからチェーンストア対応型のシステムが分化して併存しつつ，徐々に前者が後者に収斂されていく過程と考えることができる。

こうした再編成は，必然的に，関連する拠点の機能や立地，そして物流や情報

流などフロー部分の空間的パターンを大きく変容させた。商物流拠点の分離と再配置，在庫削減（在庫の集約）と短いリードタイムでの配送（配送拠点の高密度配置）を両立するためのターミナルセンター（TC，無在庫拠点）化，（POSデータ分析など）情報処理業務の集約化や（商品マスター更新など）情報更新業務のオンライン化などはその典型例であろう。こうした変化を通じて，従来まで県庁所在地クラスの都市に集中していた流通拠点が解体され，商流機能は広域中心都市や地方中心都市に，また物流拠点は広域配送圏の重心に近い交通条件の良い地点に再配置されつつある。このことは，卸・小売業に顕著な上位集中化傾向と併わせて，都市間競争のあり方を変化させると考えられる。

最後に，流通情報化の今後の方向性について簡単に展望を行いたい。流通業と情報化とのかかわりを俯瞰するとき，近未来的な変化として，1）オンライン取引の増加，2）3次元バーコードやICチップなどソースマーキングの高度化，3）安全性や個別性[10]など新しい付加価値の醸成という3点をあげることができる。

このうち，オンライン上での経済活動に関しては，企業間のオンライン取引（B2B: Business to Business）と，消費者への直販（B2C: Business to Consumer）という2つの領域が存在する。両者を取引規模で比較した場合，現時点ではB2BがB2Cを圧倒している[11]。しかし，携帯電話を含めたインターネットの社会的浸透は，この傾向を加速させると同時に，B2Cの可能性をより拡大するであろう。また，ソースマーキングの高度化と安全性・個別性の確保は，相互に深く関連したテーマといえる。たとえば食の安全性を確保するために，生産から販売に至る流通履歴を記録するトレーサビリティを実施する場合，流通の各段階で記録可能なICチップの添付が不可欠となる。それゆえ当面は，ニーズとコストのバランスを勘案しつつ，導入のタイミングを図ることになるであろう。

これら新しい「流通情報化」が，POS化と同様の構造変化を流通システムに与えるかどうかはなお不明確である。しかし，B2Cが開拓する消費者直販という新しいチャネルや，効率性に代わる安全性や個別性という新しい価値観の出現は，消費行動の選択肢を確実に増加させ，それらが社会的な認知を果たしえた段階で，確実に既存の流通空間を変えていくであろう。　　　　　　（箸本健二）

[注]

1) (財)流通システム開発センター資料「JAN コードの普及と導入店舗数・普及台数」(2000年度) に基づく．
2) 異なるコンピュータ言語間の情報交換に必要な翻訳作業．
3) 信州ジャスコは，1999年8月に扇屋ジャスコとともにジャスコ本体に吸収合併された．しかし，本章で述べる発注情報システムの革新は，信州ジャスコ時代の1995年に試みられたものであり，本文中では信州ジャスコの呼称を用いた．
4) 値札や POP の添付，小分け梱包など，卸売業者が中間流通段階で行う付加的な商品への加工サービスを流通加工と呼ぶ．
5) POS データのほか，お客様カードなどを通じて得られた個人情報，天候・気温などの環境情報なども含まれる．
6) 雪印アクセスへのヒアリング調査に基づく．
7) メーカーや卸売業が，販売技法や市場分析などの情報提供や流通加工など，商品提供以外の部分で付加価値を高めることをサービスマーチャンダイザー化と呼ぶ．たとえば，日用雑貨品最大手の卸売業パルタックは，通常の卸売業務のほか，陳列変更や品出しの代行，POP の取り付け，ディスプレイ，返品処理，在庫確認，店頭調査，発注勧告などのサービスマーチャンダイジング業務を行っている．
8) 企業によって，支社，統括支店，支店などの呼称に分かれるが，ここでは便宜上「支社」に統一した．
9) サンスターは，地方中心都市に配置する支社機能を「支店」，各県庁所在地に配置する支店機能を「営業所」と呼んでいる．ここではサンスター社内の呼称をそのまま用いている．
10) 特定産地，特定工場，特定農家など，生産の場・商品の出自をより具体的にアピールすることで得られるマーケティング効果．「顔の見える農産物」のように安全性と同義に捉えられることも多いが，本質的には商品差別化の一手法である．
11) たとえば経済産業省の推計によれば，2002年度の日本国内における B2C 市場が約2.7兆円であったのに対して，B2B のそれは46.3兆円に達している (経済産業省・情報経済アウトルック2003ホームページ版による)．
   http://www.meti.go.jp/policy/it_policy/statistics/outlook/outlook2003.htm

[文　献]

阿部和俊 1991.『日本の都市体系研究』地人書房．
荒井良雄 1989. コンビニエンス・チェーンの物流システム．信州大学経済学論集 **27**：19-43．

箸本健二 1995．カテゴリーマネジメントとメーカーマーケティング．松商学園短大論叢 **43**：17-57．
箸本健二 2001．『日本の流通システムと情報化―流通空間の構造変容―』古今書院．
日野正輝 1996．『都市発展と支店立地―都市の拠点性―』古今書院．

第11章　商業空間の国際化
―新たな空間編成のダイナミクス―

1　「小売企業の国際化」から「商業空間の国際化」へ

　近年，世界的な規模で小売業の国際化が進みつつある。先進国の巨大国際小売業（グローバル・リテイラー）は急速に海外市場での売上げを伸ばしつつあり[1]，アジア，南米，中欧，東欧といった新興市場への進出がめざましい。とりわけ，アジア市場には80年代から日本をはじめとする先進諸国から多様な業態の小売業が進出してきた。その点では，アジアはグローバル小売競争の先進地の一つとなっている。

　このような小売国際化現象を捉える場合は，これまでの研究では「小売企業の国際化行動」に関心が集まりがちであった[2]。しかし，本章では小売国際化がもたらした「商業空間の再編（変化）」に焦点をあて，商業空間の視点から小売国際化現象を検討したい。というのも，後に詳述するように，アジアの商業空間は小売国際化との関係の中で大きな変化を遂げてきたといえるからである。たとえば，欧州系ハイパーマーケットや卸売業（キャッシュ・アンド・キャリー）の大型店は郊外での商業空間の創出に大きな役割を果たし，米国系や日系のコンビニは市街地の商業空間を大きく変えてきた。そして，それら外資系に触発された地元資本のハイパーマーケットやコンビニの発展によって，更なる商業空間の変化がもたらされつつある。

　また，アジアの大都市圏で開発されてきている巨大ショッピングセンター（SC）も，商業空間の変容に大きな影響を与えている。それらのSCの中には，外資系の大型店がキーテナントとして入居したり，外資系の専門店が多数入居し

ているものもみられ，SC 開発は小売国際化との密接な関係がうかがえる。さらに，近年増えつつある国際的な小売業の M&A（合併・買収）による小売資本の国際化も見逃せない。日本においてもウォルマートが西友を買収したことは記憶に新しいが，このような事例は既存の店舗が外見上はそのままで，異なる資本の論理を有した存在となったことを意味し，いわば商業空間の編成主体が変質したことを示すのである。

ところで，本章でいうところの「商業空間」とは，小売業の立地や集積によって形成されるもので，それは商品や飲食物または各種サービスや情報が取引される空間であるとともに，娯楽（映画やゲームなど）あるいは商品情報の収集（ウインドショッピングなど）などが行われる空間でもある。この空間は消費を支える重要なものであるが，それにとどまらず，時として新たな消費スタイルや消費文化といったものを創造する場となることもある。この商業空間には，中小店舗（個人商店やコンビニ店舗）を中心として形成されるもの，大型店舗を中心として形成されるもの，そして商店街やロードサイド型専門店街あるいは SC といった商業集積を中心として形成されるものがある。その空間編成には小売企業のみならず，政府・地方自治体，不動産ディベロッパーなども関与し，都市計画や流通政策の視点から形成されたものもあれば，市場原理と法的規制の中で自然発生的に形成されたものや企業戦略的に形成されたものもある。

本章では，小売国際化がこのようなアジアの商業空間に与えるインパクトについて整理・検討することで，小売国際化を空間的視点から捉え直し，それが有する空間的な含意を読み解いてみたい。

2 アジアの商業空間の変容

2.1 70年代までの商業空間

アジアにおける商業空間（小売空間）といえば，長らく伝統的な在来市場（移動市場，露天を含む）が大勢を占めてきた。大都市部においては，中心部に寄り合い所帯的（場貸し業的）な百貨店や SC を含む商業集積空間が塊状に発展し，また都市内の主要道路沿いには近隣住民を相手とする零細小売店・飲食店がリボン状（線状）に連続した商業空間が発展してきた。このうち，在来市場という商

業空間はアジア各国の都市商業においてとくに重要な位置を占めてきた。在来市場は日常生活に必要な商品のほとんどを提供してきたが，とりわけ生鮮食品流通に果たす役割は大きかった。アジア各国には，現在でも生鮮食料品を中心とした在来市場が多く存在している。それらは，韓国では「シージャン（市場）」，香港では「シーチャン（街市）」，タイでは「タラート」，インドネシアやマレーシアそしてブルネイでは「パサール（パサ）」，シンガポールでは「ウェット・マーケット」，フィリピンでは「パレンケ」または「タリパパ」（小規模市場）などと呼ばれる。

このような在来市場という商業空間は，基本的にはその用地や建物を提供する自治体や関係機関あるいは民間不動産業者の管理下にあり，その意味でそれらの機関や業者が空間編成の主体となっている。それゆえその編成メカニズムには，政策や不動産市況あるいは不動産業者の経営戦略が強く反映されている。たとえば，台湾では政策的に在来市場が市街地に計画配置されており，香港やシンガポールでも政府の都市計画の中に在来市場スペースが組み込まれ，ニュータウンにおいても必ず在来市場スペースが確保されている[3]。

一方，市街地の道路沿いに発達した近隣型のリボン状商店街は，ほとんどの場合自然発生的なものといってよい。ただし，日本の多くの近隣型商店街が住宅街の中の狭い道路を挟んで形成され，道路によって両側の商店が結合されているのに対し，アジアのリボン状商店街は中心道路の幅が広いため，それが両側の商店を分断している点が異なる。また，日本の近隣型商店街では商店がその経営者の住居を兼ねており土地・建物の所有も商店経営者の場合が多いのに対して，アジアの多くのリボン状商店街では商店とその経営者の住宅とが別になっており，土地・建物の所有者も商店経営者とは異なっている。つまり，道路に面した建物1階の賃貸スペースに直線上の商業空間が形成されたと解せられるのである。そのため，リボン状商店街の編成メカニズムは，家賃動向や都市開発の進展あるいはSCの賃貸スペースとの競争などの影響を受けるという特性を有している。

2.2 80年代後半以降の商業空間の再編とその要因

このような状況が大きく変化してきたのは，80年代後半以降のことである。この頃になると，まずは外資小売業の参入が本格化し始め，これまでにない近代的

な小売店舗（商業空間）が増大した。すなわち、百貨店や総合スーパー（GMS），食料品スーパー（SM），あるいは SC という商業集積の登場である。また，90年代に入るとモータリゼーションと郊外居住化が進み，そこに住む消費者を狙った郊外型の店舗が開発され，郊外での新しい商業空間が創成されるようになった。ハイパーマーケットやキャッシュ・アンド・キャリーといった低価格を追求する大型店がそれである。一方，市街地では多店舗展開するコンビニが新たな商業空間を提供していった。それは，居住地から徒歩圏内に立地し24時間営業という利便性に富んだ商業空間を提供した。さらに，90年代以降の SC 開発の一層の進展は，商業空間を単純にモノの需要を満たすだけの場所から，飲食やアミューズメントも楽しめる空間に進化させた。

このような変化を「商業空間の再編」と捉えるなら，アジアの商業空間の再編は次の３点に整理することができよう。

①小売業の近代化と外資化による再編
②商業立地の変化による再編
③商業集積（SC）の開発による再編

重要なことは，これらのすべてに小売国際化の進展が関係していることである。たとえば，小売業の近代化は明らかに外資小売業の進出が促進したものであるし，商業立地の郊外化においても，市街地でのコンビニ増大においても外資小売業が主導的役割を果たした。また，SC 開発はキーテナントとしての外資小売業の「受け皿」となってきたのである。さらには，SC の設計・デザイン・運営などが外資小売業の手によるものである場合も少なくない。

以下，上述の３つの空間再編と小売国際化との関係を検討していきたい。

3　小売業の近代化と外資化による再編

3.1　小売近代化の特性

アジアの小売業の近代化は，先進国の小売業からの技術移転の影響が大きいが，アジア側でその受け入れに積極的であったのは，地元小売業ではなく製造業や建設業などの非小売資本であった。

アジアでは純粋な小売資本の近代化が遅れてきたため，80年代に入り所得が向

上したことで消費ブームが起こると，競争強者の少ない（居ない）小売業分野に進出しようとする非小売資本が増大した。しかしそれらの非小売資本は，小売業のノウハウを有していなかったため，外資小売業から近代小売業のノウハウを取り込もうとしたのである。実際アジア諸国では，製造業や不動産・建設業それに保険・サービス業といった非小売資本の大手企業が，外資小売業と合弁を組んでノウハウ導入を行い小売業分野に参入する傾向がみられる。この意味では，アジアの小売国際化は，先進国の小売業が積極的に進出した結果というよりも，途上国側からの誘致に乗るかたちで進出の意思決定を行った結果とみたほうが正しいといえよう。

ただし，アジアの非小売資本が小売業に参入した目的は，単に小売業の将来性のみを睨んだものではなく，むしろ自社製品の流通効率を上昇させることであったり（消費財メーカー），自社が保有する不動産を活用することであったり（不動産・建設業，保険業），小売業によるキャッシュフローの確保により資金効率を上げることであったり（不動産業）と多様である。

たとえば，台湾では統一企業や味全食品それに秦山企業などの大手食品メーカーが，自社製品の効率的な販売をめざしたチャネル政策の一環として，外資からノウハウを導入して小売分野に進出した。その結果，統一企業はコンビニのセブン-イレブン（米国）[4]やハイパーマーケットのカルフール（フランス）を，味全はSMのフレッセイや丸久（ともに日本）やコンビニのam／pm（米国，撤退済み）を，秦山企業はコンビニのニコマート（当初は日本資本）やファミリーマート（日本）を，合弁で運営してきている。また，韓国でも三星グループがハイパーマーケットのテスコ（英国）と合弁でホームプラスを運営したり，現代グループが百貨店を始めるなど財閥系企業の小売分野への進出が目立つ。

日本では，百貨店にしてもGMSにしても，三越やダイエーのように個人商店から大規模小売業に発展した企業が多いが，アジアの小売業は上述のように非小売業出身の企業が多い。このことは，あくまで非小売業である親会社のグループ企業の1つとして当該小売企業が位置づけられていることを意味する。したがって，親会社の戦略の影響を受けやすいなど，単独の小売業とは異なる行動も見受けられる。商業空間の編成を考える際も，このような編成主体の資本特性には注意が必要であろう。

3.2 日系小売業の進出

　ところで，外資小売業のアジア進出は，歴史的には日本の百貨店による進出が嚆矢となった。

　具体的には表11-1にみるように，1960年の大丸香港店，1964年の大丸バンコク店，あるいは1972年の伊勢丹シンガポール店，1974年のヤオハン・シンガポール店が草分け的な存在であった。80年代後半になると，円高とアジアの消費拡大が背景となりアジア出店ブームが始まる。この時期は，百貨店のみならずGMSやSMの進出もめざましかった。とくに台湾へは地方のSMも多数進出したことで，アジアで最多の進出件数を記録する市場となった（川端 1996）。

　日系小売業のアジア進出は，80年代末から90年代前半期にかけてピークを迎えたが，これはバブル景気とバブル期における企業の海外投資に対する積極的な意思決定が影響したものである。このような状況のなかで1992年には中国市場が外資小売業に開放され，巨大市場に向けた進出が始まる。しかし，それはヤオハン，イオン（旧ジャスコ），イトーヨーカ堂，ニコニコ堂，平和堂，マイカルといったGMS企業に偏り，百貨店は伊勢丹とそごう（技術提携）の2社のみ，SMはヤオハンとダイエーそれに西友の3社のみと限られたものであった[5]。

　しかし，日系小売業の新規市場への進出は，90年代中盤まででほぼ一段落しており，90年代後半からは逆に百貨店を中心とする撤退が急増している。とりわけ2000年以降は，現地での拡大（増店）はみられるものの，後述の表11-3のごとく百貨店もGMSも新規市場への進出は皆無となっており，撤退が増加してきている。その背景には，1997年のアジアバブル崩壊以降アジア各国で続いている消費不況があるとされるが，より的確にはブーム便乗型の「戦略なき海外投資」の帰結といって過言でなかろう[6]。

3.3 欧米系小売業の進出

　このような日系小売業と入れ替わるように，アジア市場に参入してきたのが欧米系小売業である。

　表11-2にみるように，欧米系小売業は80年代末から台湾やタイ，マレーシアといった国に進出し始めた。その草分け的な存在は，カルフールでありマクロであった。その後，90年代中頃から一気に各社の本格参入が開始される。現在では

表 11-1　日系小売業のアジア市場参入

左側：参入年（西暦の下2桁），右側：店舗数

企業名	中国 大陸	中国 香港	台湾	タイ	マレーシア	シンガポール	インドネシア	その他
伊勢丹	93③	73②	92②	92①	88⑥	72④		
近鉄	91①							
西武	93①	89②	89③					
そごう	98①	85①	87⑥	84②	94①	86④	90③	
大丸		60②	99②	64②		83③		
高島屋			94①			95①		
東急		82①	90③	85②		87②		
阪神			93①					
松坂屋		75①						
三越	89①	81②	91⑧			77①		
名鉄						84①		
イオン	96⑦	87⑨	03①	85⑬	85⑪			
イトーヨーカ堂	97③							
西友	96②	90①		96④		95③	95①	99① ベトナム
ダイエー	95⑰							
平和堂	98①							
ニコニコ堂	97③							
マイカル	98①							
ヤオハン	91④	84⑨	88②	91④	87⑦	74⑥	92①	87① ブルネイ
ユニー			87①					

1) 年号は市場参入年，○数字は店舗数（閉店済みを含めた出店総計，小規模店含む），アミカケは撤退（2003年末時点）．
2) 表は合弁での出店と技術提携（商標貸与）による出店との両方を含む．
3) そごうの海外事業は現地企業にすべて譲渡されたが，商標は残っている．香港の西武も商標は残っている．
4) 近鉄と三越の上海店，名鉄のシンガポール店は，いずれも小規模ショップ．
5) ダイエーは中国・大連からはすでに撤退済みであり，天津の事業は継続．
6) 西友の上海店とダイエーの天津店はSM，イオンのバンコク店もおもにSM，西友の北京店は小規模ショップ，ヤオハンは上海で大規模店のほかにSMチェーンも展開していたが省略．

（資料：各種資料により作成）

表 11-2　欧米系小売業のアジア市場参入

左側：参入年（西暦の下2桁），右側：店舗数

企業名	母国業態	日本	韓国	中国大陸	中国香港	台湾	タイ	マレーシア	シンガポール	インドネシア
カルフール	仏HM	00⑧	96㉔	95㉟	96④	89㉘	96⑰	94⑦	97②	98⑩
オーシャン	仏HM			99②			00㉑	97①		
カジノ	仏HM					98⑬	99㉝			
テスコ	英SS	03*	99㉑				00⑤	98㊹	02⑤	
ウォルマート	米SS	02*	98⑮	96㉖	94③					96②
コストコ	米WC	99⑤	94⑤			97③				
マクロ	蘭CC		96④	96⑥		89⑧	89㉑	93⑧		92⑫
メトロ	独SM	02②		96⑯						
アホールド	蘭SM			96⑮			96㊼	95㊷	96⑭	96㉑
デレーズ	白SM						97㉜		99㉛	97㉙

1) HM：ハイパーマーケット．SS：スーパーストア（スーパーセンター），WC：ホールセールクラブ，CC：キャッシュ・アンド・キャリー，SM：食品スーパー．
2) 年号は市場参入年，○数字は店舗数（閉店済みを含めた出店総計，小規模店含む），アミカケは撤退．2003年時点の実態．
3) テスコとウォルマートの日本進出は買収であるが，ともに自社の商標は使用していないので店舗数は記入していない．
4) このほかフィリピンにマクロ（1996）11店が，ベトナムにメトロ（2002）1店が，それぞれ出店．
5) カルフールは99年にプロモデス（仏）と合併している．マクロとメトロは，ともにSHV社の子会社．

（資料：各種資料により作成）

中国，台湾，タイといった国々に多くの欧米系小売業が進出しているのがわかる。この3カ国では，進出後に店舗数を増大させた企業も多く，定着度のよさが目につく。日本市場は，アジア諸国のなかで欧米系小売業の進出が遅れてきた市場の一つであったが，近年になってようやく進出がみられるようになった。アメリカの会員制ディスカウント店のコストコ（1999年参入），フランスのハイパーマーケットのカルフール（2000年末参入），ドイツの会員制キャッシュ・アンド・キャリーのメトロ（2002年末参入）などの出店である。

このような欧米系小売業と日系小売業のアジアでの動向を，現地子会社の設

表11-3 日系小売業と欧米系小売業のアジア市場への参入・撤退状況

		1960~69	70~79	80~84	85~89	90~94	95~99	00~03年
日系	百貨店	2	4	5	9	11	3	0
	GMS・SM	0	1	1	7	4	11	0
	（撤退）			(1)		(3)	(16)	(16)
欧米系	ハイパー系	0	0	0	3	5	19	5
	（撤退）						(3)	(7)

・欧米系のハイパー系とは，ここではハイパーマーケット，スーパーストア，スーパーセンター，ホールセールクラブ，キャッシュ・アンド・キャリーなどの倉庫型ディスカウント店を総称したもの．

（資料：表11-1, 2により著者作成）

立・撤退ベースで比較したものが表11-3である．この表をみてみると，ちょうど日系小売業が撤退しはじめた90年代後半から，それと入れ替わるように欧米系小売業が参入しはじめたことがわかろう．また，2000年以降については，日系小売業の新規進出はゼロであり，むしろ大量撤退が続いているのに対して，欧米系小売業の進出は継続しており撤退数も限られたものになっている点は注目に値する．

3.4 現地小売業の外資化

以上のような外資小売業の進出を，資本の外資化の側面から捉え直してみたい．資本の外資化は，とくに商業空間の編成主体の変化を考えるうえで重要となる．端的にいえば，地元小売業に外資が導入されることで，それまでの店舗立地への考え方や店舗開発の手法が大きく変化する可能性が生じるのである．外資化には，合弁（一部外資）や子会社（100％外資）によるものと，既存小売業のM&A（企業買収）によるものとがある．2002年にアメリカのウォルマートが日本の西友を買収して市場参入したのも，M&Aによる外資化といえる．

表11-4は，アジアに進出した日系小売業と欧米系小売業がどのような参入モードで進出したのかを整理したものである．一般に合弁（現地パートナーと共同出資）で進出するのか，子会社（単独出資）で進出するのか，あるいは既存小売業をM&Aで買収して進出するのか，また合弁の場合はどの程度の出資比率にするのか，などは現地経営の統制レベルや経営資源の投入レベル，事業自体のリスクやノウハウの流出リスク，さらには進出後の店舗拡大などを左右することか

表 11-4 主要外資のアジア市場参入モード

企業名		日本	韓国	中国大陸	中国香港	台湾	タイ	マレーシア	シンガポール	インドネシア
伊勢丹	日			合弁	(子会社)	合弁	合弁	合弁	合→上	
大丸	日				(合→子)	(技術)			(合弁)	
高島屋	日					合弁			子会社	
三越	日			運営委託	子会社	合弁			運営委託	
イオン	日			合弁	子→上		合弁	合→上		
西友	日蘭		(合弁)	合弁			合弁		合弁	(技術)
アホールド	蘭			*(合弁)			子会社	*(合弁)	(合弁)	(合弁)
ウォルマート	米	*合弁	*子会社	合弁	(子会社)					(合弁)
カルフール	仏	子会社	子会社	合弁	(子会社)	合弁	合→子	合弁	子会社	合弁
テスコ	英		合弁	合弁		合弁	合弁	合弁		
デレーズ	白						子会社		*合弁	合弁
マクロ	蘭		(子会社)	合弁			(合弁)	合弁	合弁	合弁
メトロ	独	子会社		合弁						

1) 合→子とは合弁から子会社(単独出資)へ,合→上・子→上とは合弁または子会社から株式上場会社へ,合弁とは出資比率が50%以上のもの(判明分のみ),*印はM&Aによる取得,( )は撤退済み.技術とは資本関係のない技術提携契約をそれぞれ意味する.
2) 三越の中国大陸はホテル内ショップ,シンガポール店はスポーツクラブ内ショップ.

(聞き取り調査により作成)

ら,その選択は各企業の進出戦略の影響を大きく受ける.しかし,投資リスクは大きくなるものの,基本的には出資比率が50%を超えると実質的な経営主導権を掌握できるため,進出後,事業が軌道に乗ると比率を上昇させたいと願う企業も多い.

表11-4をみると,カルフールは子会社での進出が多く,本社の統制力を強めた形での進出を好む傾向がわかる.一方,テスコは合弁で進出し,むしろ現地パートナーのノウハウを活用する方針をとる(ただし出資比率は高い).日系小売業は圧倒的に合弁事業が多いが,出資比率はさほど高くなく50%未満の企業も多い.これは,現地側パートナーから小売ノウハウの供与を期待されての進出であるケースが多いことが影響しているものといえる.換言すれば,欧米系小売業はそれなりの投資リスクを負担した戦略的な海外投資として進出する傾向が強いのに対して,日系小売業は現地側からの誘いで進出するためにリスクを抑制しようとする傾向が強いことが,両者の違いの背景にあると考えられる.

もちろん,参入モードは進出先国の投資自由化度の影響も受ける.たとえば,

早くから自由化度が高かった香港では子会社が多くみられ，1996年に完全自由化した韓国でも同様の傾向がみられる。また，1997年の通貨危機以降にそれまでの49％以下という出資規制がはずれて実質的に自由化されたタイでは，近年出資比率を上昇させたり子会社化したりした企業がみられる。中国の場合は，以前は原則として50％以上の合弁や子会社はみられなかったが，近年は70％を越える例もみられ，柔軟な対応が進んでいる。

また，表11-4ではいわゆる「クロスボーダーM&A（国境を越えた合併・買収）」もみられる。たとえばアホールドは世界各地で積極的にM&Aを行い，業容を拡大してきた企業であるが，アジアにおいても2カ国へM&Aで進出している。しかし，アホールドはすでに中国大陸の事業（ヤオハンから買収）やシンガポールの事業を約3年で売却しており，各国の事業の売買をスピーディに行いながら収益性の高い市場に拡大していく戦略がうかがえる。このようなM&Aは，既存の店舗をそのまま（もしくは大部分）引き継ぐ形で市場参入するケースが多いことから，店舗を中心とする商業空間の編成主体をドラスティックに変化させる事象として捉えるべきであろう。

4 商業立地の変化による再編

4.1 日系小売業の立地行動と商業空間

さて，アジアの商業空間との関係で外資小売業を捉える場合は，まずその立地特性を捉える必要があろう。外資小売業のうち，日系小売業は都心の一等地の物件に出店するケースが多く，1国当たりの出店数が非常に少ないという特徴をもつ。これは百貨店業態での進出が多かったことに起因する。日系百貨店にとってアジアへの投資コストは日本と比して非常に小さいため，できるだけ目立つ都心の一等地で，かつ新しい高層ビルなど話題性のある建物，つまり地代的にも高級な物件が選択される傾向がみられる。極端ないい方をすれば，海外進出は「看板を掛けに出る」，すなわち海外市場で名を売るための広告活動的側面を有することも否定できない（川端 2000）。そのため，上海，台北，高雄，バンコク，シンガポール，クアラルンプールなどの都市では，日系百貨店は都心の一等地やランドマークビル内に立地する結果となっており，現地の消費者に対して大きな存在

感を呈している。

　一方，店舗数が少ないという後者の特徴も百貨店が多いことが関係しているが，それは多店舗展開を旨とするGMSやSMの進出においてもいえる特徴である。この要因としては，海外進出にあたって初期投資を少額に抑えたうえで，1号店が黒字化しない限り追加投資を行わないという日本小売業の投資姿勢上の特性にもよるものといえる（川端 2000, 2001）。1店舗1店舗の品質や日本的な管理レベルの維持にこだわる日系小売業の特性が，店舗数の少なさに表れているといえよう。しかし，日系小売業は店舗数では少ないものの，都心部での一等地立地ゆえに都心の商業空間の編成における役割には大きなものがあるといえる。

　さらに，日系のコンビニチェーンもアジアの大都市で多店舗展開を行ってきた。具体的には，ローソンが上海で129店，ファミリーマートが台北で1,454店，バンコクで266店，ソウルで約1,968店，ミニストップがソウルで830店，フィリピンで66店展開しており，合計で4,713店にも達している（2003年9月末）。それらは24時間営業であり，それが市街地の商業空間の編成に大きな影響を与えていることはいうまでもなかろう。

4.2　欧米系小売業の立地行動と商業空間

　欧米系小売業は日系小売業とは対照的に，大都市の郊外を中心に多店舗展開をするという特徴をもつ。そもそも欧米系小売業は，都市部における所得増加によって生まれた「新中間層」と呼ばれる人々の増大を見極めたうえでアジア進出を進めてきた。欧米系小売業の主要業態がハイパーマーケットやスーパーストア，キャッシュ・アンド・キャリーといった倉庫型のディスカウント業態店であるのも，所得の急上昇によって生まれた新しい中間所得層をターゲットとしていることの表れである。

　ただし，新中間層の実態は明確にはなっていない。一般的なイメージとしては，①大都市の郊外に，②核家族で居住し，③自家用車を所有する率が高く，④学歴も高い，⑤西欧的な生活スタイルや価値観を身につけた人々で，⑥民主化運動の担い手でもある，などとされている[7]。

　つまり，新中間層市場は大都市の郊外に広がっていることになり，これが欧米系小売業が郊外立地を指向する要因となっている。もちろん，郊外立地という特

性は業態特性にも起因している。すなわち、ハイパーマーケットやスーパーストア、キャッシュ・アンド・キャリーなどの業態は、大規模な駐車場を備えた低層の倉庫型大型店という店舗形態ゆえに、地価が安く自動車での顧客吸引が可能な郊外の幹線道路沿いの立地が必須の条件となるからである。また、それゆえに、バンコクなど近年の地価下落が大きい都市では、都心部周辺への立地もみられるようになってきている。

他方、欧米系小売業が多店舗展開をとるという特性は、その初期投資額の大きさと結びついており、この点では日系小売業と対照的である。つまり、欧米系小売業は当初から短期間で多店舗化を実現するために初期投資額を大きくする傾向がみられ、個々の店舗の収益性の観点よりも一定の店舗数の確保がもたらすスケールメリットを重視する傾向がある。1店舗目が黒字化しない限り店舗を増大させない傾向が強い日系小売業とは、店舗投資に対する考え方が大きく異なるといえよう。

ところで、欧米系コンビニも早くからアジア市場に進出してきた。とくにセブン-イレブンはアジアで最初のコンビニであり、台湾で約3,200店、タイで約2,000店、韓国で約1,400店、中国で約600店を展開してきた（2002年末）。高密度に多店舗展開するその立地パターンは、市街地での商業空間に大きな影響を与えている。

以上のごとく、欧米系小売業はアジアの郊外を中心とした地域における新しい商業空間の編成に寄与したといえる。もちろん日系小売業のなかにも郊外市場をターゲットとするものもあるが、それはタイ（バンコク）やマレーシアのイオンなど限られた存在である。

5　商業集積（SC）の開発による再編

5.1　SC開発と小売国際化

アジアの商業空間に大きなインパクトを与えた要素としては、SCの開発も看過できない。SCには形態的には単独の建物を占有する独立型SCと、オフィスビルやホテルなどの基層部に設けられた付設型SC（大規模商業スペース）とが存在する。また開発主体の側面からは、百貨店やGMSなどの小売企業が建てた

SCと，不動産業者（ディベロッパー）が建てたものとに分けられる。これらの区分は明確ではなく一括して扱われる傾向にあるため，本章でもこれらすべてをSCと捉えて検討を進めたい。

アジアのSC建設は70年代から始まり，80年代の半ば以降は加速度的にアジア各国の大都市に増大していった。しかし，初期のSCは核となる大型店を有さず，地元の個人商店や飲食店が集まったものが多かった。入居しているテナントの内容よりも，近代的で冷房の利いたショッピング空間であること自体が顧客を吸引した時代であった。

アジアのSCが大型の核店舗を有するようになるのは80年代中盤以降であるが，それには外資の進出が深く関係している。すなわち，SCのディベロッパーは競争他社との差異化の必要性から，競争力のある核テナントを確保する必要に迫られたため，先進的な海外小売業を誘致しようとしたのである。その結果，日本の大手小売業にも80年代後半から90年代中頃にかけて，アジア各国から多数の出店要請が寄せられた。

外資小売業にとってみれば，SCへのテナント出店は慣れない土地で独自に店舗物件を開発する時間とコストおよびリスクが省けることになり，次々と開発される新しいSCのなかから魅力のある物件を「選択」するだけで，比較的容易に海外出店を実現させるケースが増大した。つまり，SC開発が小売企業の海外進出への意思決定プロセスに大きな影響を与えたのである（川端 2000）。80年代から90年代に進出した日系の百貨店やGMSの場合も，このようなSCの核店舗として進出したケースが多々みられる。

このようなSC開発は，80年代後半から90年代中盤までに進展し，アジアバブル崩壊直後の不況期（97～98年）には一時下火になったものの，その後は再び増加傾向にある。とくに近年はいわゆる「メガモール」と呼ばれる巨大SCが次々と誕生し，商業空間に大きな変化をもたらしている。それらは，小売施設のみならずレストラン街，シネコン，スポーツ施設，ホテルなどを併設する複合施設である。

表11-5は，アジアのメガモール開発の現況の一端を示したものである。開発は東南アジアから始まり，近年は東アジアに移りつつあることがわかろう。とりわけ，今後は台湾と中国大陸での開発が注目されよう。

表 11-5　アジアの主要メガモール

施設名	所在地	面積(万 m²)	開業年	外資系核テナント	テナント数
セリ・センター	タイ・バンコク	営床12	1994	大丸 ブランタン	
シーコン・スクウェア	タイ・バンコク	営床20	1994	テスコ	
SM パンパンガ	フィリピン・ルソン島	延床5.7	2000		
スリア KLCC	マレーシア・クアラルンプール	営床15	1998	伊勢丹 アホールド	
ミッドバレー	マレーシア・クアラルンプール	営床17	2000	カルフール イオン	430
ベルジャヤ・タイムズ・スクウェア	マレーシア・クアラルンプール	営床20	2003	デベナムズ	
グロドック・プラザ	インドネシア・ジャカルタ	営床20	2002		430
マンガドゥア・スクウェア	インドネシア・ジャカルタ	延床160	2005予	カルフール	3,000
京華城・購物中心	台湾・台北	営床14	2001		1,000
大江国際購物中心	台湾・中壢	営床8.3	2001	カルフール しまむら	
台通 GO2TOWN	台湾・桃園	営床10.4	2003	テスコ	
風城・購物中心	台湾・新竹	営床17	2003	松屋 イオン	
統一夢公園・購物中心	台湾・高雄	営床37	2004予		1,000
統一台南・購物中心	台湾・台南	営床19	2006予		
正大広場	中国・上海	延床24	2002	ロータス	350
港匯広場	中国・上海	営床13	1998		
天河城	中国・広州	営床16	1996	イオン	
東方広場	中国・北京	営床10	2000		
新東安市場	中国・北京	営床18	1998		350
金四季購物中心	中国・北京	延床13	2003	B&Q オーシャン	
春天 MALL	中国・北京	延床65	未定		
同輝国際購物中心	中国・成都	延床6	2003	イトーヨーカ堂	

1) セリセンターの核テナントはともに撤退済み．
2) 「延床」とは建築総面積（駐車場などすべて），「営床」とは営業面積（駐車場，倉庫など含まず）をそれぞれ意味する．

(資料：各種新聞記事，雑誌記事および各社資料より作成)

5.2　SC 開発の地域別動向

5.2.1　東南アジア

　アジアでの SC 開発は，地域や国によって事情が異なっている．アジアの SC

開発は米国の影響が強かったフィリピンで1950年代末に始まるが，本格的なSCはマニラでは60年代に開業したマカティ・コマーシャルセンターであったとされる。東南アジアで最初にSCが開発された理由は，気候的に年中暑さが厳しいことや雨期が存在したりスコールに見舞われる日が多いことなどから，街路型の商業空間よりも冷房が効き雨の影響を受けない屋内型の商業空間が好まれたことによる。そのため，SC開発はシンガポールやクアラルンプールで70年代から，バンコクでも80年代前半には開始された。シンガポールの目抜き通りとして知られるオーチャードロードは，現在では30以上ものSCが並ぶ「SC街」となっている。

タイのバンコクやマレーシアのクアラルンプールでは，80年代後半に高度経済成長期が始まると，所得増加やライフスタイルの変化に対応する形で郊外型のSCが建設されていった。さらに90年代に入るとバブル経済の影響もあってメガモールと呼ばれる巨大SCの開発が相次いだ。そして，それらSCへの外資小売業の出店が続いたのであった。このような東南アジアのSC開発には，日本の小売企業も一役かっている。たとえばマレーシアのジャスコは，80年代末から現在まで9カ所もの郊外型SCを開発（建設）し，自らが核店舗として入居するとともにSC全体の運営を行っている。また，同社は中国の青島でも初の郊外型SCの開発を行っている。

なお，東南アジアでは大型の単独型ハイパーマーケットなどもSCとして消費者に認識される傾向がある。このような単独型の大型店舗も数十の専門店街や飲食店街あるいはフードコートを備えており，機能的にはSCと同様の機能を果たしているからである。東南アジア諸国で，欧州系を中心とする外資の大型店が急激に立地してきたのも，それがワンストップ型の屋内商業空間であったからに他ならないといえよう。

5.2.2 東アジア

韓国，台湾，中国といった東アジア地域のSC開発は，東南アジアのそれとは異なっている。まず，韓国では80年代に急成長した百貨店資本が商業空間の編成リーダーであり，大型百貨店舗がSC機能を代替してきた。その端緒は1979年開業のロッテ百貨店本店にあろう。それは，同国初の本格的な国際級ホテルであるロッテホテルに隣接し，同国初の地下街で両者をつないだ商業コンプレックスで

あった。その後1989年には大規模なアミューズメント施設を有した百貨店とGMSの2核モールであるロッテワールドが開業するが，これも基本的には百貨店資本による百貨店を核としたSCといえる。90年代中盤までは，このように百貨店が専門店街や飲食街を併設してSC化していった時期であった。それ以降は，「割引店」と呼ばれるハイパーマーケットやGMSの大型店が台頭し，それが専門店や飲食店を併設することで郊外地域のSCを代替している実態がみられる。

　百貨店がSC機能を代替する傾向は台湾でもみられる。台湾では土地利用法上の規制から，郊外での商業用の用途地区の設定が遅れてきたため，郊外型大型店の発達も遅れてきた。したがって，日本のように郊外に大型GMSやSCが発展した歴史はなく，都市部の百貨店が消費者の多様な欲求を満たす商業空間として発展してきた。郊外では90年代中盤以降にハイパーマーケットなどの大型店の立地が進んだものの[8]，それらはSC機能を代替する存在には至らなかった。台湾でSC開発が本格化してきたのは，ようやく90年代末になってからである。その開発主体は，既存の百貨店資本はもちろんディベロッパー（不動産・建設資本）や製造業など多様である。中には松屋や高島屋といった日本の百貨店が，技術供与しているものもある。

　この台湾とともに注目されるのが中国大陸のSC開発である。その実態は，資料の不足から不明な点も多いが，表11-5にみたように，上海や北京のみならず成都などの内陸都市においてもSC開発が進みつつある。

6　新たな商業空間の再編に向けて

　以上，アジアにおける小売国際化の進展を商業空間の再編の視点から捉え直し，近年の動向や空間的含意を明らかにしてきた。商業空間の再編は，土地利用・都市計画上の法的規制や地価の動向などの影響を大きく受けるものの，それ以前の問題として編成主体である小売業の国際化が与えるインパクトの大きさが確認できたといえよう。これは，小売業におけるグローバルな資本の動きがローカルな商業空間のあり方を改変しつつあることを意味しており，これこそが小売国際化のもう1つの重要な側面といえる。

　また，ローカルな商業空間の編成については，これまでは外資小売業が果たし

てきた役割が大きかったが，今後は小売国際化のなかで技術力の向上を遂げた地元小売資本の影響が急増すると考えられる。その点をにらみつつ，最後に今後のアジアの商業空間の再編を考えるうえで，鍵を握ると思われる事項を4点指摘し結びにかえたい。

1つ目は，ハイパーマーケットやキャッシュ・アンド・キャリーなどのディスカウント系大型店の一層の増大である。とくに台湾，タイ，マレーシア，韓国，中国大陸などでは，この業態セクターにおける地元資本の成長が著しく，タイのCPロータスのように中国進出をする例もみられる。今後，アジアにおけるモータリゼーションの進行と郊外市場の拡大にともない，この業態セクターが商業空間の再編に果たす役割はさらに大きなものとなろう。

2つ目はコンビニの増大である。コンビニは，アジアでの成長余力がかなり大きい業態と思われる。というのも，アジアの都市部では依然として公共交通機関の整備やモータリゼーションの進展が遅れていることもあり，徒歩圏に立地する小商圏型の近代小売業が根強く支持される傾向がみられるからである。しかし，現状では現地の物流インフラの整備が遅れており，それがコンビニの成長を遅らせている。とはいえ，中国の上海ではすでに地元資本のコンビニだけで4,500店近くもの出店がみられることから，今後もアジア各地で地元資本のコンビニが成長してくる可能性は大きく，それらが市街地の商業空間に与える影響も大きなものとなろう。

3つ目はSC開発である。すでに述べたように，アジアの大都市ではSC開発が今後ますます盛んとなろうが，それが物販のみならず消費者の多様な欲求を満たす新しい商業空間を創出していくことで，アジアの商業空間を大きく変質させていくことは間違いないと考えられる。その意味では，SCはアジアの商業空間を最もドラスティックに変化させる存在となると思われる。

4つ目は各国での出店規制の強化である。たとえば，外資系を中心とするスーパーセンターやハイパーマーケットの出店が急増してきたタイ（とくにバンコク）では，数年前から小零細小売商たちが政府に対し「大型店の出店規制」の要求を行ってきており，それを受けて政府は2004年7月から都市計画法のゾーニング規制をベースとした出店規制を導入しようとしている。すでにそれを見越した大型店の駆け込み出店も続いてきており，そのことが事態を一層深刻化させてい

る。また，マレーシアでも外資のハイパーを対象とした出店規制が2004年1月から導入されている。このように，国際化が新たな立地規制を生み出すことも，空間編成の視点から注視されるべきであろう。　　　　　　　　　　　（川端基夫）

〔付記〕本章は，「小売国際化の進展とアジアの商業空間の再編」『龍谷大学経営学論集』42-4，2003を一部修正したものである。

[注]
1) 主要小売業の海外売上比率（2000/2001年決算値）は，食品スーパーのアホールド（オランダ）が82.4%，ハイパーマーケットのカルフール（フランス）が50.6%，キャッシュ・アンド・キャリーのメトロ（ドイツ）が42.2%，ウォルマート（米国）が16.3%などとなっている（西山 2002；167）.
2) ちなみに川端（2000）をはじめとする筆者自身のこれまでの研究で検討したのも，小売企業の国際立地のダイナミズムであったし，その他の研究者のおもな業績をみても，小売業のグローバル化行動のメカニズムを商品開発との関係から検討したもの（向山 1996），多くの外資小売業の国際戦略行動を概観したもの（二神 2000），アジア各国におけるグローバル小売競争の動向を分析したもの（デービス・矢作編 2001），小売企業のグローバル化プロセスを理論的に検討したもの（矢作 2002）など，いずれも焦点は小売企業の「行動」に当てられている.
3) シンガポールでは，HDB（国営マンション）にも一定の世帯数ごとにウェット・マーケット兼フードセンター（屋内飲食屋台街）のスペースが確保・配置されている.
4) セブン-イレブンはイトーヨーカ堂の資本が入っているため資本的には日系といえるが，アジアへの進出への意思決定や現地でのマネジメントへのイトーヨーカ堂の関与は，台湾や中国の一部を除いてはほとんどみられないため，アジア各国では業界も消費者も米国系として捉えている．したがって本章でも米国系として扱う.
5) このうちヤオハン，ニコニコ堂，西友は既に完全撤退しており，イオンも上海からは撤退，ダイエーも大連からは撤退している.
6) 日系小売業のアジアからの撤退には，アジアでの家賃の高さや変動の大きさが大きな影響を与えたことが明らかとなっている（川端 1999a）.
7) アジアの中間層については，川端（1999b）や服部ほか（2002）の分析，Robison and Goodman（1996），Chua（2000）なども参照のこと.
8) 都市計画上の用途規制があるため，純粋な郊外ではなく都市の周辺市街地や工業団地内・卸売団地内などに立地してきた.

[文　　献]

川端基夫 1996. アジアにおける日系小売業の店舗立地行動―とくに台湾での進出・撤退行動を中心として―. 龍谷大学経営学論集 **36**-3：64-81.

川端基夫 1999a. 日系小売業の海外進出行動の分析. 流通研究 **2**-2：29-45.

川端基夫 1999b. 『アジア市場幻想論―市場のフィルター構造とは何か―』新評論.

川端基夫 2000. 『小売業の海外進出と戦略―国際立地の理論と実態―』新評論.

川端基夫 2001. 小売国際化から学ぶ再生への課題. 季刊イズミヤ総研 **48**：14-23.

川端基夫・秋山英一 2002. 隣国見れば悲観論（特集ウォルマート独走の足音）. 販売革新. 6月号：57-61.

西山和宏 2002. 『ウォルマートの真実』ダイヤモンド社.

二神康郎 2000. 『欧州小売業の世界戦略』商業界.

服部民夫ほか編 2002. 『アジア中間層の生成と特質』アジア経済研究所.

ロスデービス・矢作敏行編 2001. 『アジア発グローバル小売競争』日本経済新聞社.

向山雅夫 1996. 『ピュア・グローバルへの着地』千倉書房.

矢作敏行 2002. 小売国際化のプロセスについて. 経営志林 **38**-4：27-44.

Chua, Beng-Huat. (ed.) 2000. *Consumption in ASIA: Lifestyles and Identities*, Routledge.

Robison, R. and Goodman, S.G.D. (eds) 1996. *The New Rich in ASIA: Mobile Phones, McDonald's and Middle-class Revolution*, Routledge.

第12章　消費空間の「二極化」と新業態の台頭
― 高質志向スーパーとスーパーセンター ―

1　食品小売業界の競争環境の変化

1.1　食品小売業の競合の新段階

　食品小売業界は，1991年の大規模小売店舗法改正により大量出店時代を迎えた。人口が増えないなかでの店舗急増にともなって，店の商圏が狭まり，あるいは重なるようになったため，1店あたり支持人口は減少，店の売場効率も低下した。

　だが，2000年の大規模小売店舗立地法（大店立地法）施行前にスーパー各社が「駆け込み出店」に走ったことにより，さらに効率低下傾向に拍車がかかった。そして，オーバーストア下でも各社が成長を続けるためさらに出店が進められ，激しい価格競争も行われる過酷な競争状況となった。そこに近年の商品単価下落傾向が追い打ちをかけ，大型総合スーパー（GMS），食料品スーパー（SM）の業績は近年低迷傾向にある。現在では既存店売上高の前年割れが常態化し，2けたマイナスとなる企業もあるほどである。

　しかし，2000年6月から大店立地法が施行されたことで，大型店の出店競争はひとまず一段落した。出店競争後の次の段階，つまりこれまで大量出店してきた企業，あるいは増えすぎてしまった店舗の再編が起こる新たなステージに入ったといえよう。つまり今後は，より質の高い店舗，あるいはより堅実な取り組みを行っている企業が生き残っていくことになると考えられる。そうしたなか，近年都市部エリアと農村部エリアでは，それぞれ特徴的な新たなタイプのスーパーが出現し，業績を伸ばしている。

1.2 厚い都市部市場の層化と農村部市場の薄いマーケット

都市部，農村部エリアの新たなタイプのスーパーをみてみる前に，それぞれのエリアの市場特性について確認しておきたい。

近年のデフレ傾向は，商品価格や地価の下落等に顕著に現れたが，さらに消費者の実質所得の低下にもつながった。これが将来への不安という要素として働き，消費者は無駄な消費を削り，少しでも貯蓄を増やそうとする傾向がみられる。だが，スーパーは日常生活に欠かせない食料品をおもに扱うため，こうしたデフレ下でも比較的強い業態であるといわれてきた。ところが最近は，1品単価の下落とともに1人あたり購買点数までも減少傾向にあるため，客単価が下落し，客数は増えても既存店売上高前年割れなどの業績落ち込みにつながっている。

しかしその一方で，都心部の百貨店地下にある食料品売場は大盛況である。ここで扱われているものは品質が高いが，日常的に利用されるスーパーの商品と比べてかなり高価である。それにもかかわらず連日多数の顧客が利用しており，一時業績の落ち込んだ百貨店のなかでも好調な部門である。

このように，都市部市場では百貨店地下食料品売場に代表される，デフレや価格の高さとは無縁に需要が発生する部分が存在する。ここでは，この高級・高価格品市場を仮に「市場A」と呼ぶことにする。(図12-1)

それとは対照的に，100円ショップの台頭などからもわかるように，消費者の安さに対するニーズも非常に強い。日常生活に必要な商品の購入に関しては，よ

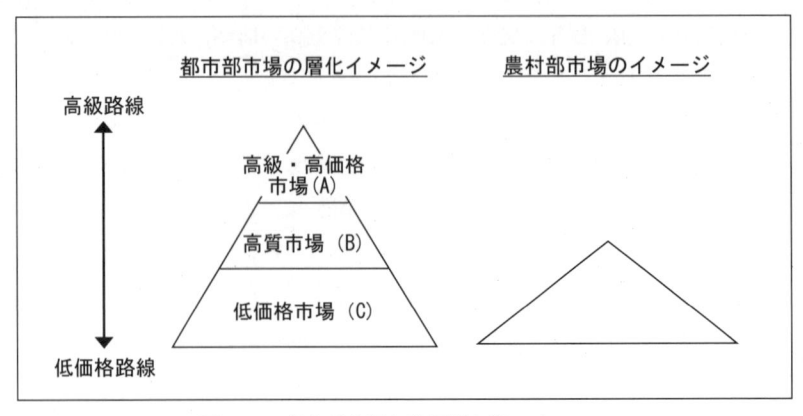

図12-1 都市部市場と農村部市場のイメージ

り低価格であることを消費者は望んでいるためである。一方供給側でも，安売りによって集客を図るスーパーが激しい価格競争を繰り返す状況にある。こうした低価格志向ニーズに応える既存のスーパーが形成している市場を「市場C」と呼ぶことにする。

そして，低価格を前面に打ち出すスーパーが多いなか，都市部では近年，高質化路線によって消費者の支持を得ているスーパーが台頭してきている。これらのスーパーは，百貨店地下食料品売場で提供されるような高品質の商品をより手頃な価格で提供しており，「市場A」と「市場C」の間に存在する中位の「市場B」へのニーズを取り込んでいるといえる。

以上から，都市部市場は3つの層に分けて捉えることができる。他方，農村部の場合，日常的な消費性向は相対的に質素であり，都市部マーケットよりも薄いかたちとなる。そしてその分，高級・高質ニーズが小さく，マーケットの大部分は低価格志向のニーズで占められる。

1.3 都市部市場における需要と供給のアンマッチ

これまでも高級・高質品へのニーズは存在していたはずであり，突然生じたものではむろんない。しかし近年までは，高級品を高価格で販売する少数の小売業と，特売を繰り返す多数のスーパーは存在したものの，よいものを手頃な価格で提供する店舗はほとんどみられなかった。つまり市場A，Bでは需要に見合うだけの供給がなく，他方市場Cに属するスーパーの数はすでに需要を超えるレベルに達しているといえる。

つまり，これまでは，都市部の層化したそれぞれの市場において，需要と供給のアンマッチが生じていたということがいえる。そのため，先に参入した百貨店食品売場と高質志向スーパーが，急速に業績を伸ばす結果となっているのである[1]。

2 都市型業態：高質志向（高級）スーパーの躍進

2.1 都市部の高質志向スーパー

都市部では，低価格路線から脱却し高品質な商品を提供する一部の中堅スーパ

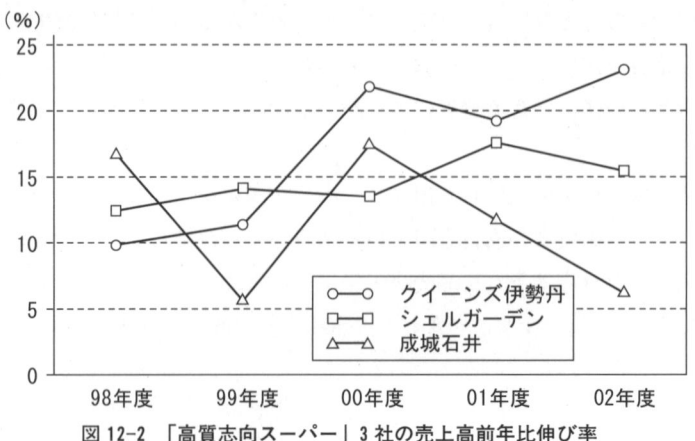

図 12-2 「高質志向スーパー」3 社の売上高前年比伸び率
（資料：『流通会社年鑑 2002』および成城石井ホームページ等により作成）

一が，高質商品を求める消費者ニーズをとらえ，著しい成長を遂げている。なかでも「クイーンズ伊勢丹」，「シェルガーデン（店舗名ザ・ガーデン自由が丘）」，「成城石井」が健闘している（図 12-2）。

これらは「高級スーパー」と呼ばれることが多く，安売りに追随せず品質に見合った価格で商品を提供するが，百貨店ほど高価格ではないこと，産地や栽培法にこだわった高級食材や輸入食材，あるいは品質重視のプライベートブランド（PB）商品など，百貨店地下の食料品売場にあるものを越えるような高品質商品を品揃えしていること，そして高級感を出した店づくりなどを特徴としている[2]。

2.2 「クイーンズ伊勢丹」のケース

2.2.1 企業概要

百貨店の伊勢丹の100％子会社であるクイーンズ伊勢丹は，2003年3月期末時点で東京・埼玉エリアに食品スーパー15店舗を展開し，2003年3月期の売上高が434億円とまだ中堅規模の企業である。しかしその売上高前期比伸び率は23.5％増，ここ4期連続2けたの伸び率と，不振な食品小売業界において驚異的な成長ぶりである（表12-1）。

同社はもともと「伊勢丹ストアー」名でSMを展開していたが，当時はこれ

表 12-1　クイーンズ伊勢丹のおもな経営指標推移

(1997年3月期～2004年3月期予定)

	97年3月期	98年3月期	99年3月期	00年3月期	01年3月期	02年3月期	03年3月期	04年3月期(予)
店舗数（店）	10	11	11	12	12	13	15	16
売上高（億円）	175.24	197.68	217.26	241.94	294.78	351.47	434.00	461.00
前期比伸び率（％）	6.2	12.8	9.9	11.4	21.8	19.2	23.5	6.6
経常利益（億円）	1.19	1.22	1.44	2.21	4.24	6.80	7.03	6.25
前期比伸び率（％）	40.0	2.5	18.0	53.5	91.9	60.4	3.4	−11.1
経常利益率（％）	0.7	0.6	0.7	0.9	1.4	1.9	1.6	1.4
当期利益（億円）	0.11	0.48	0.14	1.04	−2.92	3.78	3.79	2.46
前期比伸び率（％）	−38.9	336.4	−70.8	642.9	―	―	0.3	−35.1
粗利益率（％）	28.0	28.4	28.4	28.5	29.4	30.8	―	―
売上高販管費率（％）	―	―	27.7	27.5	―	―	―	―
売上高人件費比率（％）	―	―	12.5	12.4	12.8	―	―	―

(資料：『流通会社年鑑2003』および『2002年日本チェーンストア名鑑』により作成)

といった特徴もみられず業績は低迷していた。しかし，現在の会長が1996年に百貨店から移ってきた時，伊勢丹のブランドを活かした店舗へとイメージ刷新を図り，店舗改装や従業員の意識改革などを進めた。その結果，この6年で店舗数純増は10店から15店へと5店舗増えただけだが，売上高は2倍以上の規模になった。

2.2.2　品揃えと価格戦略

これほどまでに順調に売上を伸ばしたクイーンズ伊勢丹の特徴は，その商品政策と売場作りにあるといえる。

オープンキッチンでつくる惣菜類や，インストアベーカリーなどの「対面販売」はこの企業の大きな特徴である。百貨店地下食品売場のような雰囲気をもちながら，より手頃な価格で作りたての食品が購入できるため，消費者を引きつける強力な部門となっている。また，生鮮食品は契約農家が当日朝に収穫した野菜を揃えるなど，鮮度に強いこだわりをもつ。さらに，100種類を越える高品質のPB商品「GreenQ」を開発しているが，ナショナルブランド（NB）商品をはるかに上回る価格設定が行われているものの，品質にこだわる消費者の人気が高い。同社ではこのPB商品のパッケージや店のロゴをダークグリーンカラーで統一して落ち着いた雰囲気を出している。店内の装飾やヴィジュアル面での演出にも，

百貨店子会社ならではのうまさが感じられる。

だが，これらの独自性をもつ一方で，加工食品や日用雑貨などの品揃えの70％は，他社のどのスーパーでも売られている商品であるという点も見逃せない。また，価格面では購買頻度の高い生鮮食品の価格は，一般のSMと同水準あるいはそれを下回る価格を設定している。そしてPB商品やオリジナル商品で高い粗利をとるという「粗利ミックス」が図られている。

ここから，同社は「高品質」にこだわった展開をしているものの，取扱商品や価格面でみると，一般の消費者が普段の買い物に利用する，日常性の高いスーパーであるといえる。

クイーンズ伊勢丹には他社のスーパーが撤退した後に入居した店舗が3店あるが，これらの店舗で売上を倍増させたケースが複数あるのは特筆に値する。さいたま市の「北与野店」は，大手GMSが撤退した後の後継テナントである。大手スーパーの運営時の食品売上高は年間11億円だったが，クイーンズ伊勢丹は2001年度に27億円を売り上げ，2倍を越える規模となっている。東京市部にある「仙川店」も，もともと電鉄系SMの店舗だったところに出店した。電鉄系SM時代の売上は18億円だったが，クイーンズ伊勢丹の2002年3月期の売上は40億円，こちらも2倍以上となっている[3]。クイーンズ伊勢丹入居後に売上が倍増するということから，店舗継承前，「市場C」のスーパー店舗時に隠れていた「市場B」部分への需要が，同社によって顕在化したと考えることができよう。

2.2.3 今後の計画と課題

これまで同社は既存店の改装に注力してきたため，2年に1店というペースでしか店舗を増やしてこなかった。だが既存店の改装が一巡し，今後は年1～2店の出店ペースでおもに東京都と埼玉県にドミナント展開していく方針で，2003年度の売上高は500億円に拡大する計画である。

クイーンズ伊勢丹の課題としては，対面販売を多用するなど丁寧な売場作りを行うために，一般のスーパーと比べてかなり人手がかかることがあげられよう。同社の売上高販管費率は一般的なスーパーの数値と比べ3ポイント程度高い27％台で推移しており，十分な粗利を稼げなくなれば，この高い人件費をカバーすることは難しくなる。だが，粗利益率も28～29％程度で一般的スーパーの数値より3ポイント程度高く，また同社ではロスを抑えるための仕組みも構築しており，

現状では人件費を含めた販管費の高さをカバーするには問題ないレベルであるといえる。

2.3 「ザ・ガーデン自由が丘」と「成城石井」

シェルガーデンの運営する「ザ・ガーデン自由が丘」と「成城石井」も，高品質にこだわりをもった展開により，近年高成長を続けている（図12-2参照）。しかしこれらの2社は，品揃え，価格政策などの点において，先に取り上げたクイーンズ伊勢丹とは大きく異なっている。

品揃えは，高品質を求める消費者をターゲットとするため，日本各地の名産品や輸入食材が中心であり，加工食品だけでなく生鮮食品も高級品である。このため，価格設定も一般のSMと比べると商品によっては3倍程度高い。また，クイーンズ伊勢丹のような対面販売は行っておらず，持ち帰りに対応した惣菜類にも取り立てて力は入れられていない。両社は高所得者層の多い地域での路面店から展開を開始し，駅ビル，あるいは百貨店などの商業施設内店舗などへと広げてきている。駅ビルや商業施設内店舗は路面店と比べると売場面積が小さくなり，客単価も下がるため，それをカバーできるだけの来店客数が必要となる。

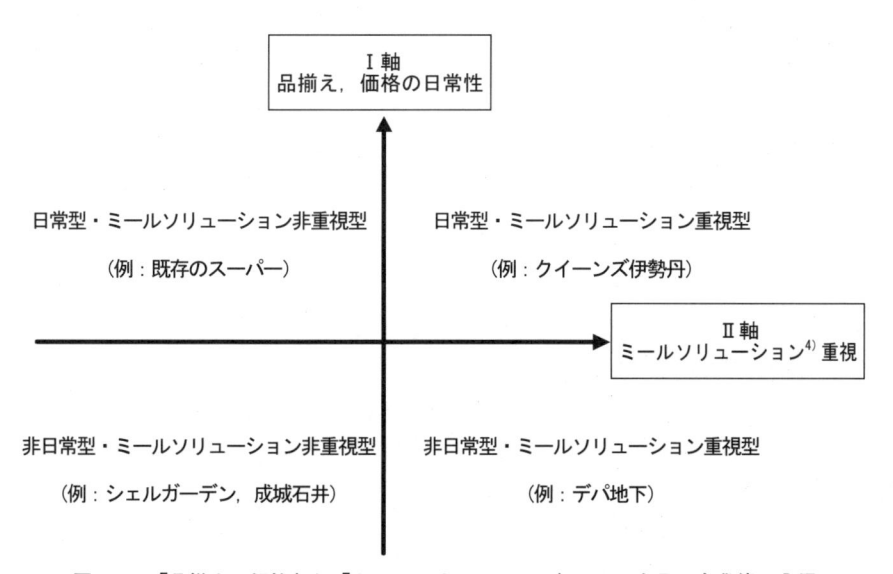

	I軸 品揃え，価格の日常性	
日常型・ミールソリューション非重視型 （例：既存のスーパー）	日常型・ミールソリューション重視型 （例：クイーンズ伊勢丹）	
		II軸 ミールソリューション[4]重視
非日常型・ミールソリューション非重視型 （例：シェルガーデン，成城石井）	非日常型・ミールソリューション重視型 （例：デパ地下）	

図12-3 「品揃え・価格」と「ミールソリューション」による食品小売業態の分類

品揃えや価格面での特徴から、この2社はクイーンズ伊勢丹よりは日常性の低いスーパーとして捉えられ、よって来店頻度も低くなると考えられる。また今後出店を進めていく際にも、高所得者層の多さ、あるいは通行人数の多さといった条件を備えた立地に限られることになるといえよう。

このように、「高級スーパー」と呼ばれる都市部のSM3社は、いずれも従来のGMSやSMとは異なる独自性によって「市場B」への需要を取り込み成長した点では共通している。だが、対象とするターゲットは異なり、品揃えや価格の日常性また商品政策の違いによって、異なるタイプのSMとして位置付けることができよう（図12-3）。

2.4 都市型業態と都市部市場の展望
2.4.1 既存スーパー企業の高級業態展開

高質市場にいち早く対応したスーパーが著しく成長を遂げたことからわかるように、消費者は安さを求めてはいるものの、もはや安さだけを前面に打ち出しても支持は得られず、いかに価値の高いものを提供していけるかが重要になってきている。つまり、都市部市場には、効率を重視する従来のスーパーが対応できていない、豊富な選択肢やこだわりを求める消費者が多数存在するのである。そして、すでに既存のGMS、SMを展開する企業も、このマーケットを狙ってアップスケールタイプのSMの展開を始めており、今後も多数の企業が参入してくることが見込まれる[5]。

そうなると、現時点で「市場B」で先行するスーパーは好調な業績を続けているものの、参入者が増えれば、先にあげた3社を含めて、これまでほどの高成長は見込めなくなると考えられる。

しかし、高いリスクをとらなければ、高いリターンを得ることも難しい。競争の激化する都市部のスーパーが安売り競争による業績低迷を打開するためには、新たなマーケットでの展開に向けた工夫が求められよう。プレイヤーが増えることで、1社あたりの伸びはこれまでより小さくなっても、「市場B」自体は成長するのである。

2.4.2 都市部市場の展望

消費者は、日常生活に必要なものにかける出費は切り詰めようとするが、一方

で価値を認めた商品に対する高額の支出を惜しまない。こうした現象は「消費の二極化」という言葉で表現されることが多い。だがむしろ、1人の消費者が"高品質で高価なもの"と"できるだけ安価なもの"の両方を求める、つまり市場A、B、Cのいずれに対してもニーズをもっている、ということができるだろう。

また、人口密度の高い都市部には、多様なタイプの消費者が存在していると思われる。デフレ下であろうと、おいしいものや安全なものといった"こだわり商品"に対して支出を惜しまない消費者も多い。これに加えて消費者の安全志向の高まりも、高質化志向市場の厚みを増す方向に働くものと考えられる。さらに、購入する商品の量は少なくても質にこだわる傾向にあると考えられる高齢者の比率が近い将来高まることも、プラスの方向に働く大きな要素としてあげられよう。

以上から、都市部の「市場B」の規模は、供給面からみて今後成長するマーケットであるが、需要面からみても、デフレ下であれ一定程度見込めるものであるといえる。

3　農村型業態：日本型スーパーセンターの展開

3.1　農村部でのスーパーセンターの出現

人口密度が高く、市場に多様な消費者が存在する都市部においては、様々なタイプの店が1つのエリア内で共存することが可能であり、そのなかで高質志向のSMが台頭してきている。しかし、人口密度の低い農村部では、消費者の層が都市部に比べて薄くなる。加えて、農村部における最寄り品の消費は、一般に豪奢を避ける傾向が強く、都市部ほど多様な消費者の嗜好は存在しにくいと考えられるためである。よって農村部については、市場が薄く平たい形であらわされる（図12-1参照）。

このような市場においては、都市部の肥沃なマーケットと違い、同じ業態の店舗、あるいは取扱商品の大部分が重なる複数の店舗が、1つのエリア内に共存することは難しい。また、農村部では大型店が1店出店するだけでそのエリアにおいて大きな影響力をもち、1店が地域内で高いシェアをとることも可能である。

米国では、業績の伸びが鈍化したウォルマートが、主力のディスカウントストアに食品部門を加えた「スーパーセンター」業態を1988年に開発した。以来、ス

ーパーセンターの展開が同社の成長の原動力となっており，2001年にはKマートを破綻にまで追い込んでいる。そして，1990年代前半に日本の農村地帯でも，この業態のいわば「日本版」を展開する企業が現れた。現在，北陸の「PLANT」をはじめとして，東北地方から九州まで地元資本の中堅・中小企業などによって展開されている。

3.2 日本型スーパーセンターの特徴

　日本においてスーパーセンターを展開する企業は，「郊外」よりもさらにルーラルなエリアをあえて出店地として選んでいる。居住人口が少ないため，それまで食品を扱う大手小売業のどの企業も採算性を考えて出店してこなかったようなエリアである。またその際，商圏を小さく設定していることも大手企業とは異なる。

　そして，その商圏に居住する顧客の生活に必要なあらゆるニーズに1店で応えられるような品揃えを行う。めったに売れない商品や売れても儲けの出ない商品も，地域の消費者の生活に必要な商品は常時揃えている。このため取扱商品は多品種，多品目にわたり，アイテム数は膨大なものとなる。また，商品はGMSにあるような付加価値商品はみられず，日常生活に必要な消耗品を中心とした生活必需品である。またコンセプトを徹底させるため直営を基本とし，テナントはほとんど導入しない。

　このように，スーパーセンターは立地，品揃え，部門構成などが既存の業態とは大きく異なる。また生活必需品へのニーズに応えることから，価格設定も低価格となる。この低価格販売を実現するために，粗利益率，販管費率は低く抑えられることが基本となる。この点もやはり既存業態とは異なっている。

　これらの特徴をもったスーパーセンターが出現した地域では，それまでは商業集積がほとんど存在しなかったため，商圏におけるニーズは最も近いエリアの大型店に流出していた。スーパーセンターはこうしたニーズ流出を止め1店で独占することにより，高いシェアをあげているのである[6]。

3.3 北陸のパイオニア企業「PLANT」

3.3.1 企業概要[7]

　日本のスーパーセンターでは，北陸で展開する「PLANT（旧みった）」がパイオニア的な企業である。PLANT は福井県に本部をおき，家庭用品および家庭用燃料の専門店として1982年に設立された。スーパーセンター1号店は1993年に開店したが，当時の同社の年商は30億円に満たないレベルだった。2003年9月期の売上高は452億円で前期比7％の伸び，また直近5期の売上高経常利益率は3％台と高いレベルである（表12-2）。

　PLANT の2003年9月期の売上高販管費率は14.5％であり，直近5期分をみても13％台前半から高くても14％台前半で推移している。低い販管費率実現のため，パート比率を70％以上と高くして人件費を抑えているほか，広告費の売上高に占める割合を0.4％と非常に低く抑制している。こうして販管費自体を低くする一方，売上を伸ばすことで相対的な数字である販管費率は低くなるのである。売上高総利益率を見ても16～17％台で推移しており，これも販管費率と同様に大手スーパーの総利益率の平均を10ポイントほど下回る数字である。

表 12-2　株式会社 PLANT の経営指標推移
（1996年9月期～2004年9月期予定）

	'96/9	'97/9	'98/9	'99/9	'00/9	'01/9	'02/9	'03/9	'04/9（予）
売上高(100万円)	8,878	12,919	23,841	29,337	33,299	38,958	42,156	45,201	56,510
前期比伸び率(％)		45.5	84.5	23.1	13.5	17.0	8.2	7.2	25.0
売上高総利益率(％)	17.3	16.5	17.2	17.6	17.6	17.3	17.6	17.3	―
売上高販管費率(％)	12.6	13.8	14.2	13.9	13.4	13.7	13.7	14.5	―
経常利益(100万円)	405	312	662	1,067	1,377	1,463	1,707	1,361	1,142
前期比伸び率(％)		−23.0	112.2	61.2	29.1	6.2	16.7	−20.3	−16.1
売上高経常利益率(％)	4.57	2.42	2.77	3.63	4.13	3.76	4.05	3.01	2.00
当期純利益(100万円)	194	−101	294	610	723	715	908	685	900
前期比伸び率(％)		−152.1	−391.1	107.5	18.5	−1.1	27.0	−24.6	31.4
売上高当期純利益率(％)	2.19	−0.78	1.23	2.08	2.17	1.84	2.15	1.52	1.59
株主資本(100万円)	846	876	1,141	2,157	4,544	5,149	5,989	6,608	
総資本(100万円)	3,394	6,439	9,461	11,756	12,713	13,833	14,728	18,414	

（資料：PLANT ㈱ホームページ『IR 資料』により作成）

表12-3 PLANTとウォルマートの売上高総利益率・売上高販管費率比較

	1996年	1997年	1998年	1999年	2000年	2001年	2002年
PLANT 売上高総利益率 (A)	17.3	16.5	17.2	17.6	17.6	17.3	17.6
PLANT 売上高販管費率 (B)	12.6	13.8	14.2	13.9	13.4	13.7	13.7
ウォルマート売上高総利益率 (C)	20.4	20.4	20.8	21.0	21.4	21.5	21.2
ウォルマート売上高販管費率 (D)	16.0	16.2	16.4	16.2	16.4	16.5	16.6
PLANT 総利益率と販管費率の差 (A)—(B)	4.7	2.7	3.0	3.7	4.2	3.6	3.9
ウォルマート 総利益率と販管費率の差 (C)—(D)	4.4	4.2	4.4	4.8	5.0	5.0	4.6
PLANTとウォルマート比較 総利益率差 (A)—(C)	−3.1	−3.9	−3.6	−3.4	−3.8	−4.2	−3.6
販管費率差 (B)—(D)	−3.4	−2.4	−2.2	−2.3	−3.0	−2.8	−2.9

（資料：PLANT㈱ホームページ『IR資料』およびWal-Mart Stores, Inc. Annual Report
により作成）

そして，これらの総利益率と販管費率を，スーパーセンターの先駆者であり世界最大の小売業である米国のウォルマートと比較してみても総利益率は3～4ポイント，販管費率は2～3ポイント低く推移している（表12-3）。

また，国内GMS大手で，PLANTの地盤の北陸エリアにも大型店を積極展開しているイオンと比較した場合も，PLANTは運営経費を抑えられているだけでなく，単位面積あたり，あるいは従業員1人あたりで高い生産性を上げており，PLANTがいかに効率経営できているかがわかる（表12-4）。

3.3.2 立　地

2003年末現在，同社は福井・石川・富山・新潟の4県に12店舗を展開し，うち7店がスーパーセンターの「PLANT-2」～「PLANT-5」，残り5店はホームセンターである「PLANT-1」が1店，リビング用品専門店が4店となっている（図12-4）。

スーパーセンターの「PLANT-2」～「PLANT-5」は，人口の少ない農村地帯に限定して展開している。また，呼称は売場面積が2,000坪前後で「PLANT-2」，3,000坪前後で「PLANT-3」とされている。商圏は「店から自動車で15分の距離内に居住人口約3～5万人」を目安とした，小さなエリアを設定している。GMSが広域商圏で多数の人口を前提としているのとは大きく異なる。

3 農村型業態：日本型スーパーセンターの展開　247

表12-4　ジャスコ（現イオン）とみった（現PLANT）の生産性と経費の比較（1998, 99年度）

		ジャスコ（現イオン）	みった（現PLANT）
98年	売上高（万円）	112,710,000	2,384,137
	売場面積（m²）（期中平均）	1,678,498	28,994
	1m²あたり売上高（万円）	67.1	82.2
	従業員数（人）（期中平均）	40,155	526
	1人あたり売上高（万円）	2,806.8	4,532.5
	1人あたり売場面積（m²）	41.8	55.1
	人件費（万円）	13,619,400	184,083
	売上高人件費比率（％）	12.1	7.7
	1m²あたり人件費（万円）	8.1	6.3
	店舗運営経費（万円）	9,943,700	56,563
	1m²あたり店舗運営経費（万円）	5.9	2.0
99年	売上高（万円）	119,084,500	2,933,794
	売場面積（m²）（期中平均）	1,874,314	36,325
	1m²あたり売上高（万円）	63.5	80.7
	従業員数（人）（期中平均）	44,132	679
	1人あたり売上高（万円）	2,698.3	4,320.1
	1人あたり売場面積（m²）	42.5	53.5
	人件費（万円）	14,886,700	242,276
	売上高人件費比率（％）	12.5	8.3
	1m²あたり人件費（万円）	7.9	6.7
	店舗運営経費（万円）	10,187,800	69,583
	1m²あたり店舗運営経費（万円）	5.4	1.9

1) ジャスコの決算期は2月，みったの決算期は9月．
2) 従業員数はパート，アルバイト（1日1人8時間換算）を含む．
（資料：ジャスコ有価証券報告書平成10年2月期，平成11年2月期およびみった㈱ホームページ『目論見書』により作成）

3.3.3　品揃え，価格政策，オペレーション

「PLANT-3」のある店舗の取扱商品は，生鮮食品を含む食品，日用雑貨，衣料，家電，園芸用品など20万点近くで，膨大なアイテム数となっている．これは，生活必需品が1カ所ですべて買い揃えられることを目的としているためである．商品構成をみると，年々食品部門の構成比が上がっており，99年9月期から50％を越えている．同社はもともとはホームセンターを母体としているから，非食品

図 12-4　PLANT の店舗分布（2003年）
（資料：(株)PLANT ホームページにより作成）

部門に食品をプラスしたかたちだが，雑貨を売り切るノウハウをすでにもっており，集客を図るために食品を低価格で販売しても非食品の販売で利益を確保できると考えられる。また，食品強化により来店頻度が上昇するため，今後小商圏化していっても経営が成り立つということもいえる。

　スーパーセンターは生活必需品を常時低価格で販売しており，PLANTの売場では「いつでもこのお値段」の表示がなされている。そしてこの低価格販売は，上で見たように販管費率，粗利益率の低さによって実現されているのである。しかし，売場の要所要所に「アンサーセンター」を設けているほか，高齢者や体の不自由な人の利用のため車イスや電動カートを備えるなどのオペレーション上のサービスも怠らない。人手をかけるべきところにはかけており，コスト削減を進めつつも，長期的に消費者の支持を得るため接客を重視している。

3.3.4　今後の計画と課題

　PLANTは今後の出店を「PLANT」タイプに絞り，2003年度からは年1～2店ペースで出店する計画である。同社の展開地域には近年続々と大型店が進

出しており，対抗する勢力が生まれれば，これまでほどの高いレベルの成長は難しくなる可能性も考えられる。このため今後は，現在展開している4県に隣接する岐阜県や京都府・滋賀県など関西地方への出店も計画している。これまでの出店ペースも，また今後の出店計画エリアをみても，その展開は非常に堅実であるといえる。

　スーパーセンターは1万m^2を超える非常に大規模な店舗を一層（1階建て）で展開するが，PLANTは既存店舗よりさらに売場面積の広い店舗を開発する計画であることから，今後の課題の1つとしては，出店戦略に沿った広大な店舗立地の確保がまずあげられよう。同時に，1店開設ごとに多くの人材が必要となるため，従来よりも出店ペースを上げるためには，人材育成が出店ペースに追いつくかどうかも課題となってくるだろう。

　また，農村部では過疎が進み高齢者の割合が高くなっているが，スーパーセンターは車での来店を基本としており，店舗も広大で低コスト運営のため売場の高い陳列棚に商品をストックする。高齢者の買い物にとって，こうした店づくりは今後改善の余地があると考えられる。

3.4　九州の過疎地域の「マキオ」
3.4.1　企業概要[8]

　九州地区は，2001年からスーパーの経営破綻が相次ぎ，それを本州の大手資本が傘下に収めることによって勢力地図が目まぐるしく塗り変わる，日本全国の中でも再編の進んでいるエリアである。そのなかで，過疎化が進み所得も低いエリアにありながら6期連続増収を続けているのが，「マキオ」の展開する「A-Zスーパーセンター」である。

　マキオはもともとホームセンターであったが，1997年に「A-Zスーパーセンター」を開業した。同店は，スーパーセンターとしては日本初の24時間営業店舗である。2002年2月期の売上高は82億円で，前の期に比べて約7％増となった。売場面積は15,000m^2と，PLANTの「PLANT-3」より広大である。店外の国道沿いには，コンビニエンスストアタイプの小型店舗「マイマイ」，セルフ形式のガソリンスタンドも運営している。

3.4.2 立　地

上で述べたように,「A-Z スーパーセンター」のある阿久根市は過疎化が進む漁業と農業の町であり,全国平均と比べて所得の低い鹿児島県の中でも県平均の80％台の水準と,なお所得の低いエリアである。

そのなかで好調な業績を続けられるのは,豊富なアイテム数と低価格販売による来店客数の多さ,および深夜営業による。周辺に店舗が少なく,週末には遠方からも集客している。また,地方でもライフスタイルは多様化しており,夜間でも来店客数は少なくない。夜20時からの翌朝10時の売上比率は,35〜40％に達している。

3.4.3 品揃え,価格政策,オペレーション

「A-Z スーパーセンター」のアイテム数は約30万品目と,PLANT よりさらに膨大である。そしてこのことは既存業態,例えば GMS のように売れ筋商品に絞ってしまわないことによって,買上点数の増加にもつながっている。

マキオでは,従業員1人あたりの担当する売場面積を広く取り,少ない人数で店舗を管理するなど,PLANT 同様に低コスト運営を徹底することによって,販管費率を12〜13％台に抑えている。また,総利益率も運営に問題がないレベルの低い水準に抑えている。これらの低総利益率,低販管費率によって低価格販売を実現していること,また常時低価格である点も PLANT と同様である。

「A-Z スーパーセンター」のオペレーション上の特徴としては,上で述べた24時間営業のほかに,高齢者を意識した取り組みもあげられる。交通の不便な地域に「買い物バス」の運行を始めたほか,店内の総合案内所では60歳以上の高齢者や身障者に常時5％割引する「返金レジ」を設けている。こうした取り組みからもわかるように,農村部における大型店は地域への影響度が大きく,展開する企業も自社店舗のもつ公共的な意味合いを意識している。

3.4.4 今後の計画と課題

「A-Z スーパーセンター」は,地元の消費者に密着した品揃えで確実に足下商圏の顧客を押さえているうえに,最近遠方からの集客が増えていることから,今後も着実にシェアを獲得していくものと予想される。また,マキオは2号店の出店を計画しており,その予定地はやはり鹿児島県内でも所得の低いエリアとなっている。

同社の課題としては，PLANT同様，スーパーセンターの店づくりにかかわる点が指摘できるだろう。しかしマキオについては，送迎バスの運行によって車で来店できない高齢者の買物に対応しているほか，広大な店舗を買い回らずに済む店舗の開発など，いくつかの課題がクリアできている点は注目に値する。

3.5　日本型スーパーセンターの今後の展望

　取り上げた2社は，ホームセンター経営者が米国のスーパーセンターを視察し，日本のルーラルエリアにおいてもその成功可能性を確信して，いち早く日本で展開されたスーパーセンターのケースだった。しかし現在では，大手資本が「都市型スーパーセンター」の開発を目指した取り組みも開始するなど，食品出身の企業も続々と参入を開始している。よって今後は，他業態との競合激化に加え，同業態が地盤エリアに参入してくるケースが生じる可能性もないとはいえない。これまでの日本型スーパーセンターには，先行者利益で成長していた部分もあるはずであり，今後も高成長を続けていくためには，低コスト運営のなお一層の徹底など，何らかの対策が必要になると考えられる。

　とはいえ先にみたように，GMSの損益構造ではスーパーセンターのような常時低価格を実現することはできないため，価格面で対抗することは難しい。また，小商圏を前提として成立し，その土地ならではの品揃えを行うことのできる地元出身企業が先に高いシェアを取っている場合，後から参入した競合者は品揃えの面でも後れを取ることになるから，先行者ほどの利益は望みにくいといえるだろう。

　第2の課題として，企業が業容の拡大を図るのは自然なことだが，現在あるタイプのスーパーセンター企業が成長のために地盤エリアから遠い域外に進出することは，リスクが大きいと思われる。日本は地域ごとに食品も風習も異なるため，地域ニーズに対応した品揃え，またそのためのベンダーとの取引などを考えると，地元商圏で着実に成長していく方が賢明であると思われる。

　そうなれば，たとえウォルマートのような強力な流通外資が将来日本でスーパーセンターの展開を開始したとしても，日本独特の商品政策を行えるようになるまでには相当時間がかかり，先行する日本型スーパーセンターへのキャッチアップは容易ではないといえるだろう。

最後に，スーパーセンターが展開されている農村部では，都市部に比べて高齢化が早く進行すると考えられる。このことから，店づくりの他に商品政策でも高齢層への対応が課題としてあげられよう。

4　まとめ

都市部では，消費者の生活圏に店舗がいくつも存在し，消費者にとって選択肢が豊富であり，"この商品を買うにはこの店，あの商品を買うのはあの店"，という使い分けが可能な状況である。このような消費者の行動や好み，様々な局面での使い分けに応じていくためには，SMという1つの業態の中で，必然的に多様なタイプの店舗が生まれてくることになる。そしてすでに現在，各店舗が消費者の支持を得られるような強み，競争力をもっているチェーンが台頭してきている。

また農村部でも，日常的な最寄り品の低価格志向や，低い人口密度および少ない商業施設という市場環境をふまえた店舗が，それぞれの商圏で高いシェアを獲得するようになっている。このように，SMは業態内での分化が生じ始めている。

(後藤亜希子)

［注］
1) この都市部市場の3層化についての議論は，根本重之「経済教室　日本の消費市場は三層化」(『日本経済新聞』2002年5月31日) を参考にした．
2) クイーンズ伊勢丹，シェルガーデン，成城石井の企業情報に関しては，以下の記事を参考にした．
   ・『朝日新聞』2001年7月10日
   ・『日本経済新聞』2001年8月18日，2001年11月2日
   ・『日刊工業新聞』2001年10月24日
   ・『日本食糧新聞』2002年3月1日
   ・「いまこの店この企業が面白い (クイーンズ伊勢丹)」『2020 AIM』2001年9月号
   ・「デフレ下で高級スーパーがなぜ流行る」『激流』2002年4月号
   ・シェルガーデンホームページ (http://www.garden.co.jp/)
   ・成城石井ホームページ (http://www.seijoishii.co.jp/)
3) クイーンズ伊勢丹の各店の売上高データは，㈱伊勢丹 (2002)「2002年3月期決算

説明資料」による．
4) 半調理食材や惣菜など，食卓提案型の食材を重視した品揃え戦略．
5) 企業例として，大丸ピーコック，東急ストアなどがあげられる．
6) スーパーセンター業態の特徴に関しては，おもに橋詰（2002）を参考にした．
7) PLANTの企業情報に関しては，以下の記事を参考にした．
  ・『日経流通新聞』2002年8月22日
  ・「負けない店の「売る力，逆転発想」」『Chain Store Age』2000年7月15日号
  ・PLANTホームページ（http://www.plant-co.jp/）
8) マキオのデータについては，以下の記事を参考にした．
  ・『日経流通新聞』2002年8月22日
  ・「負けない店の「売る力，逆転発想」」『Chain Store Age』2000年7月15日号
  ・「特集　24時間への挑戦」『販売革新』2001年10月号
  ・「ブーム再来スーパーセンターは本物か！」『Chain Store Age』2001年11月1日号

［文　　献］
石原靖曠 2001．『実学入門　なにが小売業をダメにした』日本経済新聞社．
橋詰　昇 2002．『最強の業態　スーパーセンター』商業界．

第13章　企業統合と小売業本部機能の空間的再編成

1　景気低迷・競争激化と小売業本部の立地変化

　1990年代半ば以降，日本経済はバブル経済崩壊後の景気低迷期にある。そのような経済状況の中で，大手小売チェーンにおいてもコスト削減や企業体力の強化を目的とした対策がとられている。それは店舗や物流だけではなく，チェーンの本部機能の合理化にも及び，さらには個別企業にとどまらず，グループ企業全体での効率化を目指したり，経営統合によるスケールメリットの創出や競争力強化に取り組んだりしている。

　こうした動きを，空間的視点からみると2つの特色ある本社（本部）移転として捉えることができる。1つは本部の郊外移転である。この場合，コスト削減が第1の目的であり，利便性を犠牲にしても，高コストの大都市都心部から低コストな郊外への移転がおこなわれる。もう1つは，複数チェーンの経営統合にともなう持株会社の設立であり，グループ全体の本社・本部機能を担う持株会社がどこに立地するかが問題となる。この場合，規模拡大によるバイイングパワー確保など競争力の強化を目的としており，それまでの店舗展開地域にかかわらず，東京が選択される動きがある。

　いずれの場合も，当該大都市の視点からみると有力企業の本社が減少することになり，こうした事例が増加するならば，都市がもつ経済的中枢管理機能が縮小するおそれがある。そこで本章では，本部郊外移転と経営統合について，それぞれ2つのケースを示しながら，どのような目的でこうした選択がおこなわれ，どのような影響があるのかを検討する。

本章で着目する2つの現象は，企業の成長とも密接にかかわる。企業成長とオフィス立地との関係は，基本的には企業が成長するにつれて，より利便性の高い地点へと移動を繰り返し，より大規模な都市へと移動していくと考えられている（藤田 1987）。小売業でもたとえば，神戸創業のダイエーや三重県が創業地のイオン（旧ジャスコ）などはナショナルチェーン化していく中で本部機能を首都圏へと移してきた。イオンの場合，創業した三重県四日市市から1970年には大阪市福島区へ，そして1983年に東京都千代田区へと移転した。また1990年時点でみると，総合スーパー大手6社の本部は，東京特別区（ダイエー，イトーヨーカ堂，イオン［当時：ジャスコ］，西友），大阪市（マイカル［当時：ニチイ］），名古屋市（ユニー）というように三大都市圏の中心都市に存在していた。しかし，本章の事例はその傾向に反する。それでは，大都市都心を離れての郊外移転に問題はないのか，あえて郊外に移転する理由と影響を示してみたい。

　一方，持株会社化による経営統合については，いずれのグループの場合も，まだスタートしたばかりであり，その影響などを評価するのは困難ではあるが，いずれも地元の有力企業であり，その動向は地域経済にも影響を与える可能性がある。

　従来のオフィス立地研究は，メーカーの本社立地や支店配置を対象としたもの

表 13-1　事例企業の特徴

社名	業態	本部所在地	おもな店舗展開地域	本部立地再編成の特徴
ユニー	総合スーパー	愛知県稲沢市	東海・関東・北陸	郊外移転
C&S	コンビニ（持株会社）	東京都中央区		愛知＋東京→東京
サークルK	コンビニ	愛知県稲沢市	東海・関西・北陸・関東	郊外移転
サンクス	コンビニ	東京都港区	関東・関西・東北・北海道・東海	
エディオン	家電量販店（持株会社）	東京都品川区		広島＋愛知→東京→愛知（予定）
デオデオ	家電量販店	広島県廿日市市	中国・九州・四国	郊外移転（地区本部的役割へ？）
エイデン	家電量販店	愛知県名古屋市	東海	（地区本部的役割へ？）

・おもな店舗展開地域には，エリアフランチャイズによる展開地域も含む．

が多く，小売業オフィスに対する関心は必ずしも高くはなかった。しかし，チェーンストアの影響力がますます大きくなるなかで，商談や意志決定がどこでおこなわれるのかは重要である。それは小売業本部の立地が，他産業の支店配置などにも影響を与え，ひいては都市の経済的中枢管理機能の集積や都市の競争力にもかかわるためである。

事例として検討するのは，総合スーパーのユニーグループ，コンビニチェーンのサークルKとサンクスによるシーアンドエス（C&S），家電量販チェーンのデオデオとエイデンによるエディオンである（表13-1）。いずれの企業もそれぞれの業態において大手チェーンであり，サンクスを除いてそれぞれの地元地域における最大チェーンである。

2　合理化と本部郊外移転

小売業における本部郊外移転は，どのような意味をもつのであろうか。特定地域に強固な地盤をもつ総合スーパーと家電量販チェーンの2つの事例をもとに検討してみよう。

2.1　ユニーグループの本部郊外移転集約
2.1.1　目的と経緯

本部郊外移転の事例として取り上げるユニーは，東海地方を中心に北陸地方や関東地方に総合スーパー「ユニー」[1]や「アピタ」を展開しており，小売業を中心にユニーグループを形成している。ユニーでは，1990年代初期に業績が悪化しさまざまな部門で合理化を進めた。なかでも本部や地区本部の従業員を半減するなど間接部門の大幅な合理化を進め，その一環として名古屋駅前にあった本部を郊外の稲沢市にあった物流センター内に移転した。この移転は大企業本社の郊外移転であり，特異なケースとして注目されたが，その後，ユニーはさらに段階的にグループ企業各社の本部を稲沢へ集約した。ここでは1993年のユニー本部移転から，2002年6月の食料品スーパー・ユーストアの移転まで約10年間の動きを見てみよう（図13-1）。

第1段階は，1993年秋のユニー本部の名古屋市中村区から稲沢市への移転にと

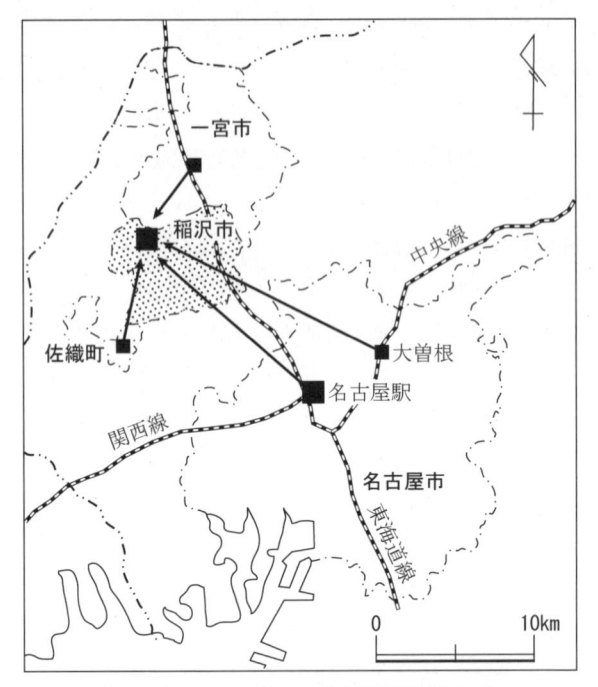

図 13-1　ユニーグループ本部郊外移転集約

もなうものである。この時に，グループ企業のうちラフォックスなどの4社が同時に移転した。そして，それまでユニー本部が入居していた賃貸ビルの一部には，同じく中村区内からサークルKとその関連会社が入居した。

　第2段階は，アピタ稲沢店の開店にともなうものである。ユニー本部が移転した稲沢物流センターの物流施設部分は，稲沢市の北側に隣接する一宮市に移転し，そのスペースには1996年，アピタ稲沢店が開店した。このアピタ稲沢店の建物の一部にオフィススペースがあり，ここにグループ企業5社が入居した。

　第3段階は，2000年のアピタ稲沢店の増床にともなうものである。アピタ稲沢店は，開店時の建物に加えてホームセンター，家具店，立体駐車場，シネマコンプレックスのための建物が増築され，そのオフィススペース部分に，名古屋駅前からサークルKなど6社が，名古屋市北区から1社とユニーの1事業部が移転した。そして2002年，第4段階として，愛知県佐織町から食料品スーパーのユーストア本部が稲沢市に移転し，基本的にグループ企業本社の集約が完了した。

ユニーとそのグループ企業が本部機能を稲沢に集約してきたことには，2つの目的がある。1つはそもそものユニー本部の稲沢移転の目的がそうであったように，合理化の一環としてのコスト削減である。もう1つはグループ企業間の意志疎通の促進である。

コスト削減については，ユニー本部が名古屋駅前の賃貸ビルから稲沢の自社施設に移転したことにより年間約6億5000万円の賃料が削減された。その後，稲沢のユニー所有施設にグループ企業本社が移転してきたが，多くのグループ企業で賃料が低減した。たとえばサークルKの場合は，床面積が2割弱増加しながら，坪単価が約6割減となったため賃料は半減した。

一方，グループ企業間の意志疎通の促進も目的の1つであった。ユニーグループは総合スーパーを展開するユニー本体を中心に，多くの小売企業によって構成されており，食料品を扱う企業は，ユーストアやサークルK，サンクスなどが存在する。従来，同じ食料品でも，商品開発・商談・仕入れなどは別々におこなわれてきた。総合スーパーとコンビニでは，配送頻度や仕入ロットなどが異なるものの，少なくともユニーとユーストアでは重複する商品も多く，共同調達なども考えられる。また，ユニーでは「e-price（イープライス）」というプライベートブランド商品を開発している。その一部はユーストアやサークルKにも導入されつつあり，今後，その重要性はますます高くなっていくと考えられる。

2.1.2　評価と影響

このようなユニーグループの稲沢への本社機能集約について，ユニー自身としては，前向きの評価をしていると考えられる。これは稲沢市への本部移転が，賃料コストの削減や従業員の通勤費削減などにつながった一方で，店舗巡回などの本部従業員の移動については直行直帰の勤務態勢がとられているために，不便さが回避され，コストの増加も少なかったためである。取引業者がチェーンストア本部を訪問して商談をおこなうという小売業の商慣行も，ユニーにとってのマイナス要素を少なくした。

一方，合理化過程での本部郊外移転であることもあり，稲沢市をはじめとする地元への影響は，雇用創出という点ではきわめて限定的である。この点については，本部移転よりも店舗（アピタ稲沢店）の方がはるかに大きい。パートタイム就業者の多くは稲沢市を中心とする，いわゆる地元住民である。一方，本部での

就業者のほとんどすべては以前からの本部従業員であり，その就業場所が変わっただけで，稲沢市において新たに大きな雇用を創出したわけではない。それでも週末に休みを取りたいパートタイマーや，店舗での販売職よりもオフィスで働くことを希望する元OLの就業場所として，さらには大都市への通勤を避けて地元就業を望む人たちの就業場所として受け皿となる可能性があると考えられる。

2.2　デオデオの本部郊外移転集約

2.2.1　目的と経緯

家電量販チェーンのデオデオでも，ユニーグループと同様の郊外移転集約がおこなわれた。デオデオは中国地方を地盤として九州，四国にも店舗展開しており，2002年3月期の売上高は2,347億円（連結）で，業界第5位の大手家電量販チェーンである。2001年3月時点で，直営店112店，フランチャイズ店381店の合計493店を展開する。

デオデオは2000年1月，広島市中区の3カ所に分散していた本部機能と，デオデオ商事とデオデオテクノネットという子会社2社の本社を，広島市の南西に隣接する廿日市市に移転した（図13-2）。移転にあたっては合わせて約250名が廿日市本部へ勤務地が移動した。

廿日市市は，広島市西区に隣接する人口7万3586人（2000年国勢調査）の市で，近年，広島市のベッドタウン化が進んでいる。デオデオ廿日市本部の最寄り駅はJR山陽本線の宮内串戸駅で，広島駅からの所要時間は約20分，宮内串戸駅からはタクシー利用となる。廿日市への本部機能移転の目的は，コスト削減と本部各部門間やグループ企業本社間の意志疎通の迅速化である。移転前の本部機能の主要部分が入居していたビルはバブル期に建設されたもので賃借料が高く，廿日市市の倉庫スペースが空い

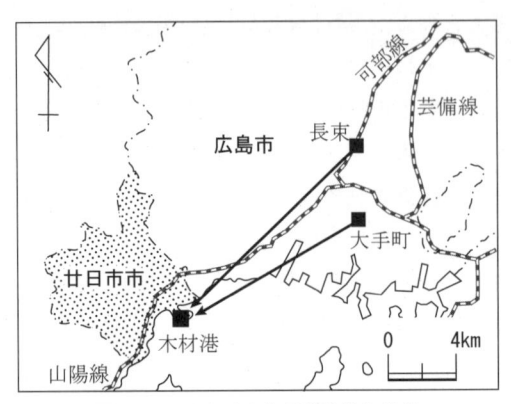

図13-2　デオデオ本部郊外移転集約

たことをきっかけとしてグループ本社機能を移転集約することになった。

　廿日市本部は，廿日市市木材港といわれる地域で広島湾の埋立地にある。木材工業団地として造成されたが，近年は製材業と関連物流業の跡地に異業種の企業進出がみられるようになっている（中国新聞2000年2月9日付朝刊）。デオデオ新本部もその一角にあり，廿日市本部は倉庫として利用していた建物を改装したものである。この移転には改装費用や移転費用として約5億円がかかったが，それ以前の年間賃料が約1億5000万円であったため，約3年で投資を回収できることになる。

2.2.2　評価と影響

　郊外移転が本部活動に与える影響を，家電量販チェーン本部に特徴的ないくつかの業務内容をふまえて検討していきたい。まず，商品の仕入れは生活家電事業部と情報家電事業部のバイヤーが担当し，前述の総合スーパーのユニーやコンビニのサークルKなどの小売業の場合と同様に，メーカーの担当者が本部に来訪しておこなわれる。メーカーの担当者は，本社事業部の担当者，または中国地方を管轄する地域販社の担当者であり，主要取引先については，毎週ほぼ全メーカーが来社する。こうした商談の面で，デオデオ本部の郊外移転の影響としては，伊藤（1997）で示したように，基本的に小売業本部側にはマイナス要因は少ない。この他，販売促進活動を担当するマーケティング事業部や情報システム部門では，取引先の多くは東京や大阪の企業であるが，これも商談はデオデオ本部でおこなわれる。

　一方，バイヤー自身の移動としては，メーカーの工場見学や新製品の先行デモンストレーションへの参加，そしてオリジナル商品開発の打ち合わせがあるが，これらの多くは首都圏や関西圏へのものであり，こうした場合には自宅からの直行直帰が多くなるため，本社移転の直接的影響は少ないと考えられる。担当エリアごとに各店に指導にまわるスーパーバイザーは，おおよそ月・火曜日は本部での業務を行い，残りは担当エリアの店舗をまわる。このような行動パターンの場合も本部移転による影響はそれほど大きくはない。

　従業員の通勤への影響をデオデオ本部についてみると，広島市中区所在時にはほとんど全員が公共交通機関であったが，廿日市移転後には約70%が自動車通勤となっている。従業員居住地は，広島市から西側のセクターに比較的多いため，

通勤時間が短縮される場合が多く，その意味では心理的な抵抗も大きくはなかった。また，自動車通勤者も公共交通機関利用の場合の金額で通勤費を支給しているが，通勤費も約30％削減することができた。

3　経営統合と持株会社の立地

次に近年，小売業界で相次いでいる有力なリージョナルチェーン同士の経営統合に注目し，コンビニチェーンと家電量販チェーンを事例に，本部機能再編の特徴と影響とを検討する。

3.1　コンビニチェーンの経営統合
3.1.1　C&S設立の経緯と機能

急成長を続けてきたコンビニ業界も，1990年代後半には，既存店売上高がマイナスに転じるなど成熟化の傾向がみられるようになり，業界再編成が進みつつある。とくに業界第4位（＝エリアフランチャイズを含まない単体）のサークルKと業界第5位（同）のサンクスの経営統合によりセブン-イレブン，ローソン，ファミリーマートに次ぐ業界第4位（同）の規模となるC&Sグループが誕生したことが注目される（表13-2）。

表13-2　主要コンビニチェーン（2001年度）

順位	社　名	店　名	全店舗年間売上高（100万円）	店舗数
1	セブン-イレブンジャパン	セブン-イレブン	2,114,013	9,116
2	ローソン	ローソン	1,282,369	7,734
(参考)	C&S	サークルK，サンクス	1,045,502	5,894
3	ファミリーマート	ファミリーマート	982,032	5,856
4	サンクスアンドアソシエイツ*	サンクス	544,415	3,066
5	サークルK・ジャパン*	サークルK	501,087	2,828

1) 全店舗年間売上高と店舗数はエリアフランチャイズも含む。順位は全店舗年間売上高による。
2) *：C&Sグループ。
3) （参考）のC&SはサークルKとサンクスの値を単純合計したもの。
（資料：日本経済新聞社「2001年度コンビニエンスストア調査」により作成）

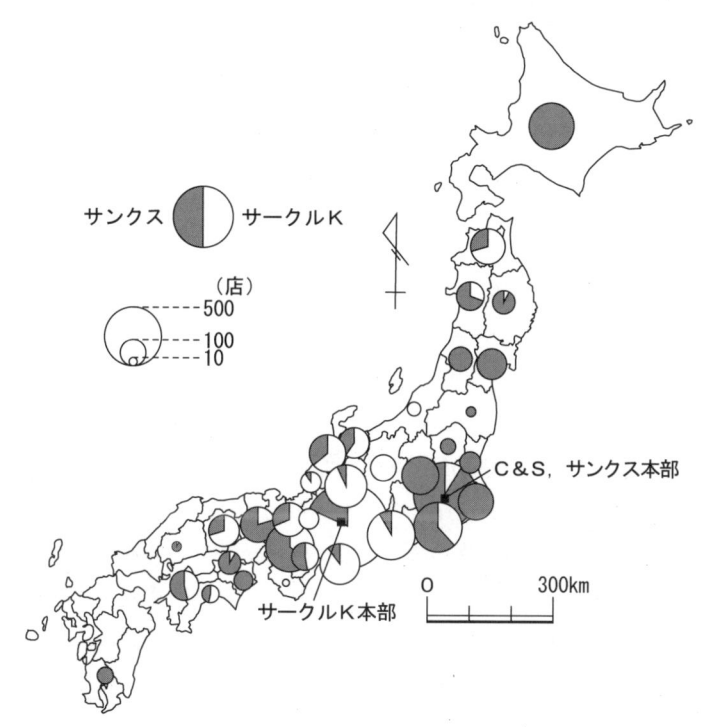

図 13-3　C&S グループの店舗展開と本部所在地
（資料：（株）シーアンドエス，2003年2月期中間事業
報告書により作成）

・沖縄県は出店なし．
・店舗数は2002年8月時点．エリアフランチャイズを含む．

　1998年に，サークルKとサンクスとの間で資本および業務提携が結ばれ，2001年に持株会社であるC&Sが発足して経営統合し，両社はその事業子会社となった．なお，ユニーがC&Sの筆頭株主であり，46.7％を出資している．
　サークルKは，1979年にユニーの一事業部としてスタートした．2002年2月現在の店舗数（エリアフランチャイズを含む．以下同じ）は2,828店で，そのうち東海4県が1,574店（55.7％）を占める他，北陸地方，関東地方南部，関西地方などにおもに店舗展開を進めている（図13-3）．
　一方のサンクスも総合スーパーの長崎屋の出資により，1980年に株式会社サンクスが設立された．店舗数は3,066店で，関東地方を中心に関西地方，東海地方，

北海道，東北地方などに展開している。

持株会社としてのC&Sの機能は，グループ全体の戦略立案機能と，それにともなう運営・管理である。会社所在地は登記上の本店は稲沢市のサークルK本社内であるが，実際の本部機能は東京都中央区にある。組織としてはマーケティング本部，資金管理本部，システム本部，総合企画室，e-ビジネス事業部の5つの部署があり，29名が勤務している（2002年4月現在）。グループの経営戦略を検討する組織として経営戦略会議があり，月1回東京のC&Sで開催され，名古屋（稲沢）からの出席者はサークルK社長のみである。また，ユニーはあくまで出資者であり，C&Sの経営戦略会議への出席はしていない。コンビニの経営に関してはC&Sの独自性を尊重する姿勢である。

C&Sはグループの経営戦略立案の他，商品仕入，資材調達，新商品開発などに関するコーディネートをおこなっている。たとえばソフトドリンクや乾電池，靴下，ビデオテープなどの雑貨類について，両チェーンで共通するナショナルブランド商品の一部について合同商談を行ったり，牛乳など重複する商品分野のプライベートブランド商品の統一も一部進めようとしている。また，ビニール袋や割り箸などの副資材や，店舗の什器をはじめとする内装設備，建設資材の統一にも積極的である。

3.1.2 本部所在地の選択要因

C&Sの親会社がユニーであり，前述のようにユニーがグループ企業の本社を稲沢市に集約している中で，C&Sが東京に立地した要因はおもに次の2つである。

1つは，コンビニ業界の全般的な再編の中で主要な地位を占めたいと考えたことである。サークルKとサンクスが業務提携し，さらに持株会社化へと検討を進めていた時期には，コンビニ業界の再編がさらに進むと考えられた。その際には，今回の2社に加えて，さらなる他チェーンの参加を受け入れて持株会社としてのC&Sの下にグループを拡大していくということも念頭にあった。そのためには稲沢市（愛知県）に本社を置くよりも，東京にあった方が新規の参加者を受け入れやすいと考えたのである。

2つめには，C&SがサークルKとサンクスという2つのコンビニ企業の持株会社であることから，サンクスの立場を考えると，ユニーグループの本拠地であ

る稲沢市には本部を置きにくかったということがある．C&S 発足前の時点で，サンクスの株主構成はサークルKが25.54％，ユニーが25.53％で合わせて51.07％と明らかにユニーグループが主導権をもっていたが，そのことをあまり強調しすぎずに，コンビニ経営に独自性をもたせていこうという配慮があったとも考えられる．

3.1.3　3つの本部の機能分担と経営統合の方向性

　C&Sが東京に設立されたことにより，稲沢市のサークルK本部，東京のサンクス本部と合わせて3つの本部がある状況である．その一方で，各々のコンビニチェーンに対する持株会社であるC&Sの役割は限定的である．

　前述のようにC&Sのコーディネートにより，一部でプライベートブランドの一本化やオリジナル商品の共同開発もおこなわれているが，基本的に各チェーンの商品政策の独立性は高い．業務提携後の検討段階では，弁当などの主力商品まで共通化の範囲を広げることも考えられたが，その後2つのブランドに絞って強化していくという方向性に縮小された．コンビニ業態の場合，大部分の店舗はフランチャイズ店であり，それぞれのコンビニ本部との信頼関係のなかで契約が結ばれている．そのためすべて直営店舗で運営されている業態の小売業とは異なった対応が必要となる．

　この他，コンビニにとって競争力や利益に大きくかかわる情報システムの統一もおこなわれるなど，サークルKとサンクスではさまざまな業務分野での共通化を進めているが，特徴としてみえてくるのは，C&Sはあくまでコーディネート役としての機能を果たしているということである．これは別の言い方をすれば，「サークルK」と「サンクス」という2つの屋号がもつブランドの独自性を重視しているということである．共通化を進めているのは基本的に商品以外の店舗運営のバックグランドとなる分野である．店舗のブランドにかかわらない情報システムの統一，副資材や建設資材の共同購入などの分野ではスケールメリットを活かした，あるいは活かすための活動が行われている．

　しかし，たとえば合同商談が行われた商品，あるいは共通購入されるようになった副資材，建設資材などについても，物流面の関係もあり，直接の納入業者（ベンダー）のレベルではそれほどの変化はない．コンビニ業態は新たな地域に店舗展開を進める際には，弁当工場や物流センターが必要であり，当該地域での

店舗数が少ない段階から長期的な信頼関係の下で納入業者は大きな投資をおこなっている。そのため本部の意向だけでなく，ベンダーの協力も欠かせない。

　このように1つのグループの中に2つのコンビニの屋号を残し，それを強化していくことを選択した根本的な要因は，店舗展開地域の重複であろう。前掲図13-3にあるように，両チェーンの店舗はとくに東海地方と関西地方で重複している。ミクロスケールでみても，両社の店舗が同一商圏内で競合している場合が少なからずある。オリジナル商品の共通化を進めることは将来的には店舗ブランドの統一につながり，それは店舗の統廃合を意味する。しかし，銀行などの場合とは異なり，コンビニの場合は効率化にはつながっても，売上や利益の増大につながるとは限らない。これはまた合併ではなく持株会社化による経営統合を選択した理由でもあろう。

3.2　家電量販チェーンの経営統合
3.2.1　エディオン設立の経緯と機能

　一方，家電量販チェーンでも，有力リージョナルチェーンによる経営統合がおこなわれた。2002年3月，前出の中国地方を地盤とする業界第5位のデオデオと東海地方を地盤とする業界第7位のエイデン（本社：名古屋市）が，持株会社エディオンを設立し，事業会社としてその完全子会社となった。その結果，エディオングループは家電量販チェーン第3位になった（表13-3）。経営統合の目的は競争力強化である。1990年代の家電量販業界の特徴として，北関東地域出身のヤマダ電機やコジマという2社の急成長がある（第9章参照）。両社はおもに主要都市郊外に大規模店を拠点的に出店し，従来の家電量販チェーン以上の低価格を特色として急速に売上を伸ばした。今回のデオデオとエイデンの経営統合は，そうしたチェーンの急成長に対する対抗措置の1つとみることができる。デオデオ，エイデンの両社とも差し迫った経営上の問題があるわけではない。また，デオデオは中国地方，エイデンは東海地方で最多のシェアを占めており，確固とした地盤をもっている。それでも北関東を拠点とする2社の全国展開を看過できない状況になったといえる。

　エイデンは名古屋市に本社があり，業界第7位の家電量販チェーンである。家電量販店の「エイデン」や，パソコンなどデジタル商品を主体とする「コンプマ

表 13-3　主要家電販チェーン（2001年度）

順位	社名	本社	売上高 (100万円)
1	ヤマダ電機	群馬	560,881
2	コジマ	栃木	495,980
(参考)	エディオン (デオデオ＋エイデン)	東京	425,411
3	ベスト電器	福岡	368,649
4	上新電機*	大阪	237,948
5	デオデオ (E)*	広島	234,736
6	ミドリ電化*	兵庫	203,215
7	エイデン (E)*	愛知	190,675
8	ラオックス	東京	179,804
9	ケーズデンキ	茨城	171,063
10	ソフマップ	東京	131,084

1) ヤマダ電機，ミドリ電化，ソフマップは単独売上高．その他は連結売上高（2002年2月期または3月期）．
2) (E)：エディオングループ．エディオンの売上高は，デオデオとエイデン売上高を単純合計したもの．
3) *：エディオンを中心とした業務提携参加企業．
（資料：各社「有価証券報告書」および日本経済新聞社「第30回日本の専門店調査」により作成）

ート」などを展開している．店舗数はグループ全体で「エイデン」が愛知県（38店），岐阜県（12店），三重県（9店）を中心に69店，「コンプマート」が東海地方と首都圏で28店などである（2002年10月）．

　2002年春に向けて経営統合準備が進む中，上新電機（本社：大阪市），ミドリ電化（本社：兵庫県尼崎市），ベスト電器（本社：福岡市）の各社との資本提携や業務提携も進めた．そして2002年3月，持株会社としてエディオンが設立された．その後9月には単独での全国展開を目指すベスト電器との業務提携を解消する一方，東北地方を地盤とするデンコードー（本社：宮城県名取市），北陸地方を地盤とするサンキュー（本社：福井市）と業務提携した．これにより，エディオンを中心とする業務提携グループは6社（デオデオとエイデンを別に数える）となり，おおよそ全国をカバーできるようになった．全国の家電市場は年間約9.5兆円であり，このうち業務提携グループで約1兆800億円の売上があり，全国で約1割，西日本に限れば3割弱という大きなシェアを占めている．

　エディオンは経営企画部，IT企画部，商品企画部，総務部，経理部の5つの

部によって構成され（2002年5月末現在），おもにグループ全体の戦略立案機能やオリジナル商品開発のコーディネート機能を担っている。

3.2.2 エディオン所在地の選択要因

このような両社によるエディオンの所在地は，広島（廿日市市）でも名古屋市でもなく東京都品川区が選択された。図13-4にあるように，デオデオの店舗網は中国・四国・九州地方を中心に広がっており本部は広島県廿日市市にある。一方，エイデンの店舗網は一部の関東地方の「コンプマート」を除いて東海地方に集中しており，名古屋市に本部がある。また，エディオン設立時点で業務提携・資本提携していた上新電機，ミドリ電化，ベスト電器の店舗網や本部所在地も西

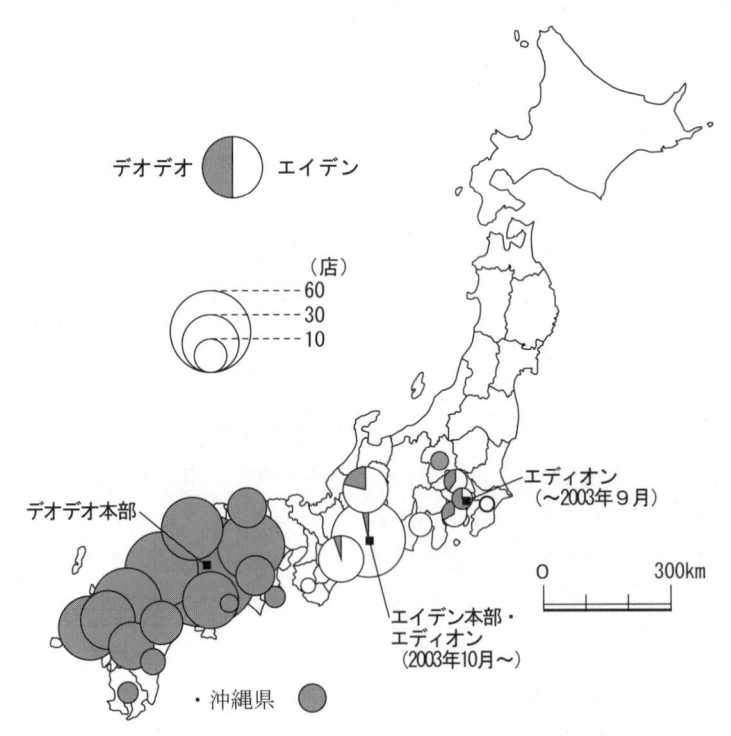

1) 店舗数は、デオデオは2001年3月，エイデンは2002年8月時点。
2) 店舗数にはフランチャイズ店を含む。

図13-4　エディオングループの店舗展開と本部所在地
（資料：『アニュアルレポート2001（デオデオ）』および
『エイデン会社案内2002-2003』により作成）

日本に偏っていた（第9章参照）。このような状況の中でエディオン所在地として東京が選択されたのはなぜであろうか。これにはおもに2つの理由がある。

　第1に，オリジナル商品開発の重視である。エディオンと業務提携グループでは，上位のナショナルチェーンと競争していくうえで単なる価格競争以外の付加価値を創り出すため，業務提携チェーンのみで販売するオリジナル商品に力を入れている。そのため，オリジナル商品の共同開発や商談において密接な関係が必要となる大手家電メーカーの本社や国内営業本部との近接性が重視され，東京が選択されたのである。

　第2に，結果的に西日本地域主体でスタートしたが，将来の店舗展開や西日本に限らない他社の合流を見込んでのものであった。このことは，デンコードーやサンキューとの業務提携，そして後述のように関東地方での店舗展開として具体化されつつある。

3.2.3　3つの本部の機能分担と経営統合の方向性

　デオデオとエイデンは，持株会社エディオンの下で経営統合したが，2002年から2004年にかけては，実際の統合の多くは計画段階あるいは実施に向けての準備段階にあり，前述のコンビニの場合と同様，2つのチェーンに3つの本部機能がある状況である。しかし，C&Sの場合とはかなり異なり，さらなる本部機能の再編が進みつつある。

　鍵となるのは，2004年4月に予定されている両社の商品部統合である。商品の仕入れやオリジナル商品の共同開発を担当する商品部の統合は，持株会社の下での経営統合という性格を変化させる可能性をもつ他，取引企業にも影響を与える可能性がある。そして，商品部の機能は他の本部機能と密接に関連しているため，その統合と移転は他の本部機能の立地移動も引き起こす。その結果，新しい商品部が立地した場所に，経理部門や販促部門も同行し，総務部門，ネットショッピング部門，情報システム部門なども集約される予定である。

　統合された新商品部の所在地は，デオデオ本部がある広島（廿日市市），エイデン本部がある名古屋市，両社の中間となる大阪[2]，そしてエディオンがある東京などが候補となりさまざまな検討がなされた。その結果，名古屋市が選択された。これは前述のようなエディオンの立地要因を考えると必ずしも最適な選択とはいえないが，実質的な経営統合をより迅速に進めるため，既存のオフィススペ

ースなどを利用でき，相対的に東京に近いことが理由である。そしてエディオンも，2003年秋には名古屋市に移転することとなった。すなわち，2004年春の商品部統合時には，商品部をはじめとする大部分の本部機能はエディオンに集約されることになる。その結果，デオデオとエイデンの本部機能は大幅に縮小されて，店舗開発部門[3]，店舗を巡回して営業指導をおこなうスーパーバイザー機能，庶務部門，情報システムメンテナンスの一部，エイデンとデオデオ独自の機能の部分などが小規模に残されるにすぎないであろう。

　さらに，エディオンでは今後，関東エディオンを設立して首都圏に「エディオン」という店舗ブランドで出店を進める計画である。このことは持株会社としてのエディオンが商品調達を含めてグループ全体の本部機能を担い，デオデオ本部，エイデン本部，関東エディオン本部がそれぞれの地区本部的機能を担うことを意味するものである。デオデオとエイデンの持株会社としてスタートしたエディオンであるが，商品部の統合，情報システムの統合，さらには店舗オペレーションの統一化や「エディオン」ブランドでの出店などを経て，より本質的な経営統合，実質的な合併へと進んでいると考えられる。

　さて，このような本部の移転集約はさまざまな方面に影響を与える。第1に，地域販社やメーカー支店とのつながりがますます少なくなる。これまで直接メーカー本社事業部との商談が多くなってきたとはいえ，人的応援などの面で地域販社とのつながりも依然として強いものがあった。商品部統合後はエディオンが商品調達機能を担うことになるため，地域販社や支店の存在意義や機能・テリトリーなどに関して再検討のきっかけになる可能性がある。

　第2に，デオデオもエイデンもそれぞれ広島，名古屋を地盤として成長してきた有力チェーンであるが，商品仕入に限らず，企業運営にあたって多数の地元企業とのかかわりをもちながら成長してきた。デオデオの場合，保険，車両リース，引越などさまざまな分野で継続的な取引をおこなってきた企業があるが，エディオン設立後は，間接材の購入や店舗副資材などについて入札制度が導入されたりしている。このことはエディオンにとってスケールメリットが得られる一方，旧来からの地元企業にとっては大幅な取引削減となる可能性がある。

4　小売業本部機能の空間的再編成と都市機能

　これまで一般に，企業本社は企業成長にともなって市場拡大や資金調達のために，より大都市へ，最終的には東京へ移転していくと考えられてきた。あるいは同一都市内部での移転の際には，従業員増加によりそれまでのオフィスが手狭になり，より広いスペースを求めた形での移転が多かった。小売業の場合は，従来からの商慣行や本部従業員の行動パターンからは本社機能の大都市都心部への立地の必然性は必ずしも大きくはない。そのことが，コスト削減を優先する場合には郊外への移転集約を進めることに現れている。

　一方で，そうした性格をもつ小売業本社でありながら，経営統合した事例をみると，いずれの場合も従来の店舗展開地域に固執せず持株会社の所在地として東京が選択されている。有力リージョナルチェーンが，より上位のナショナルチェーンに対抗していく場合には戦略的な提携をおこなう必要がある。とくに，全国スケールでグループ化を進める場合には，提携企業や取引先とのより密接な連携のための利便性という実質的な目的と，日本経済の中心であるという象徴的意味の両方の理由により，現在のところ東京が選択されていると考えられる。この場合，持株会社化は単なる業務提携ではなく経営統合まで進んだことに特徴がある。一方で，こうした経営統合は合併ではないため，事業会社の本社が東京以外の大都市（圏）にも残ることが特徴でもある。そしてどのレベルまで経営統合を進めるかによって，都市や地域経済に対する影響が異なってくる。

　本章の事例の場合，コンビニチェーンでは「サークルＫ」と「サンクス」という２つの店舗ブランドをそれぞれ強化していく方向を選択したことや，店舗展開地域が一部重複していることなどから，それぞれの本部が強い独自性を維持することとなった[4]。そのため本部人員も削減されていない。また，従来からの取引企業にとっても急激な取引減少にはつながらない。一方，家電量販チェーンの場合は，経営統合のメリットを発揮するためにはオリジナル商品の開発や商談の一本化が効果的であること，商談相手が既にメーカー本社との直接商談になっていること，デオデオとエイデンに対して別々のオリジナル商品が必要ないことなどから，重複業務の一元化を積極的に進め，実質的には合併に等しい効果をあげて

いこうとしている。このことは，持株会社化による経営統合の場合でも，実質的に地元有力企業の本社を失う大都市が出てくることを示唆している。

　企業は自社の生き残りのために，社内組織や企業間関係を再編し，必要に応じて事業所立地を変化させる。それが単にコスト削減やスケールメリットを追い続けるならば，時に都市にとっては従来維持してきた都市機能の一部喪失につながることもある。経営統合したコンビニチェーンと家電量販チェーンの事例からも明らかなように，有力リージョナルチェーンがより上位のナショナルチェーンに対抗していこうとした場合，少なくともグループ全体の経営戦略を立案するうえで東京が最適立地点となることは否定できない。今後も，オフィスの統廃合は続くとみられ，持株会社化も引き続き進むとみられる中で，東京以外の大都市においては，経済的中枢管理機能の維持を目的とした政策も必要と考えられる。

　一方，小売チェーンにとってコスト削減やスケールメリット追求は必然ではあるが，それと同時に，21世紀の小売チェーンは画一化された大量販売のみでは生き残りもさらなる成長も望めないはずである。エディオンが地域密着型企業の連合体を目指すとしているように，規模拡大を追求しながら，それぞれの商圏特性に合わせた対応ができる体制やシステムをいかに構築するかが課題となるであろう。

（伊藤健司）

［付　記］
　本章は「郊外移転と経営統合からみた小売業本部の空間的再編成」『名城論叢』(4-1, 2003) を再構成したものである．また本研究をおこなうにあたり平成13・14年度文部科学省科学研究費補助金若手研究（B），および平成14年度名城大学総合研究所特別推進研究費を使用した．本章の作成にあたり，事例企業の皆様には聞き取り調査や資料提供について大変お世話になりました．心より感謝しお礼申し上げます．

［注］
1) 本章では店舗ブランドを示す場合には「サークルK」のように「　」を付けて表記し，企業名の場合はそのまま表記する．
2) デオデオとエイデンの経営統合に向けての会議は，広島と名古屋の両方から新幹線を利用しての移動が便利な大阪で開かれた．
3) 店舗開発部門は一元化できるが，デオデオ・エイデン各本部にも残す予定である．

4) 本章は2003年春までの状況をもとに作成した．脱稿後，C&S，サークルK，サンクスの3社が2004年9月に合併し，サークルKサンクスとなる予定であることが発表された．

［文　　献］

伊藤健司 1997．合理化にともなう事務所機能の空間的再編―大規模小売業者ユニーの事例―．人文地理 **49**：121-141．

藤田直晴 1987．本邦主要企業本社の立地展開．経済地理学年報 **33**：45-56．

終章　変革期の流通と都市空間

　世紀の変わり目を迎えて数年がたった現時点でも，この新しい世紀がどのような時代となるのか，確たる像は見えていない。ことにわれわれ日本の社会は，長引く不況のなかで，山積みする当面の問題への対処に手一杯であって，これからの時代のあらたな展望を描く余裕を失っている。流通産業の世界もその例外ではない。消費低迷と不良債権に悩むその姿は，デフレ経済の象徴のように意識されている。

　なるほど，産業としての流通は戦後最大の困難に直面しているのだろう。しかし，社会・地域のなかでの流通の役割が失われているわけでは決してない。否，社会の構造が大きく変わろうとしている今日，人々の生活の根本を支えるインフラ，あるいは，都市／地域空間を維持し発展させる存在としての流通は，社会・地域の変化に対応した新しい機能を発揮すること求められているのである。

　本書の各章でおもに取り上げたのは，1990年代から2000年代初頭にかけての流通の動きであるが，この10数年間に，日本の流通はある種の達成と転回とを迎えているようにみえる。21世紀の流通と都市空間の新しい方向を展望するためには，20世紀末の10年間に進行した事態を総括し，新世紀を迎えて見えてきた新しい変化の芽を確認する作業が必要であろう。以下，本書のしめくくりとして，各章で取り上げた具体的事象の背後にある含意を整理し，日本の流通の今後を展望してみたい。

1　流通革新の到達点：1980年代

　1970年代から流通研究に従事して生きた筆者（荒井）らにとっては，本書で取

り上げられている90年代の流通各業態のあり様は，長らく続いてきた流通機構変革の行き着いた先のように感じられる。一世を風靡した「流通革新」論を先導した著作『流通革命』（林 1962）が出版されたのが1962年であるから，この議論が広まってから，80年代末で四半世紀ということになる。高度経済成長を背景としてはじまった流通革新の試みは，その後のオイルショック，バブル経済と，それなりの紆余曲折を経ながらも，まちがいなく具現化されてきた。食料品スーパー（SM），大型総合スーパー（GMS），コンビニ，ディスカウンターと先導役の業態こそ移り変わったが，チェーンオペレーションの原理を基に経営規模を拡大し，強大なバイイングパワーと蓄積された高度な経営ノウハウをもって日本土に市場を広げる，という図式はどの段階においても貫徹されてきた。筆者は，そうした変革の動きが，日本中がバブルの狂騒に酔いしれた80年代をもって，一応の到達点に達したと考えるのである。

　1960年代から70年代にかけて展開された流通革新の議論は，個々の具体論としてはかなりに錯綜していたとしても，その寄って立つ論理は結局のところ，「太く短い」流通チャネルの構築と，小売産業におけるカウンターベーリングパワーの形成，という2点に求められよう。前者は，何段階にも積み重なった中間流通と小規模零細な小売商とが形づくってきたそれまでの流通チャネルの非効率性を指摘し，複雑かつ非効率な中間流通を極力排することの利を説く一方，新しい小売の担い手としてのスーパーの可能性を称揚する。それに対して後者は，小売の小規模零細性を克服する手立てとしてのスーパー業態の可能性については同意するものの，より本質な問題は，店舗規模そのものよりもチェーンオペレーションを前提とした企業規模＝取引規模の拡大であって，無数の店舗を束ねた圧倒的なバイイングパワーをもって，メーカーに対するカウンターベーリングパワー（対抗力）を形成し，寡占メーカーの市場・流通支配を脱した多元的流通チャネルを構築すべきであるとする（佐藤 1974）。

　現実の問題として，日本のスーパー産業は歴史的にまれにみる成功を収めたことはまちがいない。1972年にダイエーが三越を抜いて以来，小売業の売上高首位は一貫してスーパー企業であった。終戦直後に零細小売商から身を起こした創業者たちは，軒並み立志伝中の人となり，バブル期の全盛時には財界の重鎮に擬せられる例も続出した。そうしたスーパー企業の急成長を具現化した原動力はまぎ

れもなく，チェーンオペレーションによる多店舗展開であったが，同時に，桁違いの大型店舗によるGMS業態の開発が進められ，全国を大型店舗網で覆うナショナルチェーンが形成された。一方で，規格化されシステム化されたコンビニ業態の開発によって，小規模分散性という小売業の宿命を克服する可能性を見出したことは，消費マーケットのもう一段階の深耕をもたらし，企業グループの規模を一層拡大することにつながった。高度成長期以降の世界最高水準ともいわれる日本の消費力を背景にしたナショナルチェーンのバイイングパワーは文字通り圧倒的であって，大量生産を旨とする通常のメーカーであれば，相当の無理を承知でも彼らの意向に合わせざるを得ない。直接の取引条件だけではなく，マーケティングの場においても，ナショナルチェーンの店頭にあつまる膨大な消費者についての情報は強い発言力を小売側にもたらしており，彼らからの情報を欠いては，どのような商品開発も成り立たない。たしかに，流通革新の結実として，流通産業は経済社会の中に確固たるパワーを築いたのである。

1960年代後半から進められたGMSの店舗網展開の主力は，おりしも，高度経済成長の波に乗って急拡大しつつあった大都市圏の郊外においてであった。そうしたスーパー産業の成功を目の当たりにして，既存業界もそれに追随する道を選んだ。都心立地が長年の常識であった百貨店も，住宅開発の進む郊外の拠点に出店展開する戦略をとった。GMSよりも遅れた百貨店業界の郊外展開は，オイルショック後の景気低迷に直面して一時期停滞するが，80年代のバブル期に再び活発化し，大手百貨店による郊外支店網が形成された（第1章参照）。

このようにGMSや百貨店といった大規模店舗網が展開されていった背景には，高度成長を背景とした大都市圏への膨大な人口流入とその受け皿としての郊外住宅地の急拡大があったことはいうまでもないが，80年代はそうした人口の郊外拡大が頂点に達した時期であった。高度成長期の人口流入の主力であったベビーブーマー（団塊の世代）は80年代に入ると住宅取得期の年齢に達し，その膨大な住宅取得需要は郊外へと向かった。時あたかも土地バブルの真っ盛りであり，庶民に手が届きそうな土地を求めて，住宅地開発は外側へ外側へと向かった。一方で，郊外住民となった団塊の世代は，あたらしい生活スタイルを捜し求め，独特の消費文化の出現も指摘されるようになった。「第4の山の手」という言葉が話題を呼んだのもこの頃である（アクロス編集室 1987）。団塊の世代は空前の（そして，

おそらくは絶後の）人口規模をもつ世代であるから，この時期の大都市郊外は，最大にして最後のマーケット拡大を経験したことになる（荒井ほか 2002）。

　もちろん，80年代の動きは大都市圏だけではない。80年代は，地方中心都市が著しい成長をみせた時期でもある。地方から大都市へという向都離村の流れが沈静化する一方，地方圏の中で県庁所在地クラスの中心都市にさまざまなものが集中する傾向が顕著になり，人口もまた大きく伸びた。そうした需要に対応して中心部の商業再開発と郊外住宅地へのSM／GMSの展開が同時に進み，地方中心都市の商業環境は面目を一新することになった。地方中心都市におけるこうした商業開発において大きな役割を果たしたのはナショナルチェーンの小売企業であったが，その店舗展開が一巡するにしたがって，彼らはより規模の小さい地方商圏に向かい，中小都市や農村地帯でも旺盛な出店意欲をみせるようになった。

　こうしたマーケットの好条件にもかかわらず，80年代は，一面ではナショナルチェーンの店舗展開が停滞した時期でもあった。1979年に施行された改正大店法は，実際の運用上，大型店の出店に厳しい制限を課すことになったが，1982年には通産省による出店抑制指導措置によって，全国的に新規出店が止まる事態に至った（日経流通新聞 1982）。バブルの80年代は，人口の動きの面では小売業にとって絶好の拡大機会であったにもかかわらず，大店法を中心とする規制によってそれが先送りされる結果を招いたのである。そうした事態に対応して，ナショナルチェーン各社は大型物販店舗以外の事業展開を模索したが，その解答は，ファミリーレストランの外食チェーンに象徴されるサービスシフトとコンビニチェーンの大規模展開であった。とくにコンビニは，きわめて高度な店舗／物流管理と長時間営業のノウハウを開発する一方，既存の零細小売商を組織化するフライチャイズチェーンの形態を利用して過大な投資負担を回避する手法によって，きわめて急速な店舗展開を進め，日本の小売業を席巻したといっても過言ではない（第6章，第8章参照）。

2　成熟と限界：1990年代

　本書の第1〜9章で取り上げられたトピックの多くは，1990年代に進行した現象である。上記のように，1980年代が流通革新が完成の域に達したにもかかわら

ず，法的規制によって大型店の積極的な店舗開発が抑制された時期であったのに対して，90年代の前半は規制緩和の進行にともなって，それまで先送りされていたさまざまな立地展開が一斉に進められた時期である。

80年代後半から激化した日米貿易摩擦は，その回避策としてさまざまな規制緩和の動きをもたらしたが，とりわけ象徴的に扱われたのが，大店法を軸とする大型店規制であった。82年以降の厳しい出店抑制の行政指導は89年に廃止，91年には大店法そのものが改正され，大型店規制の時代は終わりを告げることになった。また，新規出店の前提となる用地の面でも，土地利用規制が緩和され，取得が容易になる方向にあった（第4章参照）。とくに店舗展開のターゲット地域として最も注目を浴びた郊外では，市街化調整区域内での開発行為や市街化区域編入を弾力的に認める運用が80年代を通じて段階的に進められ（和多・小林 1990），幹線道路沿いの安価な農地を商業用地に転用する道が広がった。

大都市圏での食料品スーパーの積極的な郊外展開（第7章参照）は，こうした大店法改正による規制緩和後の出店展開の典型的な例である。80年代に住宅開発が大規模に進んだにもかかわらず，規制によって出店展開が先送りされていた大都市郊外の市場は，たしかに魅力的である。法的規制の足枷がはずされたとなれば，そこに店舗網を張り巡らし，一挙にドミナントを築こうとする行動は当然であろう。

一方で，大都市圏の巨大さはないとはいえ，地道な成長が続いていた地方中心都市でも出店規制緩和の影響は大きかった。地方中心都市では幹線道路沿いの平坦な農地が手つかずのままになっているところが多く，土地利用規制の緩和を受けて，ロードサイドに広大な敷地を確保し，低層の巨大店舗を建設するという手法での店舗展開が加速化された。そうした店舗開発では，ナショナルチェーンのスーパー企業の手になるGMS業態のものも多いが，ホームセンターや家電量販店などの専門店チェーン業態が急増したことが特徴的である（第9章参照）。豊富な品揃えと価格訴求に重点を置くこうした業態では，低コストの巨大店舗の確保が何よりも優先される条件であり，農地転用の規制緩和は店舗網拡大の追い風となったのである。

かくして90年代前半の時期，大手流通各社は規制緩和を追い風に，80年代に先送りされていた懸案を一気に具体化した。しかし，それは高度成長期以来，連綿

と続いてきた都市拡大の最後の流れに乗ったものであり，80年代までの業容拡大の構図が変わったわけではない。そうした意味でこの時期の出店ブームは，流通各社の企業成長が成熟段階に達する前の最後の輝きであったというべきかもしれない。

しかし，ブームは90年代の半ばに至って暗転する。株価の急落に端を発したバブル崩壊は，かつて経験したことのなかった地価の下落へと広がり，継続的な都市拡大を支えた右肩上がりの地価の神話と，それを担保とした金融のマジックは崩壊した。バブル期に限界まで外に広がった郊外住宅地は，住宅地価の全般的な下落にともなって急速に競争力を失い，造成後の土地にいつまでも家の建たない住宅地や，空き部屋が埋まらず，売値を大きく下げたマンションが続出することになった。そもそも，団塊の世代の住宅取得が一巡した段階で，新規の住宅需要が縮小に向かうのは当然であり，地価下落によって都心近くの住宅が取得しやすくなれば，都心から遠い新興住宅地が見向きもされなくなるのは無理からぬところであった。明らかに都市の外延的拡大という長く続いた流れは変わったのであり，郊外マーケットの限界が見えてきたのである。

もちろん，バブル後の不況の中では，家計消費そのものが低迷するのはやむを得ざるところであり，もともと消費需要の空間的密度が低く，商圏距離の限界からボリュームがまとまりにくい郊外では，大型店ほど採算ラインをクリアするのが難しくなるという構図が浮かび上がってきた。70年代から80年代にかけて大都市圏で立地展開した郊外型百貨店が軒並み閉鎖に追い込まれているという事実は，こうした構図の存在を如実に示している（第1章参照）。

反面，地価下落によって「手が届く」住宅価格が現実のものになった都心周辺部の地域では，人口の回帰現象が観察されるようになってきた。そうなれば，郊外との比較のうえでは堅調な需要が見込める市場として，都心周辺部が注目を集めるのは当然であり，小振りの食品スーパーやコンビニを中心として小売の都心回帰が進んだ。これには，地価下落によって店舗スペースのコストが低下し，小型店であれば都心近くでも新規出店が容易になってきたという事情も加わっている（第3章，第7章参照）。

バブル崩壊後のこのような変化は大都市圏に特徴的であるが，長引く不況の影響は，大都市圏に止まらない。地方都市でも大都市郊外と同様な構図で大型店が

苦戦する状況がみられるが，地方都市に起源をもつ専門店チェーンは，そうした逆境をむしろ逆手にとって攻勢に転じようとしている。価格訴求を信条とするこうしたホームセンターや家電量販店などのディスカウント業態は，消費低迷には比較的強い体質をもっているが，厳しい不況の中で，同業他社との競争はやはり激しくなる。そうした競争に勝ち残るために，もともとの地域テリトリーを超えて店舗網を展開し，スケールメリットによる競争力の向上を目指す。90年代後半から激烈となった大手専門店チェーン同士の競合は，こうした成長戦略がもたらした必然的な結果である（第9章参照）。もともとテリトリーを異にする地方大手チェーン同士が合従連衡し，全国制覇を目指す動きもこうした文脈の中で理解されるべき現象であろう（第13章参照）。

　だが，バブル崩壊で最も深刻な影響を受けたのは，莫大な不動産担保債務を抱えていた大手流通チェーンであることはいうまでもない。自前の土地を担保に金融機関から借り入れた原資によって，あらたな店舗用地を取得し，それを再び担保として，次の出店を進める。右肩上がりの地価を前提とすれば，きわめて巧妙な店舗展開の手法であり，実際，バブル期までは，業容拡大を支える仕掛けとしてうまく機能してきた。まして地価が高騰したバブル期には，不動産担保によって潤沢な資金調達が可能になり，調達された膨大な資金は流通の本業に限らず，ホテルやスポーツ施設などさまざまな多角化事業につぎ込まれた。しかし，バブルの崩壊によって，不動産担保融資のマジックを使った「高度成長型モデル」は立ち行かなくなり，ダイエーやそごうなど「土地自前主義」の大手チェーンは一挙に経営危機に陥った。それに対してイトーヨーカ堂やイオンなど，土地資産を極力保有せず，バランスシートをスリムなままで保った「成熟型モデル」のチェーンは金融危機からは距離を置き，経営の安定を保った（第5章参照）。このように分かれた明暗をもって，「高度成長型モデル」を批判するのはやさしいが，高度成長期以来，大手チェーンがこれほどまでに急成長する土台の一角をなしたのが不動産担保融資であったことを否定することはできない。昨今の経営危機の元凶は，バブルの崩壊そのものというよりは，急速な事業拡大による売上増を前提としなければ，借り入れの利払いも滞るような経営体質にあり，市場が飽和に近づき事業拡大の余地が乏しくなった成熟期にあっては，早晩，経営が行き詰まざるをえなかったとみるべきであろう。

20世紀の最後の10年は、日本の経済社会が成長から成熟へと大きくコーナーを曲がり、それとともに、成長を前提にあらゆるものを組み立ててきた戦後の流通産業が、はじめて根本的な限界にぶつかった時期であったといえよう。

3 社会のリストラクチャリングと流通のブレークスルー：21世紀を迎えて

かくして、20世紀から21世紀という変わり目は、日本の流通にとっても「戦後」を締めくくる大きな転換点であった。それでは、これからの21世紀初頭の時期に、流通と都市空間にどのような事態が起こるのか。この先の見えない時代にあって、将来を論ずるのはもとより困難なことではあるが、あえて大胆な予想を立ててみたい。

筆者は、ここしばらくの日本の流通を理解するためのキーワードは①二極化、②国際化、③個別化、④情報化であろうと考えている。しかし、これらはこれからの日本流通のブレークスルーを予想するキーワードである以前に、日本社会や日本経済の動向を読み解くためのキーワードである。この世紀の変わり目は、たしかに流通の転換点でもあったが、より根本的には、われわれの社会の成り立ちが大もとからリストラクチャリングされようとする社会の転換点であったのではないか。だとすれば、流通の今後を読むためには、21世紀の社会のあり様から考え始めねばなるまい。

3.1 社会構造の二極化と流通の二極化

さて、最初のキーワードは「二極化」である。この二極化は、社会構造そのものと、それに対応した流通チャネルの構造の両面にまたがって進むものであろう。

今、日本では長引くデフレ不況の中で、企業の「リストラ」が進んでいる。「リストラ」の内容はいろいろいわれてはいるが、結局のところ、早期退職や給与体系の見直しによる人件費の削減が大きい。人手の足りないところは派遣やパートの社員で埋めるだけにするから、正規職に就ける新人は激減しており、空前の就職難を迎えている。正社員ですら実質的な給与の引き下げが頻発する中で、派遣やパートの社員は厳しい待遇に甘んじざるを得ない。まして、いったん職を

失った人は，かろうじて新しい職をみつけられたとしても，大幅な収入減となるのがあたり前である。

　それでは，こんな憂鬱な日々はいつまで続くのだろう。バブルの後遺症である不良債権問題が片づき，景気が上向けば，ものごとは改善するのだろうか。1970年代から80年代にかけての欧米での経験は，事態がどうもそんな短期的な問題ではないことを教えてくれる。

　周知のように，70年代前半のオイルショックの後，日本が比較的早く経済的混乱から立ち直ったのに対し，欧米の先進各国の不況は80年代に入るまで続いた。都市社会学者のカステルは，70年代の欧米社会の苦境を，1930年代の大恐慌以後のニューディール政策に端を発し，戦後の欧米社会の繁栄をもたらした国家管理型の資本主義モデルの行き詰まりとみる。80年代に入って彼らが立ち直りをみせるのは，それに代わる新しいモデルに沿った社会のリストラクチャリングが進み始めたからで，そこではサッチャーリズムやレーガノミックスに象徴されるように，経済へのケインズ流の国家関与が退けられ，規制緩和や国際化を通じて生産性の向上が図られる。このモデルに基づく産業社会では，企業活動のフレキシビリティが追求されるため，パートやアルバイトなどの非正規雇用が広がる。一方で，急速に進歩・普及する情報技術を前提として，オートメーション化による労働力の代替可能性が高まり，正社員ですらも企業が要求する労働条件の引き下げを受け入れざるを得なくなる。それに対して，中枢管理機能を担う専門職，あるいはハイテク企業の技術者たちの需要は拡大し，彼らは高い収入を得る。こうして，労働市場には二重構造が生まれ，「デュアルシティ」と呼ばれるいびつな都市社会が形成される（Castells 1989）。

　同様な指摘は1980年代にブームになった世界都市論にもみられる。「世界都市」は産業活動のグローバル化のなかで，その拠点としての地位を得た都市が隆盛をきわめるというコンセプトであるが，その代表的論者フリードマンは「世界都市仮説」の中で，世界都市のグローバルな中枢管理機能を担う大企業本社，あるいは国際金融などの高次の対法人サービスにかかわるエリートは高い収入を得るが，一方で，製造業，対個人サービスなどで働く膨大な未熟練労働者は低賃金に甘んじ，分極化が進んでいることを指摘している（Friedmann 1986）。

　これらの議論に描かれた社会のあり様は，21世紀を迎えた現時点での日本に驚

くほどよく当てはまる。日本の経済社会は70年代のオイルショックを何とかくぐり抜け，欧米産業の不振に乗じて80年代のブームを迎えたが，彼らにほぼ20年遅れて，同じような社会のリストラクチャリングを迫られている，というのが今日われわれが直面している事態である。であるならば，今起きている「リストラ」や就職難が短期的なもので終わることはない。失業者で街が埋まるという事態にはならないにしても，賃金体系の見直しや非正規就業へのシフトによって，多くの勤労者の実質所得は低下せざるを得ないであろう。最近のベストセラー『年収300万円時代を生き抜く経済学』(森永 2003) というタイトルがいみじくも語るように，庶民の所得水準が今までの半分程度になってしまうという予想も荒唐無稽とは言い切れまい。一方で，世界都市論が予想するように，トップエリートのサラリーマンや成功した自営業者は，むしろ今までよりも高い収入を得ることになろう。社会の構造は明確に二極に分解し，少数のお金持ちとその他大勢という図式が現実のものになるのである。

　今後の日本の流通業界がこうした社会の二極化に対応しないで済むはずはない。戦後の流通革新の成功は，疑いもなく，高度経済成長にともなう所得水準の上昇と平準化を背景として出現した中間層のボリューム・マーケットをうまくつかんだことにある。国民の9割が中流意識をもつという史上まれにみる社会であれば，所得水準の上昇に見合った付加価値を取れる消費ニーズを先取りし (「生活提案」などと呼んで)，それをボリューム・マーケットに投入してビジネスとしての規模拡大を図るという路線を描くことは容易である。あとは，同じような路線を歩もうとする同業他社との競争のなかで生き残ることを考えればよい。

　流通革新がはじまってこの方，大手各社の行動様式は驚くほど似かよっていた。それを，日本人特有の横並び意識などとはいうまい。なによりも，マーケットの条件そのものから割り出される最適解があまりに明解であったため，各社がそこから自らの具体的な経営戦略を描こうとしても，どれも似たような答えにならざるを得ないということだったのではあるまいか。

　しかし，今や，そうした中流神話は崩れようとしている。社会＝消費の二極化が進む状況の下では，付加価値追求とボリューム拡大を同時に追い求めることには無理がある。少数派である高所得層はあいかわらず高級良質の商品を志向し，それに見合った価格を受け入れるであろうが，多数派の庶民は価格により敏感に

なっていくであろう。品質を訴求し付加価値を追求すれば，高い利益率を実現することができるが，そうした業態が相手にしうる消費者の数は限られるから，どの企業もが取りうる路線ではない。全体の7割とも8割ともいわれている残りの層に対しては，徹底した価格訴求で臨むほかあるまい。もちろん，それではたいした粗利率は取れないから，厳しいローコスト・オペレーションによって経費を削減する同時に，規模拡大によるボリューム追求を進めて営業利益を確保する方向にならざるを得ない。かくして，これからの流通産業は「品質訴求＝付加価値追求」業態と「価格訴求＝ボリューム追求」業態の二極への分化が進むであろう。

　もちろん，こうした業態の分化はこれまでも存在した。あくまでも高級感を売り物にする百貨店と低価格を全面に出すディスカウンターの違いは，たしかにこの分化の図式に当てはまる。ただし，これまでの（少なくとも日本の）同質的なマーケットでは両者のターゲットは互いに重なっていた。その違いは，いわば「ハレ」と「ケ」という場面の相違であって，顧客の層が大きく異なっていたわけではなかった。だからこそ，たとえばスーパーが高級衣料や家具・家電を取り込んだ GMS で百貨店に近づき，一方で，百貨店がチェーン展開と品揃えの絞り込みでスーパーに近づくという現象があちこちでみられたのである（第2章参照）。

　しかし，同質の消費者が使い分ける場面場面に対応させて業態を差異化させるという，いわば「使い分け論」が今後も通用し続けるか否かについては再考の必要があろう。社会の二極化の下にあっては，両極の消費者が求める購買機会の質の差は，単なる「ハレ」や「ケ」の違いに収まるまい。今後，流通企業は自らのターゲット層を明確に選定し，その層に合わせた訴求点を鮮明に打ちだすという決断を迫られることになる。各社がその決断に沿って，自社の店舗・チャネルづくりを進めていくことが，すなわち流通の二極化である。

　もちろん，日本ではこうした社会のリストラクチャリングははじまったばかりであって，まだ社会構造の決定的な二極化が現実のものになっているわけではない。したがって現時点で，ここで予想したような「社会の二極化＝流通の二極化」という図式は現実の流通の世界でそれほど明瞭に観察されるわけではない。しかし，最近，報告されている事例のなかには，この図式に沿った動きの芽とおぼしきものがみられる。たとえば，このところ大都市圏で注目を浴びている「高

級スーパー」の台頭に，流通の二極化の流れを読み取ることができよう。

　「クイーンズ伊勢丹」や「成城石井」に代表されるこれらのスーパーは，店舗規模，チェーン規模とも決して大きくはないが，高級食材や品質重視のPB商品など，品質訴求のマーチャンダイジングを特徴としている（第12章参照）。高級スーパーは一般の食料品スーパーやGMSなどのように低価格を前面に出さず，ロスリーダー（目玉商品）も置かない。一見，割高の価格はラインアップされた商品の品質に見合ったものだと主張する。彼らの店舗立地の基本は，住宅地のなかの小商業地だから，決して「ハレ」の場ではない。あくまで自宅で使う食料品という日常性の中での高級感の追求である。

　こうした高級スーパーの店舗が小規模なのは，二極化の図式に照らして当然である。日常性のなかの高級感に財布のひもをゆるめる余裕のある消費者はそう多くはなく，ボリューム追求はありえない。低密度の郊外住宅地のなかで集めうる顧客数では，小規模店舗という選択肢しかなかったのである。郊外にある店舗の中には小規模であるにもかかわらず，かなりの台数の駐車場を備えるものもあるが，それは彼らの顧客の分布がいかに低密度であるかを示唆している。そうした駐車場を観察すると，休日には見事に外国車が並んでおり，顧客層の違いを実感させる。

　高級スーパーが「品質訴求＝付加価値追求」業態の萌芽であるとすれば，「価格訴求＝ボリューム追求」業態の典型的な例がスーパーセンターである。スーパーセンターは食品スーパーとホームセンター，ディスカウントストアを組み合わせた大型の複合店舗で，ウォルマートが1990年代からアメリカで展開しているものがはじまりとされる。スーパーセンターの店舗は郊外や農村部の広大な敷地に平屋の店舗を建て，売場面積1万m²以上，巨大駐車場が併設される。品揃えはあらゆるカテゴリーに及び，いずれもこれまでにない低価格を売り物にしている。そのために，徹底的なローコスト・オペレーションが追求され，建物やディスプレーは簡素，売場は倉庫を兼ねるために商品が山積み，といった店舗づくりがなされる。パート比率を高めることによる人件費の節減や広告費の圧縮も徹底している。

　日本のスーパーセンターは北陸や九州といった地方の企業に手によって業態開発が試みられた（第12章参照）。地方の農村部ではデュアルシティのような極端

な社会の二極化の図式は当てはめにくい。専業農家に限らずとも，一般庶民の名目的な所得水準は決して高くはなく，今でも，大都市で今後進むであろう二極化の下層の水準を大きく上回るものではない。もちろん，住宅費などは都会に比べて圧倒的に安いから，実質的な余裕は見かけよりはるかにあるが，フローの支出はどうしても抑えざるを得ず，いきおい価格志向は強くなる。スーパーセンターはこうした地域のマーケット特性にうまく合致し，圧倒的に豊富な品揃えと相まって，消費者の強い支持を得ているのである。

　現在のところ，スーパーセンターは地方の農村部に展開されているが，今後，大都市圏の郊外を含めて全国に広がりそうな情勢にある。既存GMSの不振に悩む大手スーパー各社もスーパーセンターに注目しており，たとえばイオングループは近い将来に100店以上のスーパーセンターを出店する計画を発表している。スーパーセンターの元祖ウォルマートの傘下に入った西友も，そのノウハウを活かした出店を検討しているとも伝えられている。さらに，北関東や近畿圏のリージョナルチェーンの店舗網拡大の動きもある（日本経済新聞 2003年8月25日付夕刊）。当面，このスーパーセンターを1つの軸として，「価格訴求＝ボリューム追求」業態の拡大が進むことが予想される。

3.2　流通のグローバリゼーション

　ところで，こうした社会の二極化をもたらす原因となっているグローバリゼーションの進行は，流通の世界においても例外ではない。たとえば，1980年代には日本の百貨店やスーパー企業の間に，アジアを中心とした海外進出ブームが起こり，かなりの数の百貨店やGMSが出店された。しかし，90年代には日本企業による海外出店は激減し，既存店さえも閉鎖・撤退が相次いでいる（川端 2000）。日本国内の本業の不振が続いている現在，日本企業が再び海外に積極的に打って出ることは考えにくい。むしろ，当面，注目すべきは外国の流通資本が日本に進出し，出店攻勢をかける可能性であろう。

　これまで日本の流通の世界では，外資参入が何度も噂されては日の目を見ないことが繰り返されてきた。外国流通業が本格的に日本に上陸したのは，大型店規制をめぐる大変な物議の末に1992年に相模原に1号店を出店した「トイザらス」だから，まだ10年ほどしかたっていない。「トイザらス」は玩具・文具に特化し

た専門店チェーンだが，日本のスーパー企業に相当する総合チェーンの進出となると，「コストコ」（1999年），「カルフール」（2000年），「メトロ」（2002年）と数えるほどしかない。いずれも衆人注目の下，鳴り物入りの登場だったから，その成否に関心がもたれたが，今までのところ業績好調とはいえず，出店店数もわずかなものに止まっている。同じアジアでも，中国，台湾，タイ，マレーシアといった国々では，90年代にこうした欧米系の小売企業が積極的に店舗展開を進めているが，日本はそうした動きの埒外にあるようにもみえる（第11章参照）。

　これまで，欧米系の小売企業が日本への進出を果たせなかったことについては，いくつかの理由が考えられる。地価が高く，さまざまなしがらみから手当のつきにくい用地，長年のつき合いが幅を利かせ，よそ者をなかなか受け入れようとしない調達チャネル，日本の消費者の独特な嗜好，等々に加えて大型店の法的規制が続いたことも上げられよう。

　しかし，これらの理由を並べるだけでは，彼らがアジアの他国へは進出でき，日本ではできなかった差を本当には説明できない。彼らはアジアのみならず，南欧・東欧，南米などの地域にも出店を進めており，グローバルな店舗展開を基本戦略としている。彼らこそ，まさに流通におけるグローバルスタンダードといってもよい企業である。日本進出に障害があるとすれば，そうした彼らのスタンダードと日本のそれにズレに起因するのではないか。

　「カルフール」に典型的にみられるように，グローバル展開を進めている流通企業が基本とするターゲットは，新興国／地域で経済的実力を付けつつある中間層である。先進国の中核マーケットを狙った外国進出は多くが挫折している（川端 2000）。一方で，彼らのマーチャンダイジングは，自国では決して高いグレードであるわけではなく，むしろ低価格を武器にボリュームを売るタイプの企業であり，上記の「流通の二極化」の図式でいえば，「価格訴求＝ボリューム追求」業態にあてはまる。それに対して，日本のこれまでの中間層マーケットは，徹底的な価格訴求に反応するにはあまりに品質志向が強く，価格抵抗線の低い新興国では圧倒的な競争力を発揮した店舗づくりが，日本では通用しなかったのである。長年の経験から価格と品質との微妙なバランスを取るのに長けた日本のスーパー企業に慣れた日本の消費者は，グローバルスタンダードとはあまりに異質だったということであろう。

しかし，繰り返していうように，日本の中間層もこれからは二極化するだろう。その多数を占める方の極は，今より大幅に所得を落とした消費者層である。「価格訴求＝ボリューム追求」路線を追求してきたグローバル流通企業にとっては，その競争力を発揮する大きなチャンスである。もとより，日本での店舗開発とオペレーションの難しさは残るであろうから，先行の日本流通業を直ちに圧倒するといった事態は考えにくいが，提携や買収という形で既存の日本企業を傘下に入れ，そこに本体のローコスト・オペレーションのノウハウをつぎ込んで，日本型の「価格訴求＝ボリューム追求」業態を開拓するというシナリオは十分考えられる。そうした意味で，西友を傘下に入れたウォルマートが，今後，どのような路線をとるかきわめて注目されるのである。

3.3 流通の個別化

さて，21世紀の流通を考えるキーワードの3つ目は「個別化」である。個別化とは聞き慣れない言葉だろうが，後述するように，最近，マスコミなどでよく使われている「顔の見える○○」という表現に象徴されるいろいろな動きの背後にあるコンセプトを「個別化」と呼ぼうとするのである。このコンセプトに関連するトピックは，これまでの章ではほとんど扱われていないので，ここで少し具体的な事例をあげて考えてみたい。

ここで個別化と呼ぶ動きが注目されるようになったのは，BSE騒動や乳製品食中毒事件などに端を発して，食品の安全性に対する消費者の不信感が高まったことが契機となっていることはまちがいない。とくに食品の産地や生産日付の表示が偽装されている事例が相次いで発覚したことから，自分たちが食べているものの素性がよくわからないという不安が広がり，それを払拭することが流通関係者の大きな課題となってきた。

そこで，食品に対する信頼回復のための有力な手段として浮上してきたのがトレーサビリティである。簡単にいえば，トレーサビリティとは「商品がいつ，どこで，どのように生産・流通・販売されたかという履歴を消費者が容易に把握できるようにすること」であり，かならずしも食品に限られたものではない。ただし，食品の場合は，生産者に生産記録をつける習慣がない，集出荷や市場取引の際に商品を個別に扱う体制になっていない，といった問題から，まったく新しい

手法を構築する必要があり，最新の情報技術を駆使したシステム開発が試みられている。

　トレーサビリティの体制が最も早くつくられたのは，BSE 問題に直面した牛肉の分野で，2002年から03年にかけて法体制が整備され，牛の個体識別情報を一元的に登録・管理し，生産・流通の各段階でその情報を記録・伝達・提供するシステムが完成しつつある。消費者は，販売店の店頭や商品パッケージに記された個体識別番号を各地の食肉団体のホームページに入力すれば，その牛の生産者，飼育方法などについての情報を見ることができる。この個体識別番号は，焼肉店やステーキ店などでも掲示が義務づけられているから，外食時でも，食べた肉の履歴がわかることになる。

　牛肉の場合は，BSE 対策もあってトレーサビリティシステムへの参加が法的に義務づけられたが，それ以外の食品にもトレーサビリティは広がっている。農水省はトレーサビリティシステムの普及を図ろうとしており，2001年度から各種の品目について開発・実証試験を業界団体と共同で進めている。また，03年度からは「トレーサビリティシステム導入促進対策事業」が実施され，情報関連機器，データベース作成などの導入費用の補助が行われようとしている。

　また，業界団体や大手流通企業にもトレーサビリティ確保のための体制づくりを行っているところが出てきている。たとえば，全国農業協同組合中央会（全農）は米や牛肉などを対象とする認証制度である「全農安心システム」を2000年から立ち上げている。これは，農産物の生産・流通基準を設定して，その遵守を第三者機関によって検査，認証するもので，その基準は一般に公開されるために，トレーサビリティの要請に応えることもできる。米の場合（「米の安心システム」），牛肉のような個体識別はありえないので，産地ごとの栽培基準や栽培記録をトレーサビリティ情報として公開する一方，精米工場の認証も行い，産地の偽装や混入などがないことを保証している。店頭の商品には産地と精米工場の情報が表示されているので，消費者は全農あるいは販売店のホームページで，生産・流通情報を入手することができる。

　大手流通企業の例では，イトーヨーカ堂が2002年から「顔が見える野菜」や「顔が見える果物」というシステムを運用している。これは，生産者個人・品目単位に ID を付与し，その ID 付きのシールを商品に貼付して出荷。消費者は購

入した商品のシールに記された ID をイトーヨーカ堂のホームページに入力すれば，生産者と生産方法を閲覧することができる．

このように，食品のトレーサビリティ確保の技術的手段は着々と開発されてきているが，これが実際どの程度，利用されているかはいささか心許ない．各社のホームページ上では，あまり目立たない扱いとなっているし，詳しい説明が付けられていないところもある．たしかに普通の消費者にしてみれば，買った米や野菜の生産情報をインターネットで1回1回調べるなどということはあまりに面倒で，日常的に行われるようになるとはとても思えない．しかし，それでは消費者は「顔の見える流通」にあまり関心がないのかというと，必ずしもそうではないと思える．その例として，産地限定商品の増加をあげることができる．

産地限定商品は，通常は産地を特定せずに扱われている農作物などについても，生産地の範囲を明記して販売するものである．たとえば，代表的な統制品として，どこで生産されたものも画一的に扱われていた米でも，産地を指定した取引が広がっている．旧食管法時代には，自主流通米といえども都道府県単位での取引が行われていたが，95年の新食糧法施行前後から，より狭い産地単位の扱いがはじめられた．自主流通米市場にも魚沼や佐渡などの特定産地の銘柄が上場されたが，県経済連（現・全農）扱いの一般米でも産地指定による取引が受け付けられるようになった．一般米の場合，売渡価格は県単位で同一なので，産地指定であっても価格が上がることはなく，調達コストに敏感な大手スーパー向けの商品開発が相次いだ．全農新潟によれば，2002年度現在，管内40農協中35農協が何らかの形で一般米の産地指定を受けており，全出荷量の約1/3を占めている．指定される産地の地域範囲は相当に小規模な場合もあり，たとえば全農新潟から卸売業者の東京山手食糧を通じて，大丸ピーコックに納入されている新潟県の JA 黒川村などは約500戸，耕地面積 600ha 程度の小規模産地である．

こうした産地指定米の広がりには，減農薬や有機栽培作物が人気を呼んだのとは少し異なる事情があると考えられる．一般米として扱われている産地指定米は，特段，栽培法などを指定しているわけではなく，ただ，産地を明記してあるだけである．したがって，安全性をうたった販売も行われていない．それでも，店頭での売れ行きはよいらしく，大手スーパーの棚には各地の産地指定米が並んでいる．

同様な産地限定商品の設定の例は野菜でもみられる。西友は1998年から首都圏の一部の店舗で，JA甘楽富岡から直送した野菜をインショップ形式で販売しているし，大丸ピーコックもJA山武郡市生産の野菜のインショップ販売を2002年にはじめている。産地の限定ではないが，生産者を限定する方式をとっているスーパーもあり，いなげやは「生産者限定」（2002年から），マルエツは「育ちはっきり野菜」（2003年から）というブランドで販売している。野菜の場合は，米より安全性が標榜される傾向があり，栽培履歴を義務づけている例もみられるが，栽培法には特段こだわらないところも存在する。

さて，こうしたトレーサビリティの追求や産地／生産者限定商品の広がりの真の意味はどこに求められるだろうか。「消費者の安全意識の高まり」とはよくいわれるが，減農薬や有機栽培によるものがそう多いわけではないことが示唆するように，厳密な意味での安全性がすべての場合で追求されているわけではない。実際，細かな生産履歴を示されても，その内容を判断できる消費者はほとんどいないだろうから，完璧なトレーサビリティシステムを構築したとしても，現実の効果としては，万一の事故に対する備えにしかなるまい。それでも産地や生産者を明示しようとするのはなぜか。

それは，「顔が見えること」による安心感を消費者が求めているからではあるまいか。生産地の場所や生産者の名前がわかったからといって，それだけで，品質や安全性が保証されるわけではない。それでも，「こんな場所で，こんな人が作りました」といわれれば，何となく安心する。たしかにそんな心理が消費者にはある。その心理は，頭で考える理屈というよりは，場所や人に対するアイデンティティに帰着されるような深層的なものであろう。流通大手はそうした心理を嗅ぎ取り，巧みに対応することによって商機を広げようとしていると考えれば納得がいく。この間の一連の動きの原因は「安全意識」ではなく，「安心欲求」の高まりであったと理解すべきではないのだろうか。

少し大げさにいえば，こうした安心欲求の高まりは，20世紀後半に進行した流通革新の反動と考えることもできよう。流通革新は，フォード流に大量生産された製品を大衆の手元に届ける大量流通の役割を確実に実行するための装置づくりのプロセスであったと解することができる。規格化された同じ製品を大量に売るのが大量流通なのだから，そこには場所や人に対する思い入れなどといったセン

ティメントが入り込む余地はない。野菜や果物ですら，規格を揃えた数量の確保が優先され，ナショナルブランドの工業製品にできるだけ近づくことが理想とされた。大きさの揃ったまっすぐなキュウリ，完熟前に収穫され人工着色されたリンゴなどはそれを象徴している。

　たしかに，流通革新の結果，だれでも，いつでも，一定のものを，確実に，比較的安価に手に入れることができるようになった。しかしその結果，生産の場と消費の場は流通によって切り離され，はなはだ遠いものになってしまった。消費者は自分が買ったものが，どこでどのように作られたのかを簡単に知ることはできない。それでも，つい最近までは，低価格が実現できるのであれば，直接相手にする店とその背後にある生産・流通システムを信頼して，その前の段階は問わないという意識が消費者にはあった。だが，そうした信頼感は，一度システムが齟齬をきたすと一気に崩れる。消費者は今まで毎日買い物していた商品が，いかに画一的で「顔の見えない」流通チャネルを通して流れてきていたのかに気づいた。産地や生産者を知りたいというのは，単に生産現場に対する不信からではない。むしろ巨大なブラックボックスと化してしまった流通チャネルの不気味さに対する漠たる不安が根元にあるのであろう。だからこそ，産地の風景や生産者の顔写真を見ると消費者は安心するのである。

　だとすれば，「顔の見える流通」の試みは，戦後一貫して進展してきた流通の「大量化」と反対の動きと捉えられるのではないか。大量流通においては，同一種類の商品はどれも同じであり，いわば匿名のものとして扱われる。一方，「顔の見える流通」では，同じ商品でも産地や生産者の名前を冠した個別のものとして扱われる。そのように，流通チャネルにおいて，商品を一緒くたにではなく，できるだけ個別に扱おうとする変化を，ここでは流通の「個別化」と呼ぶことにしよう。

　流通の個別化を大量流通に対置されるコンセプトであると考えると，それに当てはまるさまざまな例を考えることができる。スーパーで地方の小規模メーカーの味噌・醤油や豆腐を並べる。酒類売場で地場の日本酒を扱う。そうした，しばらく前から見かけることが多くなった光景も，見方によっては流通の個別化と捉えることができよう。食品以外でも，普通では手に入りにくい雑貨を豊富に揃えた東急ハンズのような例がある。また，今やすっかり定着した感がある産直や急

速に普及しつつあるインターネット通販なども，大量流通のチャネルを通さないという意味で，個別化された流通の一種と呼んでよいのではないか。とすれば，近年，流通の世界で起こっているさまざまな現象は，流通の個別化という共通のキーワードで説明することができそうである。

では，流通の個別化は，現実の流通チャネルの形態にどのような変化をもたらすであろうか。考えてみれば，流通の個別化というコンセプトは上述の高級スーパーのマーチャンダイジング・コンセプトとかなり重なっている。高級スーパーは画一的な大型スーパーの商品ラインとはひと味違った品揃えをセールス・ポイントにしているから，その調達はどうしても個別化されざるを得ないのである。そうした意味では，高級スーパーは流通の個別化を体現した業態であり，このところの急成長も納得できる。一方，スーパーセンターのような価格訴求を旨とする業態は，個別化に対応しにくい。低価格を追求しようとすると，大量仕入れによる調達コストの削減を優先せざるを得ないからである。実際，現時点でみられるスーパーセンターの店舗づくりでは，個別性を打ち出そうとする兆候はほとんどみられない。

高級スーパーとスーパーセンターの両極に挟まれた，大手スーパーは微妙な位置にある。上で指摘したように，彼らは現在，野菜などで「顔の見える流通」に取り組みつつあるが，その扱い比率は数パーセントに過ぎず，多くは在来型の流通品である。今後，ある程度は扱い比率が上がるとしても限界はあろう。そもそも現在の規模の売場を埋められるほど「顔の見える商品」を調達することは難しいのである。自らの出発点であった価格訴求の路線をそう簡単に放擲できるかという問題もある。今後，かれらは難しい選択を迫られよう。高級スーパーに近づいていくのか，スーパーセンター型へ転換するのか。もし，そのいずれの決断もできないとすると，産地インショップやトレーサビリティシステムなどは店舗イメージを維持するための飾り窓と割り切るしかなかろう。今後予想される競争激化の中で，そうした，いわば甘い選択がはたして許されるものであろうか。

3.4 情報化の桎梏と可能性

最後の「情報化」は21世紀に向けたキーワードという以前に，20世紀最後の20年間を決定的に特徴づけた動きであったというべきであろう。情報処理技術と電

気通信技術とを融合させた情報技術（IT）は，産業社会のあり方を大きく変えた。なかでも，商取引そのものが企業活動の根幹をなしている流通産業では，POS, EOS, VAN といった商取引を支える新技術が1980年代以降，次々と導入され，単に後方業務を効率化して事務コストを引き下げるといったレベルではなく，取引の少量多頻度化やリードタイムの短縮によって，配送システムの構造を変え（第6章参照），さらにはPOSや受発注・在庫の単品管理などを前提として，これまでにない新業態を生み出すなど，まさに産業のあり方そのものを揺ぶる甚大な変化がもたらされた。そうした流通産業における情報化の可能性を，最も集約的に，かつ鮮明に具現したものが日本のコンビニエンスストアであったことはいうまでもない。

一方，90年代半ば以降は，真の革命というべきインターネットの爆発的普及への対応を模索し続けた時期であった。21世紀初頭の時点では，インターネットを利用した企業間取引（B2B）がそろそろ定着し，ネットによる一般消費者への販売活動（B2C）もさまざまな形で試みられている。

かく，情報化が流通産業にもたらす影響と可能性はまことに大きく，その実例も枚挙にいとまがないが，著者らは，すでにこの問題に関して，広範な文献レビューや事例研究を発表しており（荒井・箸本ほか 1998, 箸本 2001），本書においても，1章を設けてやや詳細に論じているので（第10章参照），ここでは，本書の内容にかかわりに深いいくつかの論点を指摘するにとどめたい。

1つの論点は，流通企業組織の再編と情報化の関係である。流通産業における情報システム／ネットワークは1980年代に開発が進み，大手企業の間できわめて急速に普及した。商品バーコードを前提としたPOSレジ，店頭で操作されるEOS端末からの発注，オンラインからの配送指示データによって全商品が動かされていく配送センター等々は，今日まったく常識的な存在でしかない。

こうした情報システムを導入した当初こそは，業務効率の改善やリードタイムの短縮，欠品率の低減などの効果を通じて，当該企業に競争力をもたらすことが期待されたが，いったん普及が進み，各社が同じような情報システムを使いはじめるようになると，特段の競争力の源泉とはなりにくくなる。とはいうものの，情報システムは今や企業活動の根本を支えるインフラだから，情報化への投資を控えるわけにはいかない。少なくとも，業界全体の動向についていけるくらいに

は，システムの世代更新を進めていかなければ，取引に支障をきたすし，顧客の信頼も得られない。そのための情報化投資は企業財務にとって決して軽いものではない。逆にいえば，そうした継続的な投資に耐えられない企業は，存続の危機にさらされることにもなりかねない。たとえば，このところ各地で進んでいる地方卸売企業の再編は，こうした情報化の波に乗りきれない中小卸が淘汰される過程であるとみることもできよう（第10章参照）。

そう考えれば，流通企業にとって，情報化はある意味では桎梏である。それ自体が画期的な売上増をもたらすものではないが，なしで済ますわけにはいかず，かなりのコスト要因となる。しかし見方を変えれば，情報システムは流通チャネルにおけるパワーの源泉にもなりうる。POSや受発注オンラインから生成される販売・受注データは，適当に蓄積・解析されれば，消費市場の動向をすばやく嗅ぎ分ける有力なマーケティング・ツールとなる。それは自社のみならず，取引相手に対する強力なバーゲニング・パワーをもたらすから，情報システムはうまく使いこなせば，きわめて戦略的な位置づけを与えることもできる。川下にあって最終消費者に近ければ近いほど情報入手の可能性は高いから，こうした観点に立てば，情報化に由来するバーゲニング・パワーは小売側に有利に働く。その結果として起こったのが，流通チャネルにおける川下へのパワーシフトという現象である（第10章参照）。

たしかに，情報化には投資を必然とし，企業財務を硬直化させる桎梏としての面と，自社に強力なマーケティング・ツールを提供し，ひいては流通チャネルの中で，自社にパワーをもたらすという可能性としての面がある。21世紀に入って，ますます厳しくなってきている経営条件のなかでは，こうした情報化の正負の両面をどのようにバランスさせていくのかという問題が，重要な経営課題になっていこう。

このところ目立つ，大手小売企業の合従連衡の動きも，こうした情報化の問題を抜きにしては理解できない。同一業態の企業が使用する情報システムに要求される仕様は，そう違うものではないから，たとえライバル同士であっても，そのシステムは似かよっている。新規のシステム開発が必要になった際に，複数の企業が共同で開発を進めれば，重複投資が避けられ，1社あたりの投資コストは大幅に削減できる。一方で，複数社がさらに経営統合を進めて，販売データの共有

とマーケティング分析の共同化まで行うことになれば，情報の利用価値は上がり，バーゲニング・パワーも大きくなる。経営規模の拡大は，一方で，情報化投資を効率化させ，一方で，情報化によるプラスの効果を高めるのである。

　第13章で報告されている，コンビニ業界のC&S，家電量販店のエディオンのケースでも，こうした効果への期待があったであろう。C&Sは持株会社としての設立当初から，サークルK・サンクス両社の情報システムの統合を進めている。エディオンは，設立当初にはIT企画部を設けて，グループ内の統合的な情報化戦略の策定を行う方式としたが，その後，IT企画部を情報システム部に改組して，グループ内の情報システムを統合する方針を発表している（2003年12月26日付報道発表）。もとより経営統合は，企業規模の拡大による財務状況の改善や仕入条件の有利化あるいはブランド力の強化など，さまざまな目的で進められるものであるが，そのなかでも情報システムの統合によるメリットの追求は決して無視できないものであろう。

　さて，21世紀の流通をめぐるもう1つの論点は，流通におけるインターネットの可能性である。インターネットの発明と爆発的な普及は，まぎれもなく，20世紀の最後の10年をもって世界史を画するできごとであったが，21世紀初頭の数年間も，インターネットが家庭内に本格的に入り込んだという点で画期的であったといえよう。では，インターネットは流通の場に何をもたらすであろうか。インターネットを企業間取引に利用しようとするアイデア（B2B）はシンプルであり，実現性が高いが，セキュリティや確実性の確保が難しく，専用回線のコストが劇的に下がっていることもあって，比較的少数の相手と高頻度の受発注を繰り返すことが普通である流通業界では，あまり大きなメリットが得られない。家庭内に普及したインターネットを使って，一般消費者向けの販売を行う一種の無店舗販売（B2C）は受注処理と配送のコストがネックとなって，どのような商品にでも広げられるものではないということもわかってきた。この間さまざまな試みがなされたが，率直なところ当初の熱狂はさめ，地道な可能性を探る段階にきているように思われる。

　今のところ，B2Cの分野である程度の実績を残しているのは，鉄道・飛行機などのチケットや宿泊施設の予約，飲食店の検索・予約など，モノを扱わず，ネットで情報をやり取りするだけで成り立つサービス分野が多い。同じようにモノ

を扱わない音楽配信は，米国での訴訟騒ぎもあってもたついたが，安定的なビジネスモデルが確立されれば大きな可能性が見込めよう。ブロードバンドが急速に広まっていることを前提とすれば，ビデオテープやDVDなどに代わる映像ソフト配信も考えられる。

　それに対して，実際のモノの受け渡しをともなう物販は，特定の業態を除いては，めざましいブレークスルーはみられていない。Amazon.com を代表とする書籍販売は，物販分野で軌道に乗っている数少ない事例だが，極端にアイテム数が多く，店頭でも取り寄せになることが多いといった書籍の商品特性が幸いしているのであって，一般の商品では配送のコスト・時間の問題は何とも大きい。周知のように日本では，インターネット受注・コンビニの店頭での受け渡しという方式が試みられているが，その成否はいまだ未知数といわざるを得ない（Leinbach and Brunn 2001）。

　インターネットを利用した B2C は一種の通信販売（通販）とみなせるが，日本の通販全体の中でのネット販売の割合は約1割強であり，半分以上はカタログ販売である。小売業販売額の中に占める通販の割合は2％弱だから，ネット販売だけでは，小売全体の0.2％程度と目される。現在，日本では成長業態とみなされている通販ではあるが，主力であるカタログ販売では幅広い商品を扱う大手企業が中心であるのに対して，ネット販売は通常では手に入りにくい特殊な商品をもっぱら扱う小規模業者が圧倒的に多い（鈴木 2003）。言い換えれば，小規模なニッチ市場に雑多な起業家が参入している，というのが目下の構図である。これを B2C ビジネスの限界とみるか，可能性とみるかは，立場によって評価が分かれようが，少なくとも近い将来，現在の流通大手の足元を掘り崩すまでの存在になるとは思えない。

　インターネットの特性を踏まえれば，当面はプロモーション・ツールとしての利用可能性が追求されるのではないか。小売業はその宿命として，地域に密着したプロモーション・ツールを必要とする。たしかにナショナル・チェーンであれば，電波メディアを使った全国向けキャンペーンなども不可能ではないが，それでも個々の店舗に即したプロモーションは不可欠である。従来はそうしたプロモーションには新聞折り込みチラシが用いられてきたが，インターネット・サイトによるプロモーションはその地域的柔軟性やコストの点でメリットが大きい。今

後，家庭でのインターネット（あるいは携帯電話）の普及率がもっと上昇すれば，各店舗のチラシを見比べる代わりに，サイトをブラウジングする習慣が定着するかもしれない。さらに，現在のDMの代わりに電子メールを使うことも考えられる。

昨今，大量のスパム・メールを一方的に送りつける業者が社会問題になっているが，購買歴があり素性のわかっている店舗からのメールであれば，数も限られ，抵抗感は少ないであろう。現在，百貨店や一部の専門店で行われている顧客データベースとメールを組み合わせれば，きめ細かいプロモーションが非常に低価格で実現できる。インターネットはきわめて強力な情報伝達手段ではあるが，それだけで完結したビジネスモデルを構築することは意外に難しい。柔軟性・低コスト性・即時性などといった特性を活かして，プロモーションのような場でうまく使いこなしていく手法を地道に模索することが求められていくのではなかろうか。

大手流通企業の組織図を見ると，情報部門はどの企業でも本部の基幹部署に位置づけられている。今や情報システムは，流通ビジネスの命綱であるといっても過言ではない。であるがゆえに，流通企業は情報化投資の桎梏から逃れられない。一方で，ますます高度化する情報技術はさまざまな利用可能性を生み出す。この桎梏と可能性のバランスをどうとっていくのか。流通企業にとってその判断は，情報化計画というよりは経営戦略そのものであるといえよう。　　　　（荒井良雄）

［文　　献］

アクロス編集室（編著）1987.『「東京」の侵略』PARCO出版.
荒井良雄・川口太郎・井上　孝 2002.『日本の人口移動―ライフコースと地域性―』古今書院.
荒井良雄・箸本健二・中村広幸・佐藤英人 1998.『企業活動における情報技術利用の研究動向』人文地理 **50**：550-571.
川端基夫 2000.『小売業の海外進出と戦略―国際立地の理論と実態―』新評論.
佐藤　肇 1974.『日本の流通機構』有斐閣.
鈴木隆祐 2003.『「通販」だけがなぜ伸びる―大手から個人まで…ノウハウを見て歩く―』光文社.
日経流通新聞（編）1982.『大型店新規制時代の小売業』日本経済新聞社.
箸本健二 2001.『日本の流通システムと情報化―流通空間の構造変容―』古今書院.

林　周二　1962．『流通革命―製品・経路および消費者―』中央公論社．
森永卓郎　2003．『年収300万円時代を生き抜く経済学』光文社．
和多　治・小林重敬　1990．区域区分制度（線引き制度）の柔軟化に関する研究―神奈川の特定保留制度の運用を中心に―．都市計画論文集 **25**：535-540．
Castells, M. 1989. *The Informational City : Information Technology, Economic Restructuring and the Urban-Regional Process*. Blackwell.
Friedmann, J. 1986. The world city hypothesis. *Development and Change* **17**：69-83．藤田直晴ほか訳 1997．『世界都市の論理』191-201．鹿島出版会．
Leinbach, T.R., Brunn, S.D. 2001. *Worlds of E-Commerce : Economic, Geographical and Social Dimensions*. Wiley.

さくいん

〔ア 行〕

アウトソーシング　199
青山吉隆　72
アクロス編集室　277
阿部和俊　206
飯田　太　116, 173
イオン　134, 199, 246, 256
生田真人　56, 76
生駒データサービスシステム　68
石﨑研二　56
石原武政　137, 153
伊勢丹　18, 220
一括配送　114, 115, 116
伊東　理　62, 79, 143
イトーヨーカ堂　16, 94, 156, 290
いなげや　137
井上　孝　278
衣料品スーパー　176
因子分析　20
インターネット　196, 295, 297
上村康之　32
ウォルマート　216, 243, 286
売上高販管費率　240, 245
営業圏　6
営業システム　206
エイデン　184, 257, 266
悦喜秀法　18
エディオン　257, 266
円高　220

オイルショック　96, 102, 277
欧米系小売業　220, 222
大型総合スーパー（GMS）　15, 35, 91, 114, 235, 276
大型店　35, 75
大手量販資本　3
緒方知行　137
奥野隆史　56, 156, 171
オフィス立地　256
小本恵照　133
折橋靖介　133
卸売業　4, 123, 194, 202
卸売販売額　8
温度帯　115, 146
オンライン取引　202

〔カ 行〕

外国資本（外資）　10, 173, 223, 287
改正大店法　278
改正都市計画法　76
買回り品　21
カインズ　180
花王　208
花王販社　124, 125, 200
顔の見える流通　291, 293, 294
価格訴求　286
価格破壊　123
カテゴリーマネジメント　207, 208, 210
家電量販店　173, 279

加藤義忠　102
株式市場　97
カルフール　19, 219, 222, 288
川口太郎　278
川辺信雄　156
幹線道路　163, 165, 168, 170, 173, 177
規制緩和　3, 75, 279
紀ノ国屋　133
キャッシュ・アンド・キャリー　215, 222, 226
キャッシュフロー　105
キャピタルゲイン　101
協業化　208
競合度指標　42, 51
業種　3, 35
業態　3, 35
業態間競争　35
共同配送　126, 127
京都市企画調整局　72
京都市産業観光局　56
京都市都市計画局　66, 71
業務地区　65
キリンビール　204
近隣商業地域　78, 83
クイーンズ伊勢丹　238
空間移転機能　2
空間的分業　199
空洞化　75
工藤正敏　130
クラスター分析　20
グローバリゼーション

287
グローバル・リテイラー 215
経営統合 255, 256, 262, 271
経済産業省 122, 212
経常利益率 99
京阪神大都市圏 56
ケーヨー 180
欠品率 295
県庁所在地 205
広域ターミナル 52
広域中心都市 184
郊外移転 255, 257, 261
郊外住宅地 280
郊外ターミナル 52
郊外地域 133, 150, 156
高級スーパー 286
高級ブランド 15
高質志向スーパー 237
公的規制 75
高度経済成長 2, 16, 93, 108
高度成長型GMS 96, 101, 108
小売業 4, 111, 194
小売国際化 215
小売販売額 7
国際化 282
国民金融公庫総合研究所 75
コジマ 187, 266
コストコ 222, 288
個別化 282, 289
コメリ 180
小山周三 16
コンビニエンスストア（コンビニ） 6, 55, 81, 111, 155, 194, 196, 262, 276, 278
コンビニチェーン 56, 57

〔サ行〕

ザ・ガーデン自由が丘 238, 241
サークルK 163, 257, 262
サービスマーチャンダイザー 203
在庫回転率 93, 100, 204
斎藤雅通 100, 133
在来市場 216, 217
佐藤肇 276
サンクコスト 207
サンクス 257, 262
3次元バーコード 211
サンスター 205
三大都市圏 156, 175, 184
シーアンドエス（C&S） 257
シェルガーデン 238, 241
市街化区域 78, 82
市街化調整区域 78, 82, 84, 279
自己資本比率 100
支社 205
自社センター 117
自社配送システム 158
自社物流 150
自主センター 128
自主流通米 291
支店 205
自動発生 208
志村喬 133
ジャスコ 94, 130, 134, 208, 256
住関連スーパー 176

集配センター 146, 147
受給接合機能 1
出店行動 92, 108, 144
出店戦略 10
首都圏 137, 256
ジョイフル本田 180
上位集中化 203
商業空間 215, 216, 219, 225
商業集積 36
商業地域 83
商圏 6, 20, 36, 61, 118, 133, 155, 158, 244, 246
正司健一 62
上新電機 184, 267
商店街 63
消費者行動 38
消費税 194
消費の二極化 243
商物分離 199
情報化 3, 10, 121, 193, 282, 294
情報システム 269
商流 9
食料品スーパー（SM） 114, 116, 128, 133, 134, 159, 218, 235, 279
食管法 291
ショッピングセンター（SC） 23, 24, 26, 87, 177, 215
白地地域 78
人口密度 38, 158
信州ジャスコ 198
新食糧法 291
垂直的協業 207
スーパー 81
スーパーセンター 109,

243, 244, 245, 286
スーパーマーケット　3, 35, 38
杉村暢二　17
スクラップ・アンド・ビルド　28, 144, 156
スケールメリット　204, 255, 265, 281
鈴木哲男　42
鈴木敏文　117, 122
スーパーストア　226
スルー型物流　129
成熟型GMS　96, 107, 108
成城石井　238, 241
西友　94, 134, 216
積載率　114, 120, 122, 169
セブン-イレブン・ジャパン　59, 156
セルフサービス　3, 35, 93, 133, 160, 176
専業店　1
全国卸　210
センターフィー　128
専門大型店　42
専門店チェーン　19, 173, 174, 176
専用回線　196
ソースマーキング　211
ゾーニング　75, 77, 79, 87
そごう　28, 220
ソフトメリット　195, 201
粗利益率　240, 244

〔タ　行〕

ターミナル型百貨店　17
第1次流通革命　2
ダイエー　16, 94, 134, 156, 219, 220, 256, 276

大規模小売店舗法（大店法）　6, 38, 62, 75, 102, 104, 139, 174, 188, 235, 279
大規模小売店舗立地法（大店立地法）　38, 76, 87, 235
大都市圏　20, 36, 118, 133, 174, 278
第2次流通革命　2, 193
大丸　18, 220
大丸ピーコック　291
タイムリー　155, 162
第4の山の手　277
大量消費　10, 201
大量生産　10, 201, 277
大量流通　293
高木任之　88
高山邦輔　142, 147
建野堅誠　103
多店舗展開　147, 176
多頻度小ロット配送　121, 122, 124, 167
田村　肇　79
団塊の世代　280
地域センター　52
地域連結社　95
チェーンオペレーション　37, 50, 173, 176, 189, 276
チェーンストア　2, 38, 91, 111, 133, 193
チェーン本部　111
地価　19
地価下落　10, 62, 105, 280
地価上昇　103
千葉昭彦　31
地方中心都市　205, 278
地方百貨店　39

中間流通　123, 210, 276
駐車場　142, 143, 150, 178
中心市街地　62, 65, 75, 84
中心市街地活性化法　76, 79, 87
中心商業地　76
中心地論　7
昼夜間人口比率　26
直行直帰　259
通商産業省　122, 156, 178
ディスカウントストア（DS）　42, 174
ディベロッパー　216, 228
デイリーヤマザキ　165
デオデオ　184, 257, 260, 266
デジタル化　198
テスコ　219
テナント　68, 228
デパ地下　30
デフレ　243, 275
デュアルシティ　283, 286
電子商取引　193
店舗閉鎖　144
トイザらス　173, 287
ドーナツ化現象　9
特別用途地区　76, 77
都市機能　206
都市空間　11, 15, 55, 75, 275
都市計画区域　78, 82
都市計画法　64, 75, 78
都市景観　68, 71
都市再生　68
都市地理学　7, 10
都市部　235, 236
ドミナント　94, 175, 182, 187, 279

ドミナントエリア　56, 165
ドミナント出店　133, 147
ドラッグストア　174
トレーサビリティ　211, 289, 290

〔ナ行〕

中野　安　101
名古屋大都市圏　163
ナショナルチェーン　256, 269, 271, 277, 278
ナショナルブランド（NB）　16, 38, 239
成生達彦　79
二極化　30, 235, 282, 284, 285
西沢　保　17
日米構造協議　3
日米貿易摩擦　279
日系小売業　220
日配品　133
日本チェーンストア協会　128, 131
日本電気大型店協会（NEBA）　177, 182, 184
日本百貨店協会　20, 31
日本ホームセンター研究所　189
ニュータウン　9
ネットショッピング　269
ネットワーク　197
根本重之　252
農業協同組合　159
農山村地域　155, 158
農村部　235, 237, 243
納品　111, 112

〔ハ行〕

バーコード　121, 194
パートタイム　175
ハードメリット　195, 201
バイイングパワー　276
配送圏　6, 121, 147, 148, 174, 175
配送システム　177, 188
配送センター　116, 117, 158
配送ルート　117
ハイパーマーケット　215, 219, 222, 226
初田　亨　17
発注　111, 112
服部鋳二郎　17
服部民夫　233
バブル　276
バブル景気　18, 220
バブル経済　55, 75
バブル崩壊　91, 108, 280
パワーシフト　111, 113, 118, 193, 197, 210, 296
ビジネスモデル　10, .92
備蓄型物流　130
日野正輝　188, 190, 206
100円ショップ　236
百貨店　15, 42, 218, 220
品質訴求　286
ファストフード　159, 166, 167
ファミリーマート　59, 219
フードコート　41, 230
副都心　17
藤田直晴　256
二神康郎　233
物流　9
物流コスト　118, 120, 174

物流システム　56, 113, 145
物流センター　257
プライベートブランド（PB）　16, 123, 238
フランチャイズ　55, 118, 165, 184, 265, 278
フランチャイズシステム　155
ブランド　40
フルライン　202
ブロードバンド　298
プロセスセンター　145, 151
閉鎖店舗　28, 150
ペーパーレス　195, 208
ベスト電器　184, 267
ベビーブーマー（団塊の世代）　277
ベンダー　111, 203, 265
ホーマック　180
ホームセンター（HC）　6, 114, 173, 247, 279
本部機能　255, 256, 259, 260, 264, 269

〔マ行〕

マーケティング　277
マーチャンダイジング　16, 35, 47, 65, 156, 288
マイカル　94
マキオ　249
まちづくり3法　76, 88
松岡真宏　102
松田隆典　76
窓口問屋　117, 123, 127, 150
三越　16, 18, 219, 276
ミドリ電化　184, 267

ミニスーパー　139
向山雅夫　233
メーカー　1
メガモール　228
メトロ　222, 288
モータリゼーション　30, 55, 62, 69, 142, 174
最寄り品　21
森永卓郎　284

〔ヤ 行〕

ヤオハン　220
夜間人口　68
矢作敏行　117, 122, 152, 233
矢作　弘　76
山川充夫　76, 150
山下博樹　76
ヤマダ電機　187, 266
山本武利　17
有利子負債　19, 105, 108
雪印アクセス　202
輸送費　114
ユニー　163, 257
ユニクロ　173
用途地域　64, 75, 78
横持ち　205
横森豊雄　79

〔ラ 行〕

ライフ　137
ライフスタイル　55, 64, 68, 230
リージョナルチェーン　129, 266, 271
リードタイム　112, 121, 122, 174, 193, 196, 202, 295

リサイクル　10
リストラクチャリング　205, 283, 285
立地条件　61
リテールサポート　202
流通革新　2
流通革命　91, 276
流通業　1
流通産業　275
流通システム　1, 6, 9, 15, 193
（財）流通システム開発センター　212
流通チャネル　1, 111, 193
菱食　208
量販店　1
類似度指標　47, 48
ルート配送　114, 115, 118
ローカルチェーン　139
ローコスト・オペレーション　115, 123, 175, 285
ローソン　59, 156, 163
ロードサイド　9, 55, 62, 173, 216, 279
ロードサイド型店舗　81, 87
ロジスティックス・センター（LC）　200

〔ワ 行〕

ワイシャツ　36, 40
渡辺達朗　75, 76, 78
ワンストップ・ショッピング　53, 140, 150, 177

〔A～Z〕

am/pm　156, 219
Amason.com　298

A-Zスーパーセンター　249
B2B　211, 295, 297
B2C　211, 295, 297, 298
Brunn, S.D.　298
C&Sグループ　262
Castells, M.　283
Chua, Beng-Huat.　233
Clarke, G.L.　32
DIY　178
ECR　208, 210
EOS　194, 295
Friedmann, J.　283
GMS（大型総合スーパー）　42, 218, 220, 246
Goodman, S.G.D.　233
Guy, C.M.　32
ICチップ　211
JAN　194, 195, 198
Kマート　244
LAN　197
Leinbach, T.R.　298
M&A　95, 216, 223, 225
PB商品　3
PLANT　244, 245
POS　3, 121, 156, 193, 195, 295
ROA　105
Robison, R.　233
SC（ショッピングセンター）　218
SM（食料品スーパー）　220
Smith, D.　152
VAN　121, 295
W/R比率　8
Wrigley, N.　32

著者紹介（＊編者，五十音順）

＊荒井　良雄（あらい　よしお）　　　　終章
1954年生．東京大学大学院理学系研究科博士課程中退．東京大学教養学部助手，信州大学経済学部助教授を経て，現在，東京大学大学院総合文化研究科教授．博士（工学）．

＊箸本　健二（はしもと　けんじ）　　序章，第6章，第10章
1959年生．東京大学大学院総合文化研究科博士課程修了．（財）流通経済研究所主任研究員，大阪学院大学企業情報学部助教授を経て，現在，早稲田大学教育・総合科学学術院助教授．博士（学術）．

天野　秀彦（あまの　ひでひこ）　　　第5章
1975年生．名古屋大学大学院人間情報学研究科修士課程修了．現在，同大学院環境学研究科博士課程在学中．修士（学術）．

荒木　俊之（あらき　としゆき）　　　第3章
1970年生．京都大学大学院人間・環境学研究科修士課程修了．（株）ウエスコまちづくり課勤務．修士（人間・環境学）．

伊藤　健司（いとう　けんじ）　　　　第13章
1970年生．名古屋大学大学院文学研究科博士課程中退．名古屋大学文学部助手，名城大学経済学部講師を経て，現在，同助教授．文学修士．

岩間　信之（いわま　のぶゆき）　　　第1章
1973年生．筑波大学大学院地球科学研究科博士課程修了．日本大学および東京国際大学非常勤講師．博士（理学）．

兼子　純（かねこ　じゅん）　　　　　第9章
1971年生．筑波大学大学院地球科学研究科博士課程修了．青山学院女子短期大学非常勤講師を経て，現在，筑波大学教育研究科準研究員．博士（理学）．

川端　基夫（かわばた　もとお）　　　第11章
1956年生．大阪市立大学大学院文学研究科前期博士課程修了．龍谷大学経営学部教授．博士（経済学）．

後藤　亜希子（ごとう　あきこ）　　　第12章
1972年生．東京外国語大学外国語学部フランス語学科卒業．（財）流通経済研究所主任研究員．

後藤　寛（ごとう　ゆたか）　　　　　第2章
1966年生．東京大学大学院工学系研究科博士課程修了．東京大学空間情報科学研究センター研究機関研究員，弘前大学人文学部専任講師を経て，現在，同助教授．博士（工学）．

土屋　純（つちや　じゅん）　　　第6章，第8章
1971年生．名古屋大学大学院文学研究科博士課程後期修了．名古屋大学大学院環境学研究科助手を経て，現在，宮城学院女子大学学芸学部人間文化学科助教授．博士（地理学）．

根田　克彦（ねだ　かつひこ）　　　　第4章
1958年生．筑波大学大学院地球科学研究科博士課程修了．奈良教育大学教授．博士（理学）．

安倉　良二（やすくら　りょうじ）　　第7章
1971年生．立命館大学大学院文学研究科博士課程単位取得退学．立命館大学および大阪経済法科大学非常勤講師．修士（文学）．

日本の流通と都市空間　　　　　　　　　　〈検印省略〉

2004年8月10日　初版発行
2006年1月20日　初版第2刷発行

編　者　　荒　井　良　雄
　　　　　箸　本　健　二

発行者　　株式会社　古今書院
　　　　　代表者　橋本寿資

印刷社　　（株）太平印刷社

〒101-0062　東京都千代田区神田駿河台2-10　株式会社 古今書院
電話 03-3291-2757　FAX 03-3233-0303

© 2004　Y. ARAI and K. HASHIMOTO　　〈製本・太平印刷社〉
ISBN 4-7722-6017-X Printed in Japan

いろんな本をご覧ください
古今書院のホームページ

http://www.kokon.co.jp/

★四百数十点の新刊・既刊書籍の内容・目次を写真入りでくわしく紹介
★自然や災害，GIS，都市などジャンル別のおすすめ本をラインナップ
★月刊『地理』最近号の内容をくわしく紹介
★月刊『地理』バックナンバーをすべて掲載
★いろんな分野の関連学会・団体のページへリンクしています

古今書院
〒101-0062　東京都千代田区神田駿河台2-10
TEL03-3291-2757　FAX03-3233-0303
☆メールでのご注文は　order@kokon.co.jp　へ